U0925262

全球化时代背景下东亚地区制造业的竞争与合作格局

——以汽车产业与 ICT 产业为中心

グローバル時代における東アジアの製造業

——自動車産業と ICT 産業を中心に

蒋芳婧　著

南开大学出版社
天　津

图书在版编目(CIP)数据

全球化时代背景下东亚地区制造业的竞争与合作格局：以汽车产业与ICT产业为中心 / 蒋芳婧著. —天津：南开大学出版社，2013.4

ISBN 978-7-310-04137-4

Ⅰ. ①全… Ⅱ. ①蒋… Ⅲ. ①制造工业—经济发展—研究—东亚 Ⅳ. ①F431.064

中国版本图书馆CIP数据核字(2013)第054770号

南开大学出版社出版发行

出版人：孙克强

地址：天津市南开区卫津路94号 邮政编码：300071

营销部电话：(022)23508339 23500755

营销部传真：(022)23508542 邮购部电话：(022)23502200

*

唐山天意印刷有限责任公司印刷

全国各地新华书店经销

*

2013年4月第1版 2013年4月第1次印刷

210×148毫米 32开本 10.5印张 2插页 301千字

定价：25.00元

如遇图书印装质量问题，请与本社营销部联系调换，电话：(022)23507125

まえがき

蒋芳婧氏の著書『グローバル時代における東アジアの製造業——自動車産業とICT産業を中心に』は、1990年代から急速に進行した経済のグローバル化の中で、東アジアの主要産業にどのような変化が起こり、将来どのような方向に進むのかを示す、画期的な内容を持った労作である。この本では、世界経済に大きな変化が起こり、それまでの常識が通用しなくなった難しい時代の分析が的確に進められている。

この時期に生じた第一の変化は、国境を越えた世界規模での分業体制の構築が進展したことである。たとえばICT（情報通信技術）産業では、アメリカがOS（基本ソフト）や応用ソフト、さらにシステム構築などの分野に特化し、東アジアがICT製品や部品の生産に特化するという分業体制が構築された。さらに、東アジアの域内では、国境を越えたファウンドリー（半導体チップ生産企業）やEMS（電子機器の受託生産サービス）の展開、電子部品の生産拠点の集約と相互補完貿易など、域内の分業体制が広がった。

第二の変化は、WTO（世界貿易機関）によって確立された自由貿易体制の下で、一国の市場規模を超えた量産体制によって、生産の効率化を図らなければならなくなったことである。たとえば自動車産業では、かつて「国民車」という構想があり、国家が直接・間接に自動車産業育成に関与しながら、国産車メーカーによって自国市場のみを対象とする輸入代替をめざすという戦略がたてられていた。しかし、現在では世界的な自動車企業の生残りの条件が、年間総生産台数400万台、あるいは1車台あたり年間生産台数100万台ともいわれ、一国の市場でただちにこの規模を実現するのは容易ではない。したがって、先進国・新興国を問わず、自動車企業の世界的な統合・再編が進められ、多国籍自動車メーカーによる寡占化が進んでいる。

第三の変化は、BRICSをはじめとする新興国市場が急速に拡大していることである。工業化と経済成長の進展する新興国では、国内に一定規模の中産層が形成され、ボリュームゾーンとも呼ばれて注目されている。こうした新興国市場では、先進国市場のような高付加価値製品よりも、ミドルエンドの製品への需要が高まっている。そして、新興国はこうしたボリュームゾーン市場を出現させただけでなく、ボリュームゾーン向け製品の供給基地としての役割も担うようになってきた。

このような著しい変化が生じた結果、これまで競争力の源泉とされていた高付加価値化、垂直統合モデル、摺り合せなどの企業戦略や生産方式が通用しない局面が生まれている。近年の中国大陸の工業化の進展、韓国や中国台湾における世界的規模のメーカーの出現、日本の電機メーカーの不振などの現象は、こうした新局面への適応の是非によって生じたものである。

以上のような新しい展開を、蒋氏は自動車産業と ICT 産業という二つの分野に着目しながら、明らかにしている。その過程で、国連貿易統計（UN comtrade）など統計資料の詳細な分析や、新聞報道・企業のプレスリリースなどの周到な検索を通じて、最新の動向をフォローしながら歴史的検証にも耐える水準の成果が生み出された。本書の原型となった論文によって、蒋氏は日本の東京経済大学から博士（経済学）を取得している。

上記のような東アジア経済の新しい動向を理解し、将来の展望を考察しようと考える研究者や実務家にとって、本書が有益な示唆を与えてくれることは間違いない。本書が多くの読者を得て、東アジア諸国の協力と発展に寄与することを大いに期待したい。

2012 年 11 月

東京経済大学経済学部教授　橋谷　弘

はしがき

本書は 2011 年に東京経済大学に提出した博士学位論文に基づいて、最新のデータと動向を加えて、加筆・修正したものである。

本書の中心となる課題は、東アジア工業化のパターンが、1990 年代以降のグローバル時代に大きく変化したのか、それとも従来の発展の延長線上にあるのか、という問題の解明である。

本書では、自動車産業と ICT 産業を題材としながら、グローバル時代における東アジア工業化のパターンが、それ以前と比較して変化したか否かについて検証してきた。分析を通じて得られた本書全体の結論は、1990 年代以降のグローバル化によって、東アジア地域の製造業にパラダイムシフトが起こっているということである。その結果、それ以前に東アジアで見られた雁行形態型キャッチアップ、すなわち、後発国が先発国をキャッチアップの目標とし、その先発国が歩んだ工業発展のプロセスをたどるというパターンは唯一の道ではなくなった。

そして、これに代わるグローバル時代の工業化のパターンは、多様な内容が見られる。第一に、もっぱら外資による工業化が進展しながら、それが対外従属的な、あるいは偏りを持った構造にならず、裾野産業まで含めてバランスの取れた産業構造を作り上げる事例があらわれた。第二に、自国の資源賦存状況に応じて、製造の全工程を自国に置くのではなく、国際競争力を持つ一つの工程に特化するパターンがあらわれた。第三に、新興国市場の拡大に伴い、同じ製品分野でも棲み分けのパターンが様々な形で表れてきた。

本書は 6 章からなっている。第 1 章では本書の課題と研究方法を述べた。第 2 章から第 5 章はさらに自動車産業と ICT 産業の 2 部に分けられ、第 1 部である自動車産業の部では、中国と東南アジアの自動車産業を分析対象としている。第 2 部である ICT 産業の部では ICT 機器産業と半導体産業を取り上げている。第6章では結論を述べる。

第1部では、グローバル時代の東アジアの自動車産業について中国と東南アジアを対象としながら、東アジア地域における自動車産業のグローバル化への対応とその結果としてあらわれたグローバル分業の実態、すなわち車種間棲み分けという分業パターンを明らかにしている。第2章では、グローバル時代に急速な発展を遂げた中国の自動車産業について分析した。第3章は、グローバル時代の東南アジア自動車産業について、複数の国家間の比較や、各国産業の棲み分けに関する分析の視点から分析している。

第2部は、自動車産業と対照的な分業パターンを示しているICT産業について分析している。1980年代半ば以降、東アジア地域のICT産業を含む電機・電子産業は、それまでの輸入代替産業から輸出志向産業へ転換を遂げた。この転換をきっかけに、東アジア地域ではICT産業の輸出主導のグローバルな生産・流通ネットワークが出来上がった。その生産・流通ネットワークの大きな特徴は、部品や中間財などの各ユニット単位で、各国間の分業体制が形成されたことである。第4章は、グローバル時代の東アジアのICT機器の生産実態を明らかにした。第5章では、韓国や中国台湾の半導体産業を事例として、グローバル時代の半導体産業の分業の構図を明らかにしている。第6章では、本書の結論と今後の課題を述べている。

本書の土台となる博士論文を提出してからまだ2年も絶たないが、自動車産業とICT産業では新しい動きが出てきた。とくにICT産業では、端末機器の主役はパソコンからスマートフォンやタブレットへ交代しつつあることや、端末機器分野におけるNECとレノボの提携、液晶パネル分野におけるシャープと鴻海の提携など日本企業と中国企業の提携は、これまでにない動向である。このような動向はまたまさにグローバル時代の工業化の在り方のパラタイムシフトを裏付けるものである。筆者は今後もこれらの新しい変化に追いつき、グローバル時代の工業化のパターンの内容を充実していきたい。さらに、中国のような新興国はどのように対応すべきか、検討していきたい。

目　录

第 1 章　問題意識と先行研究

第 1 節　本書の課題と構成

本書の中心となる課題は、東アジア工業化のパターンが、1990 年代以降のグローバル時代に大きく変化したのか、それとも従来の発展の延長線上にあるのか、という問題の解明である①。

グローバル化についてはさまざまな定義があるが、本書では単なる「国際化」とグローバル化を区別して考える。つまり、一国と一国との間でも生じることがある「国際化」という枠組みではなく、文字通り地球規模で各国の産業や市場が一体となった状態を「グローバル化」と定義する。したがって、これが実体となるのは、冷戦が終わって二つの世界の分断がなくなり、WTO（世界貿易機関）体制に象徴される自由貿易体制が広がりを見せる 1990 年代以降だということができる。

本書では、このようなグローバル時代の工業化のパターンについて、イギリス産業革命以来の古典的な工業化のパターンと異なるだけでなく、20 世紀後半のアジア NIES－ASEAN4－中国の工業化のパターンとも異なるという立場をとる。これを実証するために、第 1 部で自動車産業、第 2 部で ICT（情報通信技術）産業をとりあげて分析する。

その前提として、1990 年代から急速に進展した世界経済のグローバル化が工業製品の生産と消費の双方に与えた影響について、本書では次のような 3 つの変化を考えてみたい。

第一の変化は、国境を越えたグローバル分業の動きが進展したことである。たとえば ICT 産業では、アメリカが OS（基本ソフト）や応用

① 周知のように、グローバル化の影響をめぐっては、Friedman [1999]のような肯定的な評価と、Stiglitz [2002]のような批判的な評価がある。

ソフト、さらにシステム構築などの分野に特化し、東アジアがICT製品や部品の生産を受託するという分業体制が構築されている。さらに、東アジアの域内では、国境を越えたファウンドリー(半導体チップ生産企業)やEMS(電子機器の受託生産サービス)の展開、電子部品の生産拠点の集約と相互補完貿易など、域内の分業体制が広がってきた①。

第二の変化は、WTOによって確立された自由貿易体制の下で、一国の市場規模を超えた量産体制によって生産の効率化を図らなければならない分野が続出していることである。たとえば、本稿で扱う自動車産業では、かつて「国民車」という構想が盛んだった。これは国家が直接・間接に自動車産業育成に関与するという意味だけでなく、国内市場への自動車供給を確立して輸入代替をめざすという一国的な発想も反映されていた。しかし、現在では世界的な自動車企業の生残りの条件が、年間総生産台数400万台、あるいは1車台あたり年間生産台数100万台ともいわれ、一国の市場でただちにこの規模を実現するのは容易ではない。したがって、先進国では自動車企業の世界的な統合・再編が進められてきたが、新興国も、こうした自動車産業のグローバル再編の動きと無関係でいることはできない。

第三の変化は、以上のような製造業のグローバルな再編と関連して、新興国市場が急速に拡大していることである。工業化と経済成長の進展する新興国では、国内に一定規模の中産層が形成され、ボリュームゾーンとも呼ばれて注目されている②。こうした中産層の比率はまだ高くないが、近年はBRICsのような人口大国の成長が著しいため、人口の絶対数としては世界的にも無視できない市場規模に発展していく見通しである。こうした新興国市場では、従来の先進国市場のような高付加価値製品よりも、ミドルエンドの製品への需要が高まっている。そして、新興国はこうしたボリュームゾーン市場を出現させただけでなく、ボリュームゾーン向け製品の供給基地としての役割も担うよう

① たとえば、Borrus and Haggard [2000], Gangopadhyay and Chatterji [2005].

② 経済産業省『通商白書』2009年版、第2章第2節2および第3章第2節2。

になってきた。

このようなグローバル時代の生産と消費の大きな変化の中で、工業化のパターンにも二つの変化が見られるようになった。この二つの変化を分析するのが、本書の課題である。

第一の変化は、これまでさまざまな産業であらわれてきた雁行形態的なキャッチアップ過程が、工業化の唯一の道ではなくなったことである。これまでの工業化のパターンは、一つの産業が輸入→国内生産→輸出という発展過程をたどりながら、後発国が先進国へ次々にキャッチアップして行くという、雁行形態的なプロセスをとってきた。しかしグローバル化とともに、先進国からの投資や技術移転によって後発国にも生産拠点が誕生し、同時に先進国でもその産業が並行して発展を続けるという現象が現れてきた。その典型的な分野が、第1部で論じる自動車産業である。

第1部第2章の中国や第3章の東南アジアでは、先進国メーカーの投資によって自動車産業が発展してきた。それは、前述のようなスケールメリットを追求するためには、拡大する東アジア市場が先進国メーカーにとって大きな魅力を持つからである。その過程でスピンオフや技術移転が起こり、中国では自国資本の独立メーカーや自主ブランドが生まれた。また、東南アジアでは、タイを中心として新たな世界戦略車の生産・開発拠点が構築されている。さらに完成車メーカーだけでなく、部品メーカーも進出し、新たな生産拠点を形成している。このようなさまざまな「棲み分け」を伴いながら、先進国と東アジアの自動車産業は並存しながら発展し、多国籍企業の進出によって「従属経済」が生まれるといった従来の懸念とはまったく異なる展開を見せている。その一方で、マレーシアのように従来型の「国民車」生産にこだわる国や、フィリピンのように完成車のグローバル分業から外れた国では、自動車産業は停滞へ向かっている。

もう一つの変化は、グローバル時代の東アジアの製造業で国境を越えた工程間の分業体制が構築され、また世界規模で製品開発やマーケティングと製造工程との分業が形成されていることである。こうした分業体制は、たとえばコンピュータ産業のような一つの産業の中で形成されている。この分業の形態は、20 世紀前半の植民地と宗主国の間で見られた農業と工業の垂直分業ではなく、20 世紀後半の東アジア工業化の中で見られた労働集約産業と資本集約産業との分業でもない。そして、一国の産業を見れば、自国内で中間財·資本財の生産から加工組立にいたるまでのフルセット型産業構造が形成されているわけでもない。このような新しい国際分業の形態は、第 2 部で論じる ICT 産業で典型的にあらわれている。

第 2 部第 4 章で分析する ICT 機器では、ソフトウェアとハードウェアの分業を前提としながら、アメリカなど先進国のブランド企業と、製造を受託する東アジアの EMS 企業との間にグローバル分業が見られる。さらに、大半が台湾地域にある EMS 企業は、工場は中国大陸に置き、部品は東アジア各国から輸入して、域内分業を形成している。パソコンを例にとると、ブランドは HP や DELL などアメリカの企業だが、生産は台湾地域の EMS 企業が受託し、部品は CPU をインテルの東アジアの生産基地から、HDD はシンガポール、DRAM は韓国、マザーボードは台湾地域など域内各地から調達し、中国大陸の工場で組み立てている。まさにグローバルな分業を行っているのである。このようなグローバル分業を可能にしたのは、ウィンテリズム(パソコンの規格が、OS サプライヤーであるウィンドウズと、CPU のインテルによって決められる状況)のようなデファクト·スタンダードがあるためである。さらに、ICT 製品がオープン・アーキテクチャの性質を持つことも、こうしたグローバル分業を可能にしている。

一方、第 2 部第 5 章で分析する半導体産業では、ロジック回路がファブレス企業と台湾地域のファウンドリーの分業を形成していて、上記の ICT 機器に似た構造を持つ。これに対してメモリーの DRAM は、アメリカ→日本→韓国と生産拠点を移しながら、従来型の雁行形態的な発展を見せている。しかし、本書では、この分野もグローバル化と無関係ではないと考える。一つは、前述のようにメモリーが ICT 機器の部品の一つとして、東アジア域内分業に組み込まれているためである。もう一つは、メモリー分野でも日本企業と中国台湾企業との間で EMS が構築されたり、韓国の半導体メーカーと日本の半導体製造機械メーカーに連携が見られたりするなど、さまざまなグローバル分業や協業が形成されているからである。

以上のような自動車・ICT という二つの産業を分析するにあたって、本書では次のような方法をとる。まず、グローバル分業の実態は貿易にあらわれるので、国連 comtrade をはじめとする貿易統計を集計・分析し、そのダイナミズムを明らかにする。また、最近 20 年間の企業や業界の動きを、最新の動向まで含めて明らかにするため、マスメディアやインターネットの報道を丹念に追って、そこにあらわれる断片的な情報を整理して長期的動向を読み解いて行く。さらに、各国の業界団体などの公表データ、調査会社のデータ、企業のディスクロージャーによって得られたデータなどを使って、全体の動向を裏付けるミクロな動きを分析する。

このような本書の課題の設定と分析方法は、先行研究に対して次のようなメリットを持つ。従来、東アジアの製造業についての先行研究は膨大な数があり、実証の水準も高められたが、国別・産業別に行われた個別研究が大部分を占める。したがって、グローバル化と東アジア地域という視点を設定して、その分業や競合について総合的に分析したものは意外に少ない。このような研究状況の中で、本書の設定した総合的な枠組みは、各国・各産業の関係を明らかにしながら東アジア全体を視野に置いた分析をするという点で独自性を持つ。

一方、本書のようなグローバル化、東アジアといった枠組みを設定した研究も少数ながら存在する。しかし、この分野では技術革新や市場の変化が激しいため、つねに最新の動向を追って分析する必要がある。たとえば、ここ数年でいくつかの東アジア諸国は自動車部品の輸入国から輸出国へと 180 度転換してきた。したがって、東アジアを完成車の組立拠点として捉えるだけでは、新しい変化を分析することができない。このように、2000 年代に入ってから公表された先行研究でもすでに時代遅れになっている部分が多く、その中で本書は少なくとも現時点では最新の動向まで踏まえた内容となっている。とくに、本書で取り上げた2000年代末のいくつかの変化は、短期的な変動ではなく長期的な趨勢に結びつくものとして重要な意味を持つ。

第2節　先行研究

I　東アジアの工業化パターンに関する先行研究

1. 雁行形態論とそのバリエーション

東アジアの工業化のパターンを分析した代表的な議論として、雁行形態論がある。「雁行型経済発展論」は最初、赤松要が1935年の論文「我国羊毛工業品の貿易趨勢」(赤松[1935])で提唱したものであり、日本の羊毛産業、木綿産業への実証研究を通じて、後発工業国が先進国に追いつくキャッチアッププロセスを、製品の輸入→生産→輸出という生産の能率化(雁行基本型)と産業構造を多様化し高度化すること(雁行変型)と特徴づけた。赤松の「雁行形態論」を要約すると、①新産業は輸入→生産→輸出という雁行基本型を経て成長する；②消費財から生産財へ、あるいは粗製品から精巧品へといった雁行変型(あるいは副次型)が生ずる;③後発工業国のキャッチアッププロセスを明らかにするのが雁行形態論の特徴である；④輸出が輸入を上回るようになる時期に、その産業のキャッチアップが一応完了したとみなしうる、などである。

赤松が提唱した「雁行形態論」に基づき、その直系の弟子である小島清は、一国内のキャッチアップから雁行形態の国際伝播プロセスへと議論を広げた。小島[2003]、小島[2004]では、雁行形態論の国民経済発展と国際的発展伝播を第1小島モデルと第2小島モデルとして提起している。第1小島モデルは、一産業における輸入→生産→輸出の「雁行的」発展を示す生産の能率化プロセスと資本蓄積の進展に従って、個々の産業が雁行形態を描きながら一国の産業構造が多様化・高度化するという生産の多様化プロセスである。第2小島モデルは、ある国で比較劣位化した産業が、その産業に比較優位を見出す国へ生産を移植することを指しており、日本の場合、産業別には労働集約的産業から資本・知識集約的産業へ、地域的には発展が進んだ国から遅れた国へと段階的に移植が進展したことで、投資国・ホスト国双方で貿易の前方・後方連関効果が得られ、これによって東アジアが「雁行型経済発展」を実現したことを指摘する。

小島[2003]では、1970 年代以降の日本の直接投資を進出先別・産業分類別(労働集約的軽工業・中間財・機械類)に詳細に比較分析することで、日本の直接投資が国別・産業別に時間を追って順次、高度化していく様子を実証しており、東アジアの「奇跡」的な発展は、第一に多国籍企業による直接投資主導型の成長であり、第二に日本を含むアジア APEC 域内での直接投資と貿易の相互補完作用・地域連関効果の産物であると指摘した。また、小島[2004]では、「(東アジア地域の経済発展は)その根底に、日本経済の雁行型発展の成功があり、その東アジア地域への国際的伝播がある」(136 頁)と指摘した。

「雁行形態論」について、最新の研究成果を結集したのは池間[2009]である。以下では本書の関心にもっともかかわる章だけを紹介しておく。この論文集の第 5 章の若杉隆平[2009]では、1990 年代後半以降の 10 年間、東アジアー米国ーヨーロッパ諸国の間の貿易構造の変化を分析し、日本企業は東アジア諸国(とくに中国)へ中間財の生産、最終財の組立工程を中心として業務のオフショアリングを進めてきたこと、そのメカニズムがもたらす国際分業の拡大の実態、とくに中国の貿易拡大への効果と世界付加価値生産にもたらす影響を指摘した。そして、産業単位での伝統的な国際分業を基礎とする雁行型経済発展論と、企業単位・業務単位の新しいタイプの国際分業との間に存在する研究課題が示唆される。

第 6 章の木村福成[2009]は、1990 年代以降の東アジアにおける(とくに一般機械・電気機械産業を中心とする)国際的生産・流通ネットワークの展開は、雁行形態論の現代的意義を再考させる要因となっていると論じている。

第 12 章の村中均・鈴木典比古[2009]は、1990 年代を通して産業間貿易から産業内貿易に急激にシフトした東アジアの生産・貿易構造の大転換を説明する動学理論モデルを、企業の視点すなわち価値連鎖を視点とし、「ビジネス・アーキテクチャ」、そして「カタストロフィー」を介在させ、雁行形態論やプロダクト・ライフサイクルという既存の枠組みと比較検討しながら、概念的に提示している。また、村中・鈴木は、東アジアの生産・貿易構造の変動の要因として、「モジュール化」をあげている。1990 年代以降の東アジアの貿易と直接投資の拡大は、モジュール化やその地理的分散と深く結び付いており、情報通信・運輸の発達、貿易と直接投資に関する制度の整備はもとより、製品や工程のアーキテクチャのモジュール化の進展を通じて、工程(あるいは製品)を細かく分割する可能性が拡大したことを指摘している。

雁行形態論はキャッチアップのプロセスを後発国の側から捉えるのに対し、先進国の側から捉えたのは Vernon[1966]のプロダクトサイクル論である。プロダクトサイクル論の出発点は、アメリカ企業がなぜ多国籍化や海外生産にシフトするのかを明らかにすることである。Vernon によれば、アメリカで新製品が開発されたときには、競争相手が存在しないため、当初は独占的な価格で製品を供給することができる。第二段階としてアメリカの中で競争相手が登場すると、当該製品の生産量は増加していき、同時に生産コストは下がり、製品の標準化段階に入る。第三段階は、製品の生産技術が後続後進国の企業に移転し、製品開発国の企業は優位性を失うので、海外生産が開始され、製品の成熟化段階になる。第四段階は、技術移転先の国が次々と国内生産を開始し、最終的に製品開発国に向けて輸出することになり、製品開発国は後発国から製品を輸入する段階に入る。同時に、製品開発国はさらに新しい財を開発し、同じサイクルを描いていく。

このほか、「雁行形態論」という表現は使われていないが、東アジアにおいて、1970 年代に韓国や中国台湾が日本にキャッチアップし、80 年代に ASEAN 諸国が韓国や中国台湾を追い上げるような二重・三重のキャッチアップの現象に着目した渡辺利夫[1985]は、そのような東アジアの工業化の過程を「重層的追跡過程」と名付けた。渡辺は、国際競争力指数を用いながら、一つの国がある分野で先発国へのキャッチアップを開始しながら、別な分野では後発国のキャッチアップを受けるという動態的な構造を明らかにして、東アジアを「先進から後進へと『連続的な差』をもって比較的なだらかに連なり合う特有な経済空間」として特徴づけた。

また、同じく後発国が先発国を追い上げる過程に着目した研究として、末広昭[2000]の「キャッチアップ工業化論」がある。末広は、「遅れて工業化に乗り出した国、つまり後発工業国(late-staring industrializer)がとろうとする、そしてとらざるを得ない工業化のパターンが、『キャッチアップ型工業化』である」と定義し、「キャッチアップ型工業化」の特徴を、後発国が先発国ですでに開発し使用している技術や知識を利用できる優位性を持つことと、後発国が工業製品の大半を輸入から始めなければならないことの二つとしている。「その結果、一つの産業は輸入→国内生産→輸出(もしくは海外生産)→再輸入というサイクルを描く。同時に、輸入代替と輸出振興を軸とする貿易政策と、保護・育成を目的とする産業政策が重要になる」(4-6 頁)。すなわち、「キャッチアップ工業化論」も「雁行形態論」をベースにしているのである。

以上紹介してきたように、「雁行形態論」は、1990 年代初頭までの東アジア工業化のプロセスの分析には、非常に説得力と影響力を持つ枠組みである。ただし、本書の分析対象である 1990 年代以降の東アジアの分業・棲み分けの分析には必ずしもふさわしくない。1990 年代以降、「雁行形態論」では説明しきれない現象が起きている。たとえば、自動車産業において、グローバル化とともに、先進国からの投資や技術移転によって後発国にも生産拠点が誕生し、同時に先進国でもその産業が並行して発展を続けるという現象が現れてきた。また半導体の DRAM 製品において、後発国である韓国は日本を追い越し圧倒的な優位を持つようになったが、先発国の日本では DRAM 製品の生産をあきらめるのではなく、シェア回復の努力を行っている。

したがって、1990年代以降の東アジアの工業化の実態を明らかにするには、従来の「雁行形態論」を乗り越えた枠組みで分析しなければならない。

2. 雁行形態論への批判と新しい枠組み

1990 年代以降の東アジア工業化の新動向について、「雁行形態論」では説明しきれないことを意識した研究は多数存在する。

たとえば、藤井[2001]は、1990年代半ばから、東アジア諸国・地域の経済発展段階別の雁行形態的な産業・製品の棲み分けが崩れて競合関係に入り、新しい特定産業・製品別の棲み分けが生まれつつあり、先端技術が ASEAN を経由せず、日本・台湾地域などから直接に中国大陸へ移転する現象が起きていると指摘した。

また、塩地洋[2008]は、雁行形態論の不十分な点として、「発展段階序列を過大視し、『技術の飛び越え』は例外視されている点。プロダクトサイクルの初期段階に、後発国産業(個別製品の場合を含めて)が先発国産業を追い抜いてしまう事態は想定されていない」(6頁)ことと、「成熟段階における先発国産業の競争力喪失が運命論的とされている」(7 頁)ことの二つを指摘している。このような雁行形態論の問題点に対し、塩地は、「理論的には、産業の国際的伝播後に、革新的転換がどちらかの国で起こるケース、あるいは双方の国でともに起こるケースを想定することは可能である」(7 頁)とし、雁行形態論を乗り越えた分析枠組みとして、先発国から後発国に産業が伝播された後に、先発国側と後発国側でそれぞれ技術などの革新的転換が起こるかどうかによって、競争・分業構造を表 1-1 のような四つの類型に区分するという新しい分析の枠組みを提起している。そして雁行形態論は、その四つの類型の中の一つにすぎないと位置付けた。

塩地[2008]に収められた各論文では、上記の各類型について鉄鋼、造船、自動車、二輪車、自転車、半導体、デジタルスチルカメラなどの産業を当てはめて分析を行っている。鉄鋼と造船(高級品は①、低級品は②)、自動車(①)は技術の伝播後発国において革新的な転換が起こらない産業として分析され、二輪車(③)と自転車(②)は先発国側の技術が停滞する産業として取り上げられ、半導体(④)とデジタルスチルカメラ(①)は先発国で革新的転換が起こった産業として分析されている。

表 1-1　塩地[2008]の競争・分業構造の四類型

<table>
<tr><td colspan="2" rowspan="2"></td><td colspan="2">伝播後の後発国側の技術などの変化</td></tr>
<tr><td>革新的転換が起こらない</td><td>革新的転換が起こる</td></tr>
<tr><td rowspan="2">伝播後の先発国側の技術などの変化</td><td>成熟化
停滞
コモディティー化</td><td>②雁行形態論
(先発国劣位・後発国優位へ移行)</td><td>③後発国が圧倒的優位に</td></tr>
<tr><td>脱成熟化
革新的転換
持続的革新</td><td>①先発国の優位が維持・拡大</td><td>④双方の競争優位による棲み分け</td></tr>
</table>

出所：塩地[2008]8 頁、表序-1。

塩地の四類型の枠組みは、1990 年代以降のグローバル時代の東アジア工業の新動向を分析するのに適合した枠組みと思われる。ただし、この本に収められた実証研究は、今日の視点から十分とはいえない。たとえば、本書で取り扱う自動車産業について、確かに塩地が指摘した通り、産業の伝播後も日本などの先発国側は技術や世界シェアの優位を維持・拡大しているが、一方、タイ・中国のような後発国では、外資メーカーによる開発や自発的な開発などの技術革新が行われており、先進国市場向けの高級車と新興国向けの中・低級車の棲み分けもみられる。すなわち、自動車産業は表 1−1 の①と④の双方にまたがる、あるいは①から④に移行しているともいえる。あるいは、電気自動車など将来の技術革新によっては、③になるかもしれない。

また、半導体産業について、塩地[2008]では先発国でも後発国でも革新的転換が起こった産業として表 1−1 の④に分類されたが、DRAM については後発国である韓国が圧倒的な優位を占めるという点では③に入る。

また、塩地[2008]で取り上げられなかったICT機器産業において、パソコンの分野では、本書で分析するように製造は後発の中国などが圧倒的な優位を占めるようになったという意味で③に入るが、ブランドは依然として先進国が優位で①であり、しかも、将来の展開によってはブランドも③になるかもしれない。ただし、パソコンの部品については各国の競争優位に基づいた棲み分け（表 1－1 の④）になっている。

このように、塩地の提起した枠組みはグローバル時代の東アジア工業の分析に有用ではあるものの、各産業はその中でダイナミックに変化している。したがって、本書では、塩地の四類型の枠組みを踏襲しながら、そこで分析されなかった ICT 機器産業や、その後の変化についてまで十分に考察されていない自動車産業と半導体産業を詳しく実証分析し、グローバル時代の東アジアの製造業の実態を解明していく。

3. 東アジア工業化に関するその他の先行研究

雁行形態論とそれに対する批判という以外にも、東アジア工業化に関しては様々な研究が行われてきた。

東アジアの工業化のパターンについて、服部民夫[2007]は「組立型工業化」仮説を提起している。「組立型工業化」仮説は、後発国の急速な工業化は、必ずしも先発国がたどった「工業化パターン」を踏襲しなければ達成できないというわけではなく、先発国から中間財・資本財を輸入することによって「技術・技能節約的発展」を実現すること、すなわち「組立型工業化」が可能であることを提起している。その実証として、服部は、日本－韓国の二国間貿易データの分析から、韓国は日本から中間財・資本財を輸入することによって「組立型工業化」を実現したと指摘している。また、先発国の「技術・技能蓄積的発展」と後発国の「技術・技能節約的発展」は発展パターンの違いを示すものであり、「善し悪し」あるいは「レベルの高低」を意味するわけではないとも主張している。「組立型工業化」仮説の基本的発想のポイントは、「①ある経済で生産される商品のレベルと、その経済の技術レベルを分離して考える。すなわち「商品レベル」と「技術レベル」とを同一の物とは見ない。②技術を「組立技術」と「加工技術」に分けて考える。この区分は「完成品」の生産と「部品」の生産という区分とかなりの程度重なる。また、同様に「耐久消費財」の生産と「設備機械」の生産という区分とも相当程度重なる。」(31頁)としている。

服部の「組立型工業化」に似たような議論は、周牧之[1997]の「メカトロニクス工業化」にも見られる。周は、東アジア工業化の急進展を電気機械産業に焦点を当てて分析し、「メカトロニクス革命」が成功を導いた一要因であると指摘している。メカトロニクス(mechatronics)は、1970年以降半導体技術をはじめとする電子情報通信技術の飛躍的な発展に伴い、電子情報通信技術と在来機械系技術とが融合した新技術体系を指す。メカトロニクスの誕生は、「工業生産に必要なあらゆる情報を機械に内包させることを可能にした」(7頁)。メカトロニクスの誕生で、一定の訓練を受ければ誰でも工業生産活動の戦力になれるようになったため、電子産業の組立工程のような労働集約的な産業部門の活動は、賃金水準の高い先進国から賃金の低い発展途上国への移転ができるわけである。周は、「新製品や新生産方法の研究開発は先進国に任せ、進んだ技術を体化した機械設備を直接投資によって導入すれば、後続国は、マニュアルに従う労働サービスによって、低賃金を武器として、投資母国よりも安く生産できることになる」と指摘している。

4. グローバル分業についての先行研究

グローバル分業について、多国籍企業のグローバル展開に従い、かつて先進国企業の内部で完結していた一連の生産工程が機能ごとに分離・独立する一方、先進国企業はこのうちもっとも付加価値の高い両端(すなわち研究開発・製品企画とマーケティング)に特化するとともに、途上国企業は基本的にそのコントロール下に置かれながらも製造(ひいては開発の一部)に関する機能を段階的に取り込んでいる。このような議論を展開した先行研究として、Gereffi and Korzeniewicz[1994]の「グローバル価値連鎖」(global value chain)、Ernst and Paolo Guerrieri

[1998]の「国際生産ネットワーク」(international production network)、Gereffi and Guerrieri [1998]の「グローバル商品連鎖」(global commodity chain)がある①。これらの先行研究は、本書で取り扱うICT機器産業における先進国企業と途上国企業との工程間分業を念頭に置いたものである。

また、本書で取り扱う自動車産業と、ICT機器産業や半導体産業では、競争・分業のあり方が大きく異なる。そのあり方の相違を説明するための産業・製品の特質についての議論として有用なのは、青木昌彦・安藤晴彦[2002]の「モジュール化論」と藤本隆宏・新宅純二郎[2005]の「製品アーキテクチャ論」である。

青木・安藤は、「モジュール化」を現代産業の大きな特徴とし、これを「モジュール(部分)に分割し、分業すること」と定義し、ICT技術が爆発的に進化する中で、従来の分業の再構築、すなわち、「設計面での分業」、「生産プロセスの分割の手法」、「製品の構造的分割」、「(他社を含む)製品間での部品の共通化」、「(企業内外の)組織の在り方」、「組織間の情報伝達の在り方」など、いくつもの段階に複雑に及んでいる分業への再構築が迫られていると指摘している。

藤本・新宅は、製品アーキテクチャとは「どのようにして製品を構成部品(モジュール)に分割し、そこに製品機能を配分し、それによって必要となる部品間のインターフェースをいかに設計・調整するかに関する基本的な設計構想のこと」と定義し、製品のアーキテクチャを二つに分類し、「インテグラル型」、すなわち部品設計の相互調整と製品ごとの最適設計を行うことによって製品全体の性能が実現されるタイプと、「モジュール型」、すなわち部品・モジュールのインターフェースが標準化寄せ集めによって多様な製品を生み出すことが可能なタイプといった二つを指摘した。さらに、「モジュール型」については、インターフェースが業界で標準化しているか、1 社のなかで閉

---

① これらの概念・研究史については木下[2006]、川上[2007]、小井川[2008]を参照されたい。

じているかの違いによって「オープン型」と「クローズ型」に区分される。ICT 機器について、藤本・新宅は総じてオープン・モジュール的な性格が強いと指摘している。

さらに、ICT 機器の一つであるパソコン産業について、Borrus and Zysman[1997]と Borrus[2000]は、パソコン産業の事実上の業界標準の設定者となるにいたったソフトウェアのマイクロソフトと CPU のインテルが、パソコンを製造することなくその製品の定義や競争条件の設定に強い影響力をもっていることと、この業界標準の存在を前提として国際的な企業間分業が著しく発展していることに注目し、パソコン産業の競争パターンの特徴を「ウィンテリズム(wintelism)」と名付けた。

ICT 機器産業のグローバル分業について、国際貿易論ではフラグメンテーション①、すなわち産業の分散の議論が提起されている。木村福成・丸屋豊二郎・石川幸一[2002]では、フラグメンテーション(産業分散)を、「ある製品を生産するプロセスを、複数の細かいステップ(生産ブロックと呼ぶ)に分割して、異なる場所に立地させること」(269頁)と説明している。東アジアの ICT 産業の発展とフラグメンテーションとの関係を分析したのは石井健司[2003]である。石井は、東アジアではICT製品の生産において細かな工程レベルでの国際分業が行われており、細分化された工程レベルでの生産ブロックの生産が最適な立地条件のもとで分散化され、それらの分散立地を通じて国際的な生産・流通ネットワークが構築されてきたことを指摘した。またICTの発達がコミュニケーション・コストの劇的な低下をもたらしたが、このコミュニケーション・コストの低下によってフラグメンテーションが可能となり、分散化による最適立地における工程レベルでの効率的な国際分業が行われていることを明らかにした。

一方、自動車産業やICTのソフトウェア産業では、立地の集中、す

---

① フラグメンテーション理論については、Jones and Kierzkowski[1990]およびDeardorff[1998]などを参照されたい。

なわち産業集積の形成について、アグロメレーションまたは産業クラスターの議論が近年「空間経済学」として注目されている。Fujita and Venables[1999]は、カスタマイズやコーディネーションを要する部品や中間財はなるべく近接するメーカーから調達することが大きなメリットとなるなど、集積の利益とそれに基づく集積が、立地の優位性をもたらす重要な要因であることを指摘している。

Ⅱ 自動車産業・ICT 産業の国別産業別の先行研究

次に、本書の分析対象に関する、国別・産業別の先行研究を紹介する。東アジア各国の自動車産業や ICT 産業を国別に分析した先行研究はあまりにも多いため、ここでは本書の課題に関わる代表的で最新の研究だけを取り上げることにする。他は本文で分析する際に、脚注などの形で紹介する。

1. 自動車産業

中国の自動車産業について、横山則夫[2004]、丸川知雄[2005]が中国自動車産業の歴史と現状を全般的に紹介している。劉源張[2005]は、1999 年までの自動車産業発展の歴史を時期別に詳しく分析し、政策、メーカーなどの実態についての情報を提供している。塩見知人[2001]は、現地調査による事例に基づき、中国自動車産業の市場経済対応における過渡期性、つまり、旧方式と新方式が併存し、多様性・多層性を持った独自の構造となっていると指摘した。丸川知雄[2007]は、自動車産業は一般的に垂直分裂ではなく垂直統合の産業だと捉えられるが、中国の自動車産業には垂直分裂が見られ、しかも自動車メーカーとエンジンメーカーとが一対一で取引するという「閉じられた垂直分裂」と、自動車メーカーもエンジンメーカーも多数の組み合わせがある「オープンな垂直分裂」といった二つの世界が存在し、後者に近いメーカーが多いことを明らかにした。そして、このオープンな垂直分裂の生産方式が、世界の自動車産業で一つの潮流になる可能性もあると指摘している。

東南アジアの自動車産業について、加茂紀子子[2006]は日系自動車メーカーの東南アジアにおける企業内国際分業について考察した。加茂は、東南アジアにおける自動車部品の相互補完体制の構想と展開の歴史について詳しく実証したうえで、部品貿易データから、アジア通貨危機後の2000年初頭に、ASEAN自動車産業では輸入代替から完成車輸出が開始され、域内各国間車種別棲み分けの形成と、同一資本内別自動車部品アイテムの交換などの動きが出てきたと指摘している(424-427頁)。

ただし、これらの分析は2000年代初頭にとどまっており、2000年代に入ってからの世界戦略車の登場や、2000年代後半の世界金融危機による先進国市場の激変などの動きには、当然ながら触れられていない。したがって、本書ではその後の重要な展開あるいは変化を追跡することを課題の一つとしていく。

2. ICT産業

東アジアのICT機器産業について、今井健一・川上桃子[2006]は、携帯電話端末やPCという最終製品のアセンブラーやこれを補完するデザインハウスの間の分業・競争・棲み分けに焦点を絞って東アジアの企業間関係を描き出した。コア技術をめぐる先進国企業と東アジア企業の関係についても分析した。

中国大陸のICT産業について、代表的な研究は中川涼司[2007]である。中川は、ガーシェンクロンの後発工業化モデルに基づく「二面化されたガーシェンクロン型キャッチアップモデル」や、技術革新をもたらす自主開発よりも後発性利益に基づく摸倣を選択するという「ガーシェンクロン・シュムペータージレンマ」など独自の概念を提示しながら、聯想集団(LENOVO)や半導体産業・電気通信業など、個別企業や各産業分野のケーススタディを行った。その理論的枠組みの提示や、実証研究の成果は重要だが、基本的に中国大陸を対象とする研究で、本書で論じるような国際分業や国際比較の視点は十分とは言えない。

中国台湾のICT機器産業と半導体産業について、佐藤幸人[2007]は、大量のインタビューと台湾地域公的研究機関の企画書や報告書、新聞・雑誌記事を使って、技術者をはじめとする行為主体の思考の分析に重点を置き、綿密な分析を通じて台湾地域の半導体産業とパソコン産業の生成と発展の過程を描き出した。そして台湾地域の半導体産業とパソコン産業の生成と発展の主要な動因は、技術者が企業家へ転身し、発展しようとする行為だと指摘している。

また、台湾地域の半導体産業について、青山[1999]は台湾地域半導体産業の専業・分業ネットワークの形成プロセスとそれぞれの分業セクターを分析している。そして、台湾地域の半導体産業の強さは、完備された専業・分業ネットワークに帰すると指摘している。また民間の専業・分業ネットワークにおける産業活動を促進するために政府の採用した政策も分析し、政府は民間の制度を補完する役割を果たしたと指摘している。葉剛[2002]は、台湾地域で誕生した半導体受託製造(ファウンドリー)について、産業集積の視点からその形成過程を詳しく分析している。

台湾地域のパソコン産業について、川上[1998]とErnst[2000]は、台湾地域のパソコン産業において、中小企業が重要な役割を果たしたことを明らかにした。一方、パソコン産業における大企業化について、川上[2003]はウインテルの覇権が、台湾地域パソコン産業の大企業化を進めたことを明らかにした。本書で扱う広義の EMS(受託製造サービス、本書では OEM/ODM も EMS の一種と見なす)企業について、台湾地域のパソコン企業が OEM から ODM へ移行する過程についての分析したのは川上[2004]である。Sturgeon & Lee[2005] はアメリカなどの EMS 企業と比較しながら、台湾地域のノートパソコン型パソコンの OEM/ODM メーカーの発展について論じている。

韓国の半導体産業について、吉岡秀美[2010]は、DRAM 分野を中心に、韓国のリーディング企業であるサムスン電子のキャッチアップと先行企業への変貌のプロセスを分析し、1990 年代後半以降、DRAM の次世代製品開発でサムスン電子が先行するようになった現象は、同社が新たな発展能力を構築したことに支えられていると評価している。そして、サムスンがメモリー分野では、1980 年代までの韓国で典型的な発展パターンだったとされる服部の「技術・技能節約的発展」とは異なる段階の発展のパターンを形成しつつあると指摘した。さらに吉岡は、韓国の半導体産業の事例は、「一国の自己完結的なあり方とは異なる発展のパターンがあり得ること、すなわち技術や資本財及び販売市場という基本的な発展基盤を海外に求めながらも、特定の分野では先進諸国に匹敵する技術革新段階に到達することが可能であることを示している」(203頁)と主張している。

第3節　本書で使用する資料

本書の分析で主に用いる資料は、国連comtradeをはじめとする貿易統計、マスメディアの報道、各国の業界団体などの公表データ、調査会社のデータ、企業のディスクロージャーによって得られたデータである。

具体的に貿易データについては、おもに各国税関のデータを集成した国連comtradeを使用する。台湾地域については、台湾地域の国際貿易局からデータを調べる。その他のデータソースとして、韓国貿易協会、JETRO貿易統計も使う。いずれの貿易データも、comtradeで使用されるコード表[①]に基づいて標準化されたデータが示されており、同一の基準でデータを整理することが可能である。

最近20年間の企業や業界の動きを、最新の動向まで含めて明らかにするためは、マスメディアやインターネットの報道を丹念に追う。本書が対象とする東アジアでは、分析対象地域の主要マスメディアから、必ずしも的確な情報が得られるとは限らない。むしろ日本で資料収集できるメリットを生かし、『日本経済新聞』や『日経産業新聞』などを積極的に利用して詳細な情報の収集に努めた。もちろん、これを補完

---

① 主にSITC (The Standard International Trade Classification、標準国際貿易商品分類) とHS (Harmonized Commodity Description and Coding System、商品の名称および分類についての統一システム) といった二つのコード表である。

するために、現地メディアや欧米メディアも必要に応じて参照した。新聞データを使用する際には、業績やM&Aなどの企業動向、新製品の発売日や仕様などの商品情報のような客観的情報の引用にとどめ、インタビューや予測のような主観的情報は必ず裏付けを取るなど、テキストクリティークに留意した。

自動車産業、ICT機器産業と半導体産業のデータについては、各国の業界団体、業界の国際連合会が発行した統計年刊、ウェブサイトで公表するデータ、プレスリリースを利用する。また、民間の調査会社が提供する市場調査データや、業界誌及び調査報告書などの外部刊行物も有用である。各企業のディスクロージャーされた情報、たとえば社史のような刊行物やウェブサイトのプレスリリースも合わせて利用する。

第1部　グローバル時代における東アジア自動車産業の再編

第1部の分析対象

第1部では、グローバル時代の東アジアの自動車産業について論じる。自動車産業は、もともと日本や韓国では、輸入→国内生産(KD生産→部品国産化)→輸出というパターンが見られ、雁行形態的発展を示す産業のように考えられていた。しかし、グローバル化によって新興国にも自動車産業が広がる一方で、既存の先進国の自動車産業も一層の発展を見せている。そこで前述の塩地[2008]では、先発国の優位が維持・拡大される産業としてとらえられた。しかし、世界的な自動車市場の拡大に対応して生産国が交代する雁行形態ではなく、先発国の一方的な優位でもなく、先進国・新興国の自動車産業の共存と棲み分けが進行しているのである。

このようなグローバル化による変化を、中国と東南アジアを対象としながら分析するのが、第1部の課題である。中国と東南アジアの自動車産業は、ともに欧米や日本・韓国からの外資導入によって本格的な発展が始まった。その結果、第2章で論じる中国は、いまや国内自動車市場が1000万台を超える世界一の規模に成長した。しかも、ほとんどすべてを国内生産によって供給し、従来は外資メーカーとの合弁が圧倒的な比重を占めたが、近年は中国独立メーカーの伸びもめざましい。そして、外資メーカーの開発拠点の設置、中国独立メーカーの外資へのM&Aなど、グローバル化への対応もめざましい。

第3章で論じる東南アジアは、1980年代後半からの経済成長によって国内自動車市場が拡大し、1997年のアジア通貨危機を契機として輸出志向もみられるようになった。そして、日系メーカーが新興国向けの世界戦略車の開発・生産拠点としてタイやインドネシアを重視する動きを強めている。また、自動車部品やタイヤでも、日系メーカーを中心として世界市場向けの生産拠点としての位置付けが確立されつつある。

この2地域の自動車産業は、完成車だけではなく部品も含めて、この地域だけで完結する構造を持たず、資本・技術・市場などが世界に開かれている。しかし、先進国との間に単なる支配－従属関係が生まれるのではなく、棲み分けや競合など多様な展開をみせている。このようなグローバル時代の新興国産業の典型的な在り方を示しているという視点から、第2章と第3章の分析を行う。

なお、本書では東アジアの自動車産業をとりあげながら、日本と韓国は意識的に分析対象から除外した。これは、日韓の自動車産業が東アジア新興国特有の発展パターンではなく、欧米と共通する先進国型のパターンを示しているからである。つまり、国内市場は自国資本のメーカーがほぼ独占し、そのメーカーが国内生産台数の半分を世界市場に輸出し、さらに海外に生産拠点を広げているというパターンである。そして、日韓とも上位メーカーは生産台数で世界のトップ10の一角を占めている。このような発展パターンは、本書が課題とする東アジア工業化に特有の動向を代表するものではなく、むしろ日韓の自動車産業を本格的に分析するためには、欧米メーカーも視野に入れた課題設定をしなければならない。これを行えば、総花的な世界の自動車産業論になり、本書独自の視点が希薄になってしまう。このような理由で、本書では日本と韓国を主な分析対象とはしていない。

ただし、部分的には日韓の自動車産業にも触れなければならない。まず、東南アジアの完成車や部品の生産では日系メーカーが圧倒的な比重を占めているため、グローバル時代の日本の自動車産業の世界戦略を視野に入れて論じる必要がある。また、グローバル化に対応できなかった例としてマレーシアのプロトンをとりあげるが、これと出発点は同じで結果が対照的になったケースとして、韓国の現代自動車を比較対象として分析する。このように、必要な限りで日韓も視野に入れた分析を行っていきたい。

グローバル化と世界の自動車産業

本論に入る前に、グローバル化が世界の自動車産業にどのような変化をもたらしたかを、統計で概観してみよう。

図1は、1985年と2010年における、世界の自動車企業の上位10社のシェアを比較したものである。この図から明らかなように、この間に自動車企業の寡占体制は一段と強められており、しかも企業名をみると、それがM&Aなど資本の再編を繰り返しながら進展していることがわかる。いまや、「規模の経済」を追求するためには創業地や本社所在地にこだわらず、生産・販売の多国籍化を積極的に進めなければ生き残りを図ることはできない。第3章で言及するマレーシアのプロトンのように、従来型の「国民車」として政府の保護主義のもとで輸入代替生産をめざしてきた企業は、世界市場での存続が難しくなっている。

図1　世界自動車企業トップ10のシェア(1985・2010年)

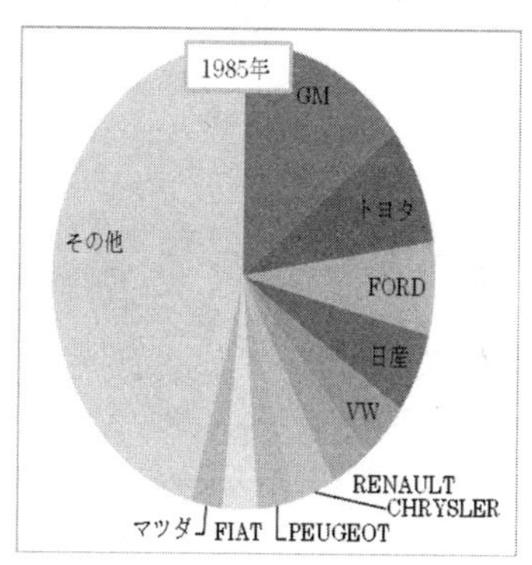

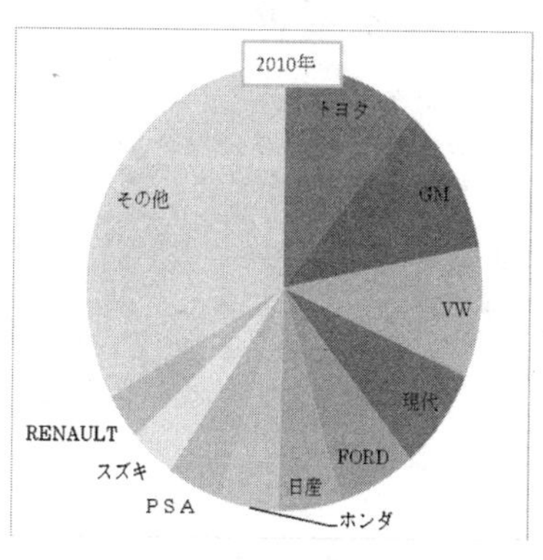

出所：日刊自動車新聞社『自動車ハンドブック』1996年、およびOICAデータベース(http://oica.net/category/production-statistics/)より作成。

もう一つ、グローバル化の結果としての新興国市場の拡大について確認しておこう。図2は、1985・1995・2005年の世界の自動車販売台数の地域別シェアを表している。これをみると明らかなように、1985年にはG7だけで世界の75.7%、NIESやその他先進国を含めると87.5%と、先進国市場が圧倒的なシェアを占めていた。ところが2005年になると、G7のシェアは58.4%へと大きく低下し、NIESや他の先進国を合わせても20年前のG7のシェアより低い72.2%にすぎない。これに代わってBRICsのシェアは、この20年間に6.8%から16.5%へと大幅に伸びている。販売台数でみてもBRICs市場は278万台から1028万台へと3.7倍の伸びを示しており、G7を除く先進国の販売台数を大きく上回っている。図3から明らかなように、先進国の自動車市場はすでに頭打ちの状態であり、今後もBRICsをはじめとする新興国市場の伸びが世界の自動車需要を牽引していくことは確実である。実際、2007年から2010年までの3年間、主要自動車メーカーはいずれもBRICs向け販売比率が顕著に高まり、とくにGMとVWは、販売台数では130万台も伸び、販売比率では15%も上昇した[①]。

図2　世界自動車販売台数の地域別シェア（1985・1995・2005年）

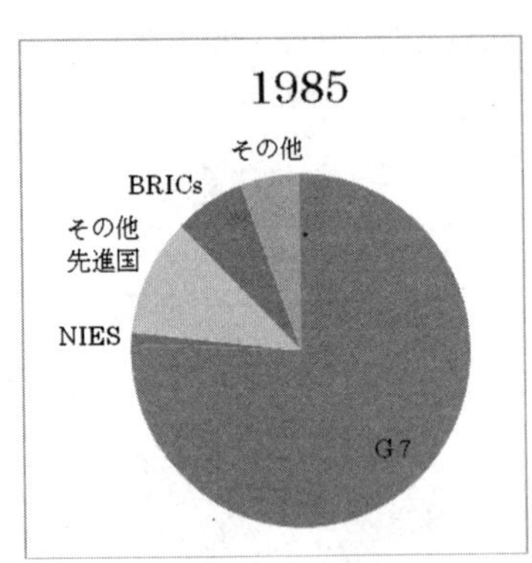

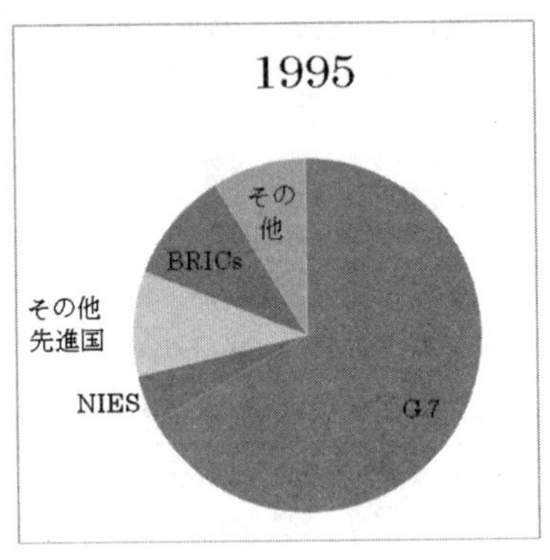

① 2007年と2010年、主要自動車メーカーのBRICs向け販売比率と販売台数はそれぞれ以下のとおりである。GM、21%→39%、188万→317万台；VW、25%→39%、156万→279万台；トヨタ、8%→13%、74万→104万台；Renault—日産、20%→23%、136万→159万台；現代、19%→29%、78万→175万台。データは『世界自動車メーカー年鑑2012』（FOURIN、2011年）による。

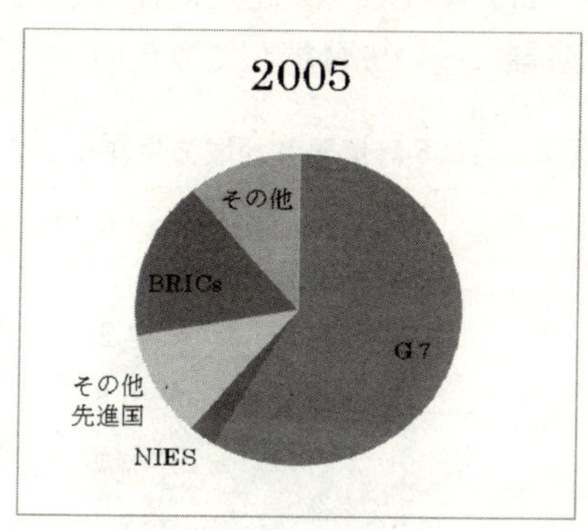

注：国グループの分類は IMF“World Economic Outlook”の基準による。

出所：日本自動車工業会(JAMA)『世界自動車統計年報』各年版より作成。

図 3　世界主要地域の自動車販売台数(1985・1995・2005 年、単位：百万台)

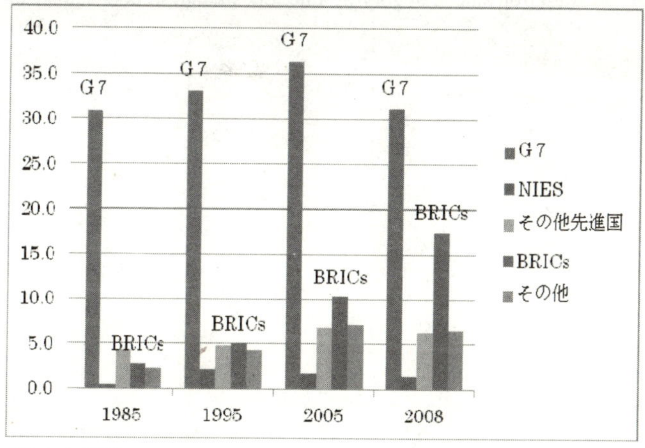

出所：図 2 と同じ。

しかも、こうした新興国の伸びは販売台数だけでなく、それ以上に生産台数で顕著である。2005 年に BRICs の自動車生産台数が世界に占めるシェアは、図 4 に示すように 16.9%で販売台数のシェアを若干上回っている。つまり、新興国は市場として伸びているだけでなく、生産拠点としても伸びているのである。

このような世界の自動車産業の変化を前提として、以下、中国と東南アジアの自動車産業について分析してみたい。

図 4　2005 年世界各地域の生産シェア

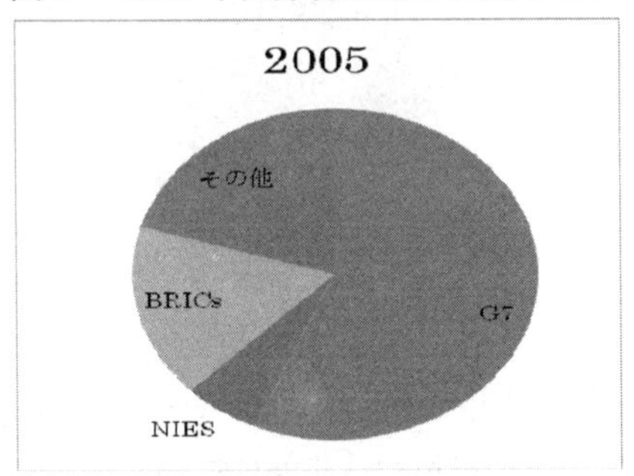

出所：日本自動車工業会（JAMA）『世界自動車統計年報』2006 年版、OICA データベース（http://oica.net/category/production-statistics/2008-statistics）より作成。

第2章　外資導入と独自路線が共存する中国自動車産業

第1節　第2章の課題

第2章では、グローバル時代に急速な発展を遂げた中国の自動車産業をとりあげる。

第2章第2節では、グローバル化によって、以前と比べて何が変化したのか、その内容を明らかにする。さらに、中国では1978年以降国内政策としての改革開放路線がこれに先立って大きな変化をもたらしているので、これも合わせて論じる。

第3節では、グローバル時代の中国自動車産業の展開を、さまざまな視点から分析する。まず、2000年代における自動車市場の変化を、生産・販売台数の急増と乗用車需要の拡大を中心として、統計的に明らかにする。次に、外資メーカーと独立メーカーの動向を、それぞれ分析する。外資導入によって自動車産業が発展するのは、新興国に共通する特徴だが、中国の場合これと並行して中国資本のメーカー(本書では独立メーカーと呼ぶ)が展開するという独自性を持つ。

外資メーカーの展開に関しては、初期のフォルクスワーゲン寡占体制や、「三大三小[①]」と呼ばれた少数メーカーの段階から、グローバル化とともに一気に参入企業が増大して多様化が進展する過程を具体的に跡付ける。また、受け皿としての国有自動車企業の存在という、中

① 「三大」とは、第一汽車、東風汽車、上海汽車であり、「三小」とは北京汽車・天津汽車・広州汽車である。1989年に国務院が公布した「産業政策要点」では、以上の6企業に乗用車生産を集約させる方針である。

国独自の条件についても注目する。一方、中国政府の期待した技術移転による自主開発・自主ブランドが簡単には進まなかったことにも言及する。

これと並行する独立メーカーの展開に関しては、奇瑞と吉利という2つの代表的メーカーを中心に、その設立と発展の過程を明らかにする。そのうえで、政府の思惑とは異なり、自主開発・自主ブランドが国有大企業から生まれる前に、民営の独立メーカーから生まれた理由を分析する。

次に、2000年代の新動向として、2000年に確立した「走出去」(打って出る)の方針と、2001年のWTO(世界貿易機関)加盟によって、中国自動車産業にどのような変化が生じたかを検証する。具体的には、それまでの外資導入に代表される海外から国内への流れだけでなく、2000年代以降は国内から海外への流れが目立つようになっている。その具体的内容を輸出、海外生産、部品工業の国際化などに焦点を絞りながら明らかにしていく。

第2節　改革開放以降の中国自動車産業の発展

Ⅰ　グローバル化以前の中国自動車産業

中国の自動車産業は1950年代にスタートしたが、改革開放までの長い間、発展が停滞していた。この時期の生産車種はトラックに偏り、技術が遅れて生産量も少なかった。図2-1に示すように、自動車産業、とくに乗用車生産の本格的な発展は改革開放以降である[①]。

改革開放以降の中国自動車産業の発展は、大きく三つの段階、すなわち、外資導入の初期段階(～1993)、外資の進出ラッシュ(1994～2001)、全面的なグローバル化(2002～)という三段階に分けることができる。

---

① 改革開放以前の中国の自動車産業の詳しい状況に関しては劉源張[2005]を参照されたい。

図 2-1　中国の自動車生産・販売・輸出台数　単位：台

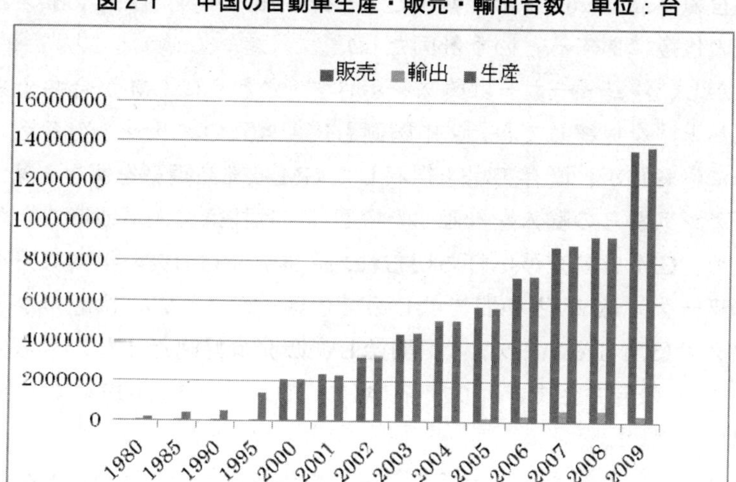

出所：『中国汽車工業年鑑』各年版、『中国自動車産業』各年版より作成。

改革開放から1993年までの第一段階では、外資導入によって合弁企業が誕生し、技術移転や関連部品企業の進出も起こって、乗用車の生産基盤が整った。

改革開放によって、中国国内では市場経済の導入と同時に、資本の自由化、すなわち外資の導入がなされた。自動車産業でも、同時期の東南アジアと同じく、完成車に対して高率関税をかけるなどの保護政策と並行して、外資出資比率が50%以内という制約をつけながら外資の導入を進めた。その背景として、国内経済の発展につれて乗用車の需要が拡大したが、それまで乗用車生産は軽視されていたため国内生産では対応できず、輸入が拡大したことがあげられる①。そこで、中国政府は外貨を節約するため、国内での乗用車生産を発展させる方針をとった。最初に打ち出した構想は「補償貿易」である。これは乗用車の組立ラインと部品を海外から導入し、中国で完

① 改革開放以前の中国では、自動車産業への投資は過小であり、特に乗用車はきわめて未発達な状況にあった。丸川[2000]、367-373頁。

成車を組み立て、6～7割を輸出して、得られた外貨で組立ラインと部品の代金にあてるという計画だった。

しかし、外資メーカーは興味を示さず、かわりにGMが合弁企業の立ち上げを提案してきた。中国側も技術導入のメリットを考えてこれに応じたが、既存工場を視察したGMは部品調達をあきらめ、東南アジアからの輸入を計画した。これでは技術導入が期待できないため、GMとの交渉は打ち切られ、合弁企業は1984年にフォルクスワーゲン(VW)との間ではじめて合意された。VWは翌年からサンタナ(SANTANA)の生産を開始し、販売は好調だった。さらにVWは、他の合弁企業でアウディ(AUDI)やジェッタ(JETTA)の生産も開始した。

こうして、外資メーカーによる乗用車生産の第一段階は、VWの寡占状態で始まった。

Ⅱ　グローバル時代における中国自動車産業の変化

こうしたVW寡占体制が崩れるのが、1994年からの第二段階である。この時期から、本稿で論じるグローバル化の時代に入る。その画期となったのは、1994年の「汽車(自動車)工業産業政策」である。この政策は、生産規模の拡大によって競争力を持つ自動車メーカーを育成するために、小規模な完成車の合弁事業や完成車の輸入を規制して大規模メーカーの育成を図ることと、部品分野の合弁事業の奨励を定めていた。一方、第一段階で中国進出に消極的だった日米欧の自動車メーカーは、この段階で潜在力の大きい中国市場に目を向け、進出ラッシュを起こした。しかも、第一段階と違って、潜在的な市場規模を背景として合弁の主導権が中国側に移った。

また、第二段階のもう一つの新しい動きは、中国独立メーカーである奇瑞汽車と吉利汽車が誕生したことである(表2−1を参照)。

表 2-1　中国主要自動車企業一覧表

	1981～1996年	1997～2001年	2002年～
欧州系			
VW	上海大衆（1985.3） 一汽大衆（1991.2）		
PSA	広州プジョー（1985年設立、1997年撤退） 神龍汽車（1992.5）		
Fiat		南京菲亜特（1999.4）	
BMW			華晨BMW（2003.5）
Iveco	*南京依維柯（1996.3）*	*常州依維柯（2000.10）*	
AB Volvo	*西安沃壐沃客車（1994年）*	*上海申沃（2000.9）*	*済南華沃（2003.6）*
Terex	*内蒙古北方重型（1988年）*		
MAN			*猛獅客車（2002.1）*
Irizar	*天津伊利薩壐客車（1995年）*		
米国系			
AMC	北京吉普（1984年）		
GM		上海通用（1997.6）	上海通用五菱（2002.6）
Ford	*江鈴汽車*		長安福特馬自達（2001.4）
DC		*亜星奔馳1997年*	北京戴克（2004.12） *戴克軽型汽車（2004.2）*
日系			
ホンダ		広州本田（1998.7）	東風本田（2003.7） 本田汽車（2003.9）
トヨタ		四川一汽豊田（1998.11） 天津一汽豊田（2000.6）	広州豊田（2004.9）
日産	*鄭州日産（1993.3）*		東風日産（2003.6） *東風汽車（2003.6）*
三菱自	東南汽車（1995.10） 湖南長豊（1996.11）		
日野		*瀋飛日野（2000.12）*	
スズキ	*昌河鈴木（1995.6）* *長安鈴木（1998.10）*		
いすゞ	*慶鈴汽車（1985.1）* *江鈴いすゞ（1993.4）* *北京北鈴専（1995.4）*	*広州五十鈴客車（2000.3）*	
日産デ	*東風日産柴汽車（1996.5）*		
韓国系			
現代			東風悦達起亜（2001.11） 北京現代（2002.10）
GM大宇	*桂林大宇（1994年）*		
中国独立系			
奇瑞		1997年設立	
吉利		1997年設立	
哈飛		1999年乗用車生産開始	
比亜迪			2003年1月、乗用車分野に進出
力帆			2004年にオートバイ分野から異業種参入。2006年1月、力帆520を発売した。

注：①括弧の中は設立年；②斜体字は商用車メーカー。

出所：『中国汽車工業年鑑』各年版、『FOURIN　中国自動車産業 2008』などより作成。

奇瑞汽車は 1997 年に自動車部品製造という名目で地方政府の出資で立ち上げられ、これが 2001 年に上海汽車の傘下に入るという名目で自動車メーカーとして合法的に事業を展開できるようになった[①]。一方、吉利汽車は、地方政府出資の奇瑞汽車とは違い、1986 年に浙江省台州で冷蔵庫部品の生産からスタートした民営企業で、1994 年に二輪車に参入してコピー商品を作ることによって資金を蓄積し、1997 年に同じ浙江省の寧波と四川省で経営不振に陥った国有自動車工場を買収して、1998 年から自動車生産を開始した。吉利も奇瑞と同じように、はじめは自動車の製造権を持たなかったが、2001 年からは合法的に自動車を生産できるようになった[②]。このほか、奇瑞や吉利に比べれば小規模だが、1999 年には軍用飛行機メーカーから出発して商用車を生産していた哈飛汽車が乗用車分野に進出した。

こうして、第二段階ではグローバル化とともに外資メーカーの進出が盛んになり、これに独立メーカーも加わってメーカーの多様化が進んだ。その中で、中国独自の自主ブランドも増加を始めた。

次に、2002 年からの第三段階の特徴は、2001 年の WTO 加盟をきっかけとした開放体制への移行と、毎年 100 万台増のペースで急成長する国内市場の拡大、そして外資メーカーの世界戦略における開発拠点の設立である。1990 年代の第二段階で始まったグローバル化が、2000 年代に入って全面的に展開する。

開放体制と市場拡大によって、外資メーカーの中国進出はさらに活発になってきた。GM、フォード、VW のように、すでに進出していた企業は投資を一層拡大して新技術や新車種を導入するようになり、さらに BMW、ベンツ、VOLVO など新規メーカーも相次ぎ参入した。一方、中国独立メーカーも急成長を果たした。既存の奇瑞や吉利が乗用車市場でシェアを拡大したほか、商用車メーカー

---

① 李紅蘭[2007]。

② 鄭作時[2007]、52-56 頁。

の乗用車分野への進出や、他の産業分野から自動車産業への参入が相次いだ。たとえば、比亜迪汽車(BYD)はバッテリー分野から自動車産業に新規参入し、その成長が注目されている。外資メーカーのさらなる進出と中国独立系メーカーの参入によって、とくに乗用車分野における競争が激しくなり、その結果、乗用車のラインナップが豊富になり、モデルの更新と価格競争がもたらされ、それはまた乗用車市場の拡大を促進させてきた①。

また、中国独立メーカーによる自主ブランドの立ち上げは、それまで技術やブランドを合弁相手の外資側に依存していた国有企業にも、技術の自主開発や自主ブランド創立への圧力をかけた。これ以前の 90 年代末までは、自動車メーカーの数を制限する産業政策の下で競争圧力は少なく、高価格と高利益を享受することができたため、国営企業は官僚的な経営者のもとで自主開発の意欲を失っていた②。

一方、外資メーカーはグローバル化の下で最適立地・最適調達の戦略を求め、相次いで中国に研究開発拠点を置くようになった。その目的は、中国市場のニーズに合わせた車種の開発を進めるとともに、豊富で賃金の安い中国の技術者を利用して開発コストを削減することであった。

さらにこの時期には、中国から世界へ打って出る動きが始まり、中国の自動車企業は完成車と部品の両方でグローバル展開を広げた。すなわち、自主ブランドの完成車の輸出や海外組立拠点の設立と海外企業の買収を進めるとともに、部品の輸出を拡大した。とくに図 2-2 に示すように、中国の自動車部品貿易は 2005 年に輸出超過になった。

---

① 国務院発展研究中心産業経済研究部ほか編[2008]。

② 路風・封凱棟[2005]、125-133 頁。

図 2-2　中国の自動車部品貿易額の推移　（単位：百万ドル）

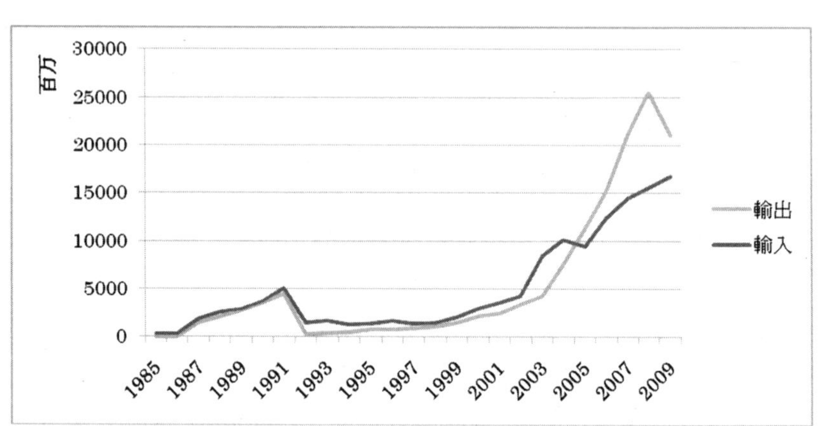

注：この自動車部品は、SITC Rev.2 の 7132(エンジン)、7139(エンジン部品)、6251(自動車のタイヤ)、6252(バスと貨物車のタイヤ)、784(自動車部品・アクセサリー)の 5 品目の合計。

出所：UN comtrade より作成。

第 3 節　グローバル時代の中国自動車産業——外資導入と自主ブランド創出

2000 年代に入り、中国の自動車産業は高度成長期に突入し、激しい変化をみせている。以下において、乗用車を中心に、グローバル時代の中国自動車産業の状況を分析したいと思う。まず 2000 年代における自動車需要の変化を 1 つずつ押さえ、次にこれを供給するする自動車メーカーの 2000 年代前後の変化を分析し、それから 2000 年代以降に活発になってきた自主技術・自主ブランドの経緯と実態を分析し、最後に、1997 年以降政府の「走出去」政策(すなわち、グローバル化の一面として、外国から資金・技術を導入することを「引進来」といい、もう一面として、中国企業の海外直接投資を「走出去」という)の下で、中国自動車企業の海外進出について分析する。

Ⅰ　2000 年代における自動車市場の変化

1. 生産・販売台数の急増

2000 年代に入ると、中国の自動車の生産・販売台数は急増し、車種はトラックと乗用車のシェアが逆転した。

表 2-2 が示すように、2001 年から、自動車産業は毎年二桁の成長率を実現しており、自動車の生産台数と販売台数は、ともにほぼ毎年百万台のペースで増加してきた。2009 年には、生産台数と販売台数がともに 1300 万台に達し、アメリカを超えて世界 1 位の自動車生産大国と消費大国となった。

表 2-2　自動車生産台数と販売台数

年	生産台数	内訳		販売台数	内訳	
		商用車	乗用車		商用車	乗用車
1980	222,288	216,870	5,418	—	—	—
1985	443,377	438,170	5,207	—	—	—
1990	509,242	466,833	42,409	—	—	—
1995	1,452,737	1,127,276	325,461	—	—	—
2000	2,068,168	1,460,723	607,445	2,086,343	1,476,205	610,138
2001	2,341,528	1,638,003	703,525	2,376,884	1,655,421	721,463
2002	3,253,655	2,160,893	1,092,762	3,271,488	2,146,652	1,124,836
2003	4,443,491	2,405,626	2,037,865	4,390,748	2,370,716	2,020,032
2004	5,070,452	2,757,891	2,312,561	5,071,648	1,800,603	3,271,045
2005	5,707,688	2,939,966	2,767,722	5,766,679	1,785,881	3,980,798
2006	7,279,718	2,046,689	5,233,029	7,215,525	2,040,106	5,175,419
2007	8,882,456	2,501,340	6,381,115	8,791,528	2,493,990	6,297,538
2008	9,345,101	2,607,356	6,737,745	9,380,502	2,624,893	6,737,745
2009	13,790,994	3,407,163	10,383,831	13,644,800	3,313,500	10,331,300

注：生産台数について、2005 年から車種統計分類の新基準が実施され、MPV、SUV 及び乗貨両用車など旧基準では商用車に分類されていた車種を乗用車と合計するようになった。本表は 2004 年以前のデータと一致させるため、旧い基準に準ずる。すなわち、乗用車のデータは基本型乗用車のみであり、MPV、SUV 及び乗貨両用車は商用車とカウントする。

販売台数について、自動車の登録台数の発表がないため、工場出荷ベースの台数に輸入車の通関台数を加え、自動車輸出台数を引いたものとしている。

出所：『中国汽車工業年鑑』各年版、『中国自動車産業』2008年版、『中国自動車調査月報』各月号より作成。

2. 自動車消費構造[①]の変化：トラックのシェア低下と乗用車のシェア急拡大

改革開放が本格的に進展する以前の 1980 年代まで、自動車といえば、もっぱらトラックの時代であった。その要因の一つは、乗用車は贅沢品とみなされ、政府部門の公用車とタクシー以外の個人消費は厳しく規制されていたためである。

改革開放後、中国の自動車消費構造は大きく変化してきた。トラックのシェアが下がり、乗用車のシェアが拡大してきた。特に、90年代に入ってから、この傾向は加速してきた。表2-3と図2−3のように、1991年に生産された自動車の中で、トラックは63.77%を占めており、乗用車はわずか 11.44%にとどまっていた。しかし、1994 年の自動車産業政策が個人消費を促進する方針に転換してから、1995年に乗用車のシェアは初めて 20%台に上り、その後伸びる一方となり、つい 2002年にトラック・バスといった商用車を逆転してトップとなった。さらに、2006年に乗用車が自動車の過半数の53.15%を占めるようになった。

トラックと乗用車のシェアの激しい変動に対し、バスのシェアは比較的安定的なものである。1991年、バスの生産台数は全体の約25%を占め、その後小幅な増減をみせ、2001 年の 35.65%をピークに、2006年には約23%に戻った。

表 2-3　自動車生産におけるトラック・バス・乗用車のシェア（単位：%）

年	1991	1992	1993	1994	1995	1996	1997	1998	1999	2000	2001	2002	2003	2004	2005	2006
ト	63.77	59.00	59.75	58.07	49.69	46.69	41.66	40.65	41.29	36.35	34.30	33.57	27.64	29.88	26.45	24.08
バ	24.79	25.79	22.53	23.43	27.91	26.79	27.52	28.20	27.80	34.28	35.65	32.84	26.50	24.51	25.06	22.77
乗	11.44	15.33	17.72	18.85	22.4	26.52	30.82	31.15	30.91	29.37	30.05	33.59	45.86	45.61	48.49	53.15
合	100	100	100	100	100	100	100	100	100	100	100	100	100	100	100	100

① 中国では、明確な販売台数のデータがない。ただし、毎年生産台数と販売台数はほぼ等しいので、本節では、生産台数のデータを使って消費構造の変化を観察する。

注：①ト＝トラック、バ＝バス、乗＝乗用車、合＝合計。
②「乗用車」は基本型乗用車のみのデータである。
③「バス」はバス、MPV、SUV と乗貨両用車の合計である。
出所：『中国汽車工業年鑑』各年版より作成。

図 2-3　自動車生産におけるトラック・バス・乗用車のシェアの変化

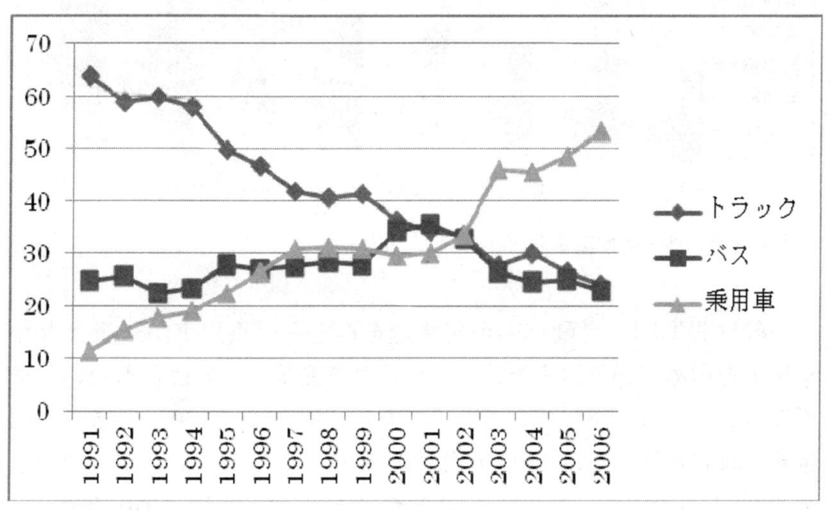

出所：表 2-3 を基に作成。

また、図 2-4 が示すように、1999 年から 2006 年まで、中国の自動車保有台数は 14,529,413 台から 36,973,531 台へと、2.54 倍に増えたが、その中で、乗用車・バスの保有台数は 7,402,307 台から 26,195,686 台に、3.54 倍に増えた。その結果、乗用車・バスの保有台数が自動車保有台数に占める割合は 50.9%から 70.8%に増えた。前述のバスのシェア停滞を考えると、増加した分の大部分は乗用車によるものである。

図 2-4　自動車及び乗用車・バスの保有台数と所有者（単位：万台）

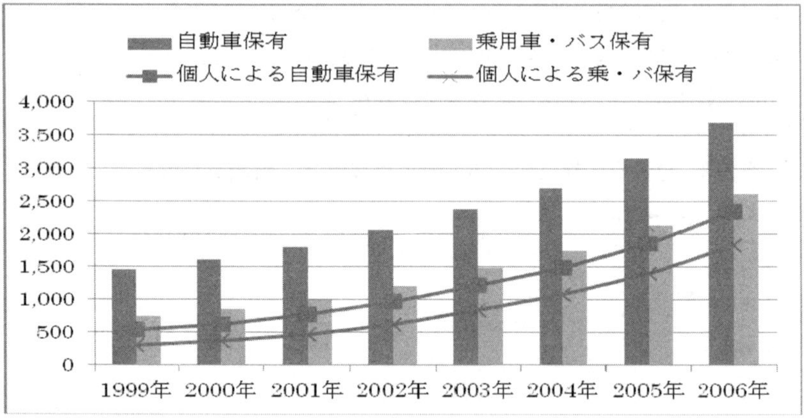

出所：『中国自動車産業』2008 年版より作成。

一般に先進国の自動車の消費構造をみると、乗用車が一番大きなシェアを占めている。また、一国の自動車産業の発展にともない、乗用車のシェアは上がっていくものである。例えば、1950～1995 年、全世界の自動車販売量は 1000 万台から 5000 万台へ成長したが、増加した 4000 万台の中で、75%の 3000 万台は乗用車である。1970 年代、アメリカ自動車工業の発展期において、自動車販売量のうち乗用車が占めるシェアは 80%～90%である。ヨーロッパ各国の乗用車販売量は常に自動車販売量の 85%～95%を占めており、日本の場合、この数字は 70%～80%である。韓国の場合、自動車市場は 1980 年代から急速に拡大し、自動車販売量に乗用車が占めるシェアは 1980 年の 44.2%から 1995 年の 73.6%までに上昇した。

中国の自動車市場においても、乗用車のシェアが伸びて一番大きなシェアを占めるようになったことから、中国の自動車産業の発展に伴い、自動車の消費構造が先進国に近づいてきていることがうかがわれる。

3. 乗用車市場の成長とその促進要因

上述のように、中国の自動車市場において、乗用車市場の拡大は著しい。これは企業や政府機関中心だったそれまでの自動車需要に代わって、マイカー需要が急増したことを示している。マイカー需要の生まれた理由としては、まず、中国の経済発展にともない、車を買える収入をもつ個人、いわゆる「中産階級」が現れ、自動車市場全体が伸びてきたことがあげられる。次に、政府の一連の乗用車の個人消費促進政策が、個人による乗用車購入の条件を整えた。さらに、自動車の供給側において、2001 年の WTO 加盟以降、外資系・独立系メーカーの自動車事業への参入拡大により新モデルの投入が加速し、シェア獲得に向けて各メーカーの価格競争も本格化した。このような供給面の条件改善は自動車消費の拡大を支えた。

中国の自動車保有状況は、1990 年代後半まで、法人・政府用車を中心とした保有構造であり、貨物輸送用のトラックが約 50%を占めていた。2000 年代に入り、2003 年に個人保有比率が 50%を突破し、自動車消費・保有構造が法人中心から個人主体へと変貌した。さらに 2005 年に保有台数が 3000 万台を突破し、個人消費ブームを迎えている。

図 2-4 のように、個人による自動車保有台数は 1999 年の 5,338,833 台から 3,040,914 台へ、4.37 倍に増え、そのうち、乗用車・バス①保有台数は 3,040,914 台から 18,235,657 台へ、6 倍に増えた。その結果、個人による自動車保有台数が全体に占める割合は 1999 年の 36.7%から 2006 年の 63.1%へと上昇した。また、個人による自動車保有台数全体に占める乗用車・バスの割合は 57.0%から 78.2%へ大幅に上昇した。また、乗用車・バスの保有台数のうち、個人の保有台数が占める割合は、1999 年の 41.1%から 2006 年の 69.6%まで、約 3 割上昇した。

以上の数字から、個人による乗用車保有、すなわち、マイカーの増加が 2000 年代の中国の自動車市場拡大の牽引役であるといえよう。

次に、マイカーの増加が中国の自動車市場の拡大の牽引役となった背景として、国民所得の変化を確認してみたい。

---

① 乗用車・バスが一体になったデータしか入手できないため、バスの台数も含まれている。ただし、バスの台数は全体に比べきわめて少ないため、その影響は限定的に思われる。

表 2-4 のように、1999 年から 2006 年に中国の GDP 成長率は平均年率 8.3%で、2006 年の GDP は 21.2 兆元、1 人あたり GDP は 1.6 万元となった。これに伴い、家計の 1 人当たり可処分所得も増えてきた。2006 年に都市部の 1 人あたり可処分所得は 1.2 万元、農村部では 0.36 万元となった。

表 2-4　中国の GDP、1 人当たり GDP と都市部・農村部の 1 人当たり可処分所得

	単位	1999 年	2000 年	2001 年	2002 年	2003 年	2004 年	2005 年	2006 年
GDP	億元	88,479	98,001	108,068	119,096	135,174	159,587	184,739	211,808
GDP 実成長率	(%)	7.6	8.4	8.3	9.1	10.0	10.1	10.4	11.1
1 人当たり GDP	元	7,159	7,858	8,622	9,398	10,542	12,336	14,103	16,084
(伸び率)	(%)	5.3	9.8	9.7	9.0	12.2	17.0	14.3	14.0
都市部 1 人当可処分所得	元	5,854	6,280	6,860	7,703	8,472	9,422	10,493	11,759
(伸び率)	(%)	7.9	7.3	9.2	12.3	10.0	11.2	11.4	12.1
農村部一人当り純収入	元	2,210	2,253	2,366	2,476	2,622	2,936	3,255	3,587
(伸び率)	(%)	2.2	1.9	5.0	4.6	5.9	12.0	10.8	10.2

出所：『中国統計年鑑』各年版より作成。

このような経済成長と家計の可処分所得の増加に伴い、生活水準の向上に向けて都市部の富裕層を中心に乗用車への需要が拡大し、都市部における 100 世帯あたりの自家用車保有台数は 1999 年の 0.34 台から 2006 年に 4.32 台に拡大した。

これまでの 70 年間の、世界 20 か国の自動車産業発展の歴史をみると、自動車保有率が 1 人当たり収入の増加に応じて上昇するという趨勢が明らかにされている[①]。このような歴史的な経験によると、1人当たりGDPが500ドル以下の場合、自動車の保有率は1000人当たり10台であり、500～1000ドルの場合、保有率は1000人当たり10～20台、1000～2000ドルの場合、20～40台になると言われる。中国は2003年に1人当たりGDPが1000ドルを超えたが、1000人当たりの自動車保有量はわずか1.84台にすぎない。この数字は世界平均水準と比べ、非常に少ないことから、今後も上昇の余地は大いにあることがうかがえる。

次に乗用車購入促進政策をみると、中国では、1990年代前半まで、乗用車産業の発展は国情と合わないとされ[②]、乗用車自体は贅沢品とみなされ、個人による乗用車の購入は厳しく制限されてきた。1994年の「汽車(自動車)工業産業政策」では、初めて個人による自動車購入の促進を掲げたが、地方政府による他地域産自動車への規制、値段の安いエコノミーカーの使用規制や自動車購買および使用過程における各種車両関連の付加料金などのため、消費者の購入負担が重く、購入促進効果は小さかった。

その後、表2－5のように、中央政府は一連の政策・措置を出し、自動車、特に小排気量車の消費の促進を本格化した。

---

① 豊・劉[2005]。

② 中国で乗用車産業を発展すべきかどうかをめぐって、中国国内で1980年代前半と1990年代半ばにそれぞれ激しい論争がなされた。論争について詳しくは、鄭也夫[1996]を参照されたい。

表 2-5　促進政策・措置一覧表

公表・実施年月	公表部署	法令または措置	ポイント
1996年6月	国務院弁公庁	「地方政府によるエコノミーカーの使用規制の撤廃に関する通知」（注1）	各地方政府に対して、エコノミーカーの使用規制と民用自動車保有・使用量への規制の制定を禁止し、すでに導入した関連規制の撤廃を要請した。
		（中国語名：《関于取消地方限制経済型轎車使用的意見》）	
2001年1月	国務院	自動車購入付加費（「汽車購置税」として購入者が収める費用、「自動車価格×一定比率」で計算する）の代わりに自動車購入税を導入	自動車消費環境の整備、自動車購買者の負担軽減を目的に、各地方政府、各部門に対して、自動車購入過程における車両関連の付加費の徴収停止を要請。
2002年3月	財政部	「料金管理強化、内需拡大・育成の促進に関する通知」	自動車消費の奨励・促進を目的に、各地方政府に対して、自動車向けの各種行政料金、政府基金の撤廃を義務化
2006年1月	国家発展改革委員会	「省エネ・環境配慮型小排気量車の発展奨励に関する意見」	各地方に対して、2006年3月31日までに一切の小排気量車への走行規制とタクシー運営への規制の撤廃を要請。
2006年4月	国家発展改革委員会	「自動車消費税調整」（汽車消費税調整）（消費税とは、付加価値税のように、メーカー、輸入車の場合は輸入業者が生産・流通段階で納める税金）	小排気量の消費税率の引き下げ。乗用車の消費税率では、1~1.5L以下は5%から3%に引き下げ、1.5~2.0L以下は5%に据え置き、2.0~2.5L以下は9%、2.5~3.0L以下は12%、3.0~4.0L以下は15%、4.0L以上は20%に引き上げる。
2009年1月1日	国家発展改革委員会、財政部、交通運輸部	燃油税（注2）	燃油税を以って、「公路養路費」（道路維持費）、「航道養護費」（水路維持費）、「公路運輸管理費」（道路運輸管理費）、「公路客貨運付加費」「水路運輸管理費」、「水運客貨運付加費」の6項目に充てる。同時に、地方政府が出資する2級以下の道路の通行料を廃止する。
2009年1月14日	国務院	「自動車産業と鉄鋼産業の調整振興計画」	措置：小型車購入税半減と農民の小型車買い替えの補助
		（中国語名：《汽车産業和鋼鉄産業調整振興規划》）	2009年1月20日～12月31日に、排気量が1.6L以下の乗用車の購置税を半額の5%に下げる。
			2009年3月1日～12月31日に、政府が50億人民元を拠出し、農民が三輪自動車や低速貨物車を、小型トラックまたは1.3L以下の小型乗用車に買い替える場合、一次補助金を支払う。

注 1：中国のエコノミーカーの定義は時期によって異なる。たとえば、2001年の「自動車工業の十五ヵ年計画」は、エコノミーカーについて、排気量が1.3 L 以下、百キロあたりガソリン消耗が国内先進水準に達し、値段が 8 万元くらい、国の安全、省エネ、排気などに関する法律と個人用車の要求を満たすものと規定している。

ところが、2006 年、中国国務院発展改革委員会は、エコノミーカーについて、エンジンの排気量が 1.4 L 以下、車体全長 4m以下、エンジン出力が 45kW/l を超え、燃費、環境保全、安全などの面において国の標準に達するものと規定している。

注 2 : 自動車にかかわる煩雑な諸税を燃油税に一本化し、中央政府の財源に集約することが 1990 年代から中国で議論されてきた。1994 年には、すでに「燃料付加費」の名目で離島・海南省に導入され、その実効性が確認されている。しかし、本土においては、地元財源などの利権に癒着する地方政府が、燃油税の実施を求める中央政府に抵抗しており、かつ諸官庁における利権関係から、燃油税改革は実施に踏み切れなく、2009 年 1 月 1 日まで伸ばしてきた。

議論の整理および産業関係者への影響のシミュレーションについて、『中国自動車調査月報』別冊、「中国燃料税導入の市場と業界への影響を考える」、2008 年 6 月を参照

出所 :『中国汽車工業年鑑』各年版と各種報道より作成。

Ⅱ　外資導入と外資メーカーの多様化

1. 第一段階——乗用車生産の開始と VW 寡占体制の成立（改革開放～1994 年）

前述のように、改革開放以降の中国自動車産業の発展は、外資導入によって促進された。その過程について、さらに詳細に分析してみよう。

改革開放政策と経済の発展につれて、中国国内では公用車として乗用車の需要が年を追って拡大していった。しかし、乗用車の供給を輸入に頼ったため、外貨の流出も激しかった。このため、政府は国内の乗用車生産の発展と外貨節約を図るために、「補償貿易」の形式を採用しようとした。これは、外国企業から乗用車の組立ラインを導入し、部品を輸入して国内で完成車を組み立て、これらの設備と部品を買う外貨を得るために乗用車の 60%～70%は輸出に回すという内容だった。つまり、KD 生産に輸出義務を組み合わせた方式である。

しかし、当時中国の自動車市場は規模が小さかったことと、政治体制への懸念から、外資メーカーは中国進出にあまり興味を示さなかった。最初に提携交渉に応じた GM は、「補償貿易」の代わりに、合弁企業を立ち上げるよう提案した。中国側も外国企業の資金と技術を利

用できるとして、合弁企業設立の提案を受け入れた。しかし、中国の既存工場を視察したGMは、この条件下で部品から完成車まで生産するのは無理だと判断し、中国で一部の部品を作り、ほかの部品を東南アジア諸国から輸入して完成車を組立てるように提案した。後述のように、1970年代後半から1980年代前半にかけ、GMは東南アジアの各地で異なる部品を作り、相互融通する域内部品補完計画を進めていた①。

このため、部品から完成車まで一貫した生産体制を築きたい中国政府の思惑とかけ離れたため、提携交渉は打ち切られた。

合弁企業の立ち上げに成功したのは、2番目の交渉相手のフォルクスワーゲン(VW)である。VWが上海汽車と交渉を始めたのは1978年であり、30回以上の交渉を経て、ようやく1984年に合弁契約を締結し、上海大衆を立ち上げた②。VWが選ばれたのは、技術移転と新しい車種についての中国側の条件を満たしたからである。厳しい条件にもかかわらず中国に進出したVWの思惑は、アジア地域の市場獲得にあった。長い間、VWはアジア地域で提携の相手を探していた。イランと韓国を視野に入れたが、前者は国内政局の不安定で、後者は国内市場の狭さとすでにアメリカと手を組んだことからあきらめた。こうした中で、中国進出によってVWはようやくアジア市場への参入を果たしたのである。

合弁契約の翌年から、VWはサンタナ(SANTANA)の現地生産を開始した。この車種は1985年に中国で現地生産を開始してから、20年間も売り続けて長寿車種となった。このため、のちには、合弁企業がモデルチェンジを怠っているという批判の典型例にもなった。また、VWは1988年に長春の第一汽車向けの「長期協力契約」を結び、アウディ(AUDI)のライセンス生産を始めた。1991年には合弁企業として

---

① 加茂[2006]、330頁。

② 上海VWの交渉と設立の詳細について、当時上海汽車の交渉担当通訳である呉慧宏は「回眸在引進弁的日子」(上海大衆新聞報、http://www.csvw.com/csvw/news/topic/report.jsp、2010年7月1日アクセス)で詳しく記している。

一汽大衆汽車有限公司を設立、ジェッタ(JETTA)の生産を開始した。

この時期に進出したほかの外資企業として、かつてのアメリカ第 4 位の自動車メーカー、アメリカン・モーターズ(AMC)や、ダイハツ、プジョー・シトロエングループ(PSA)といった下位メーカーがある。

AMC は 1979 年に北京汽車と交渉を開始し、1984 年に北京吉普(ジープ)汽車有限公司が設立された。1987 年に AMC が経営不振によりクライスラーに買収されたのに伴い、合弁企業の北京ジープもクライスラーの傘下に入った。

ダイハツは 1984 年に天津汽車とハイゼットのライセンス生産契約を結び、1986 年に天津汽車の要請をうけてシャレードの技術供与契約を締結した[①]。ダイハツは、この時期の中国政府による乗用車企業養成プロジェクトの「三大三小」体制に入った唯一の日本企業となった。しかし、1994 年に中国政府が 1000 cc～1600 ccの個人向け乗用車生産の方針を打ち出すと、1000 ccのシャレードしかないダイハツはこの条件を満たせないとして、系列のトヨタに事業主体を譲った[②]。

プジョーは上海大衆が設立された翌年、1986 年 9 月に設立された。しかし、経営難で 1997 年 4 月に広州撤退を公式に発表、武漢にシトロエン(ZX)とプジョー(406)の乗用車生産を集約する方針を明らかにした。

以上のように、この段階では VW 以外に外資との合弁は十分な成果をあげずに終わった。しかし、外資メーカーの直接投資を受け入れる場合には中国企業と資本金を折半して合弁企業を設立し、中国側のパートナーは上海汽車・第一汽車・天津汽車など改革開放以前から操業していた国有大企業をあてる、という方式が定着したことには注目すべきだろう。つまり、中国が、次の章で述べる東南アジアと異なるのは、外資との合弁の受け皿となる国内自動車産業の蓄積があったということである。もちろん、改革開放以前の技術は高い水準ではなかっ

---

① 『日本経済新聞』1986 年 3 月 27 日。

② 『日本経済新聞』1994 年 9 月 13 日。

たし、とくに乗用車生産の経験はほとんどなかった。しかし、潜在的な国内市場と合わせて、国有自動車企業の存在は、やがて外資に対して一定の拮抗力を発揮することになった。

ただし、この第一段階ではVWの寡占体制が確立し、中国側の独自の動きもほとんど見られなかった。

2. 第二段階——グローバル化と外資メーカーの多様化(1994~2001年)

こうしたVW寡占体制が崩れるのが、1994年からの第二段階である。この時期から、本稿で論じるグローバル化の時代に入る。その画期となったのは、1994年の「汽車(自動車)工業産業政策」である。この政策は、生産規模の拡大によって競争力を持つ自動車メーカーを育成するため、小規模な合弁企業や完成車の輸入を規制して大規模合弁企業の育成を図ることと、部品分野の合弁事業の奨励を定めていた。具体的には、輸入車に対する高率関税によって乗用車の国内生産を保護する一方で、完成車組立メーカーに対する外資の出資比率を50%以下に制限し、短期間に主要部品の国産化率を引き上げることによって、自国の自動車産業育成を図る方針だった。そもそも中国政府が乗用車組立の分野で外資メーカーの進出を認めた背景には、「以市場換技術」、すなわち、広大な中国市場を外資メーカーに開放することと引き替えに、先進的な乗用車生産技術、とくに研究開発能力の移転を進め、一定期間後には独自の知的所有権を備えた自主ブランド車の開発が可能になるという思惑があった。このため、VW以外の外資メーカーの進出を積極的に推進する政策がとられたのである。

一方、この時期には、第一段階で中国進出に消極的だった外資メーカーが中国市場に目を向け、日米欧企業による中国参入ラッシュの様相を呈するようになった。この時期、経済発展に伴って国内自動車市場も順調に成長し、さらに世界的にはグローバル化の加速で自動車メーカー間の吸収合併が活発に行われていた。また、先進国では生産能力の過剰も進んでいた。これらの要因が重なって、日米欧の自動車メーカーは新しい海外市場を求めて、潜在力の大きい中国市場に目を向けた。表 2-1 のように、新規参入者として GM(上海)、ベンツ(海南)、トヨタ(天津)、ホンダ(広州)、フォード(南京)などの大手メーカーが現れ、トップクラスの自動車メーカーが中国に出揃った。しかも、第一段階と違って、潜在的な市場規模を背景に、複数の外資メーカーを競わせることによって、合弁の主導権が中国側に移った。

以上のように、この時期にはグローバル化の進展によって中国進出の動きを積極的に進めた外資メーカーが、中国政府の外資導入拡大政策に乗って次々と合弁企業を設立し、乗用車生産の多様化が進んだ。その背景には、前述のように中国各地に自動車国有企業が存在し、中国側も一定の主体性を持ちながら外資と提携していく基盤が形成されていたことを重視しなければならない。しかし、中国側の意図した技術移転は進まず、部品の国産化率は高まったものの、合弁企業から自主開発・自主ブランドが生まれることはなかった。

その一方で、外資と資本関係を持たない中国独立メーカーが誕生し、自主ブランドの生産を開始した。その代表例が 1997 年に設立された吉利と奇瑞だが、この分析は本章Ⅲで行うことにする。

3. 第三段階——WTO 加盟と外資メーカーの世界戦略(2002 年～)

次に、2002 年からの第三段階の特徴は、2001 年の WTO 加盟をきっかけとした開放体制への移行と、毎年 100 万台のペースで急成長する国内市場の拡大、そして外資メーカーの世界戦略を反映した開発拠点の設立である。1990 年代の第二段階で始まったグローバル化が、2000 年代に入って全面的に展開した。

表 2-6 のように、2002 年から、自動車市場は毎年 100 万台のペースで急成長してきた。特に乗用車の成長は著しい。市場の拡大に応じて、外資の中国進出はさらに活発になってきた。

表 2-6　中国の自動車販売台数

年	販売台数	乗用車
1998	1,604,480	507,962
1999	1,831,905	570,410
2000	2,086,343	610,138
2001	2,376,884	721,463
2002	3,271,488	1,124,836
2003	4,390,748	2,020,032
2004	5,071,648	3,271,045
2005	5,766,679	3,980,798
2006	7,215,525	5,175,419
2007	8,791,528	6,297,538
2008	9,345,101	6,737,745

注：2005 年に中国汽車工業協会（CAAM）が商用車分類の微型バスを乗用車分類の乗貨両用車へ分類変更した。

出所：『中国自動車調査月報』各月号より作成。

こうした自動車市場の拡大に伴い、外資メーカーの進出も一層活発になった。表 2-1 に示すように、2001 年から韓国の現代-起亜グループが新たに進出したほか、日系・欧米系の合弁企業も新設、あるいは協定内容の拡大が目立つようになった。一方、中国側の上海自動車と東風自動車は、関連企業の再編を果たし、産業集中度を上げることができた。そのため、2002 年は、「自動車産業合併と再編の年」とも呼ばれている。

その結果、世界の大手自動車メーカーはほとんど中国で合弁企業を作り、中国市場での戦略的な布石を終えた。また、第 2 期に登場した独立メーカーは、その後も発展をつづけた。その結果、第 3 段階では外資系・独立系双方のメーカーの参入によって乗用車メーカーが増え、乗用車のラインナップが豊富になり、モデルチェンジと価格競争がもたらされた。

たとえば、中国で現地生産する乗用車のブランドの数をみれば、1998

年にブランド数はわずか 11 しかなかったが、2005 年には 36 に増え、1998 年の 3 倍強になった(表 2-7)。また、モデル数をみると、2000 年以降、毎年 30～40 もの新車種が市場に発売されるようになった。表 2-8 が示すように、2003 年の 1 年間だけでも、230 もの新モデルが市場に出されたのである。

表 2-7　1998～2005 年中国乗用車のブランド数

1998 年	1999 年	2000 年	2001 年	2002 年	2003 年	2004 年	2005 年
11	13	13	21	27	32	35	36

出所:『アジア自動車産業』2006 年版より作成。

表 2-8　2003～2006 年中国自動車新モデル導入数

	2003 年	2004 年	2005 年	2006 年
乗用車	62	76	73	38
MPV,SUV	40	34	29	13
自動車全体	230	265	219	113

出所:『中国汽車工業発展年度報告』2008 年版より作成。

このような多様化が可能だったのは、繰り返しになるが、中国側の国有大企業が多数存在していたためである。とくにこの第三段階では、一つの外資メーカーが地域によって異なる中国側パートナーと提携したり、逆に中国企業が複数の外資メーカーと提携したりするなど、多角的な合弁企業の組み合わせがあらわれた。そのことは、強力な政府の役割と合わさって、中国自動車産業が完全な外資主導になることを防ぐ役割をはたしていた。この点は、第 3 章で分析する東南アジアの自動車産業が日系メーカー一辺倒になっているのと対照的である。

こうした中で、外資メーカーの中に、新たに中国を研究開発拠点として位置付ける動きが見られるようになった。外資メーカーの研究開発拠点としての中国の位置付けは、まず世界最大規模となった国内市場をねらって、中国の消費者ニーズに合わせるために既存車種の改良開発から始まったが、次第に新車種の独自開発に転換し、近年はグローバル車種の開発へと進んでいる。

最初に設立された開発拠点は、1997 年に GM が 50%出資で設立した上海汎亜自動車技術中心である。この技術センターの業務は、海外で開発した車種を中国の消費者ニーズに合わせて一部変更するような部分的な改善にとどまっていた[①]。ほかの外資メーカーも、相次いで同じような開発拠点を設立した。たとえば、PSA は、合弁相手の東風汽車と共同出資で神龍技術中心を立ち上げた[②]。

しかし、2000 年代に入ると、外資メーカーは中国の開発拠点を自社のグローバル開発システムに組み込み、中国で全く新しい車種を開発したり、中国発の技術をほかの地域にも適用したりする動きが生まれた。

典型的な事例は、2007 年にホンダが広州汽車との合弁で設立した広州本田汽車研究開発有限公司である。ホンダは、この開発拠点で広州本田の独自ブランド「理念」を開発し、中国市場に向けて 2010 年から量産体制に入り[③]、価格を 6 万 9800 元からにまで抑え、「ホンダ」ブランドとは別の入門ブランドと位置付け、手薄だった中所得以下の層にも顧客を広げる狙いである[④]。このほか日系メーカーでは、2006 年に東風汽車が広州に最新鋭の実験設備を導入した東風日産乗用車技術中心を作り、新車の開発段階から現地部品メーカーと部品を共同開発し、中国市場のニーズに合わせた車両設計などを開始し[⑤]、その第 1 号は中国専用ブランド・ヴェヌーシア(中国名・啓辰)であり、価格を 10 万元程度からと低価格に抑え、2012 年から中国全土に 100 店の専門店を展開する[⑥]。日系企業のほか、2012 年の北京国際自動車ショーでは、ドイツのダイムラーなども合弁ブランド車を相次ぎ発表した。各

① 上海汎亜の概況は公式 Web サイト (http://www.patac.com.cn) を参照した。

② 『新京報』2008 年 5 月 5 日。

③ 『日経産業新聞』2010 年 5 月 20 日。

④ 『日本経済新聞』2011 年 4 月 20 日。

⑤ 『日本経済新聞』2006 年 3 月 21 日。

⑥ 『日本経済新聞』2011 年 4 月 20 日。

社のこのようなブランドは低価格モデルで、既存ブランドと異なる顧客層を開拓する狙いがあるとみられている[①]。

また、2008年にVWは上海VWと中高級乗用車を共同開発する協議を締結し、上海VWを自社のグローバル開発システムに組み込んだ[②]。フランスのPSAも、前述の神龍技術中心のほか、2008年に100%出資で上海研究センターを立ち上げ、グループ研究開発本部の海外拠点として、グローバル車種の設計の機能を与えた[③]。

このように、2000年代に入り、外資メーカーは中国の研究開発拠点を従来の改良開発から独自開発に転換し、これを自社のグローバル開発システムに組み込み、中国市場独自のブランド開発を本格化させるようになっている。これは、直接には中国政府の自主ブランド奨励政策に沿ったものだが、後述のように、同時期に東南アジアではタイが世界戦略車の開発・製造拠点となっており、外資メーカーの本格的なグローバル戦略のあらわれとしても注目される。

Ⅲ 自主ブランドと自主技術開発

1.国有大企業の自主ブランド・自主技術への取り組みの遅れ

中国の自動車産業は、改革開放以前から商用車分野で技術と経験を蓄積してきた。しかし、改革開放以降の普通乗用車、特に中級乗用車以上の車種については、外資との合弁企業によって外国から導入したモデルが支配的地位を占めていた。

そこで、1994年の「汽車(自動車)工業産業政策」では、前述のように輸入車に対して高率関税をかける一方で、国内組立メーカーに対する外資の出資比率を50%以下に制限し、同時に部品国産化率を引き上げて、自主技術・自主ブランドの開発を可能にする方針が示されていた。

---

① 『日本経済新聞』2012年4月23日。

② 『第一財経日報』2008年4月18日。

③ 当該研究センターについて、PSAの中国語公式Webサイト(http://www.psa.net.cn/Group/DesignCenter.aspx) を参照した。

しかし、こうした政府の願望とは裏腹に、自動車市場の急成長に伴って乗用車の大半は外資メーカーが持ち込んだ外国ブランド車によって占められてしまった。たしかに導入したモデルの主要部品の国産化率①は上がったが、中国企業の研究開発能力は伸びなかった。そして、乗用車製造技術はかなり蓄積したものの、自主ブランド車を開発する夢は実現しなかった②。中央政府のシンクタンクである国務院発展研究センターの産業経済研究部は『中国汽車産業発展報告 2008』に、「30年前に打ち出した「以市場換技術」(市場を以って技術と交換する)は、結局「讓出了市場却没有換来核心技術」(市場を譲ったが、コア技術をもらえなかった)に終わってしまった」と指摘している。

このような状況を変えようとして、2004 年の「汽車(自動車)産業育成政策」は、独自の知的所有権と自主ブランドを備えた普通乗用車の自主開発を重視するようになった。しかし、この政策によっても外資と合弁を組んだ国有自動車メーカーからは本格的な自主技術・自主ブランドは誕生せず、後述のように、むしろ政府が重視しなかった独立(民営)メーカーからその動きが生まれたのである。

国有自動車メーカーから自主ブランドが生まれる場合、多くは合弁相手から技術を導入して自社ブランドを付ける程度のものだった。たとえば、第一汽車は、マツダから導入したマツダ 6 のプラットフォームで「紅旗奔騰」を開発した。また、トヨタから技術を導入し、高級乗用車として紅旗 HQ3 を開発した。同じように、長安グループはフォードの FIESTA のプラットフォームで陸風風華(CV7)を開発した。

中国の自動車生産の主たる担い手となるべき国有大企業から、なぜ自主技術・自主ブランドが生まれなかったのだろうか。もともと、「3

---

① 1997 年、サンタナの部品国産化率は 90%を超えた。

② 国家科技部劉燕華副部長が北京のあるシンポジウムに出席する際、以下の発言をした。「以市場換技術」の路はだめだった。科学技術の発展は自主創造のみによって実現できる。(中国の自動車産業は) 市場を譲ったし、元の技術も失ったし、新技術をマスターしていないし、本当に依存型の自動車産業になってしまった」。「科技部副部長:“以市場換技術” 此路不通！」『解放日報』2005 年 12 月 07 日。

大3小」や1994年の自動車産業政策に見られるように、政府は自主技術を持つ自主ブランド車の夢を国有大企業に託し、政策の重点を国有大企業に傾斜してきた。しかし、資金力・技術力・人材で優位にたつ三大国有自動車集団(一汽・上海・東風)はその期待に十分応えられなかった。その原因は、三大自動車集団はいずれも有力な外資と一緒に合弁企業を経営しており、合弁相手から導入した技術と国の保護政策で十分に利益をあげることができ、自主開発の意欲が存在しなかったからである。国有企業の経営者は官僚と同様に、政府の指令により配属されていた。しかし、新車開発には7~8年から長ければ10年ほどかかり、配属された経営者が在籍するうちに成果が出る保証はない。また、時間をかけて自主ブランド車を開発しても、採算面などで成功する保証がなく、失敗すれば経営者が責任を負わなければならないというリスクが生じる。結局、自主ブランド車の開発が終わる頃には、開発当事者の多くは退職したり他の部局に配置転換されたりしており、成功報酬はあとからやってきた他人の手に渡ってしまう。したがって、こうした大企業の指導者や開発部門の責任者には、自主開発へのインセンティブが働かず、意欲が欠如していたのである①。

2. 独立メーカーの創設と発展

一方、自主開発・自主ブランドは政府の意図とは別に、外資と関係を持たない独立メーカーによって推進された。

前述の外資導入の第2段階、すなわちVWの寡占体制が崩れて外資の多様化がみられる時期に、独立メーカーの奇瑞汽車と吉利汽車が設立された。

奇瑞汽車有限公司は1997年3月に創業した。奇瑞は、この時期、中国政府が自動車メーカーの新設を認めなかったため、自動車部品製造という名目で安徽省政府と同省の蕪湖市政府傘下の5つの投資会社が共同出資して設立した集団所有制企業である。奇瑞は2001年1月に上海汽車の傘下に入ることによって、上海汽車の許可書で車の販売権を

---

① 路・封[2005]。

手に入れ、合法的に自動車生産を行えるようになった[①]。

また、吉利汽車は、地方政府出資の奇瑞汽車とは違い、創業者李書福によって設立された民営企業である。吉利汽車を中核企業とする吉利集団は1986年浙江省台州に設立され、冷蔵庫部品の生産からスタートした。1994年には二輪車部門に参入し、この地域のほかの企業と同様にヤマハのコピー商品のスクーターを作り、着々と資金を蓄積していった。1997年になると、李書福は浙江省の寧波と四川省の小さな国有自動車工場が経営不振に陥っているのに目をつけ、行政との交渉を経て、安値で買い取ることに成功した。そして1998年には正式に自動車生産を開始し、2001年11月には国有企業や外資との合弁企業にしか与えられなかった自動車の製造権を手に入れた[②]。

さらに2000年代に入ると、奇瑞や吉利が著しい成長をみせただけでなく、新たに商用車分野から乗用車分野への進出や、自動車以外の産業分野から自動車産業への進出もみられるようになった。主なものとして、商用車メーカーの哈飛汽車が乗用車分野に進出し、比亜迪汽車がバッテリー分野から自動車産業に新規参入してきた。

奇瑞汽車は乗用車生産の許可を得る便宜のために、2001年から一時上海汽車の傘下に入っていたが、2004年秋に上海汽車との資本提携を正式に解消した。そして1999年12月18日に自社ブランドの第一号車「風雲」を発売して以来、小型ハッチバックの「QQ」、「風雲」の改良型の「旗雲」、中型セダンの「東方之子」、SUVの「瑞虎」と、5車種を立て続けに出してきた。今では、完成車年産30万台、エンジン年産40万台の生産能力を有している。2008年の販売台数は合計35.6万台と、中国乗用車市場の第6位だったが、2007年には38.7万台、第4位になったこともある。

吉利汽車は2001年に正式に自動車生産権を得てから、生産規模を次々と拡大し、現在計6箇所の生産拠点を擁し、年間生産能力は完成

---

① 鄭作時[2007]、52-56頁。

② 『日本経済新聞』2006年3月21日。

車 30 万台、エンジン 30 万台に達した。同社の販売台数は 2008 年に 18.47 万台だったが、2006 年は 20 万台で第 8 位になったこともある。

こうして、現在では奇瑞・吉利とも外資メーカーに伍してトップ 10 の一角を占めるようになった(表 2-9 を参照)。

表 2-9　中国主要乗用車メーカーの生産能力(単位：万台)

	メーカー名	2010 年	2012 年(計画)
	トヨタ	82	97
	日産	67	120
	ホンダ	65	83
	GM	176	242
	VW	156	300
	現代	103	144
	吉利	72	100 以上
	奇瑞	65	100 以上
	BYD(比亜迪)	70	150

注：VW は 2013～14 年計画。

出所：『日本経済新聞』2010 年 9 月 21 日。

一方、商用車分野から新規参入した哈飛汽車は、第二航空工業集団に直属するハルピン飛行機工業集団の下の企業である。もともと軍需企業で、中国で一番早く軍用飛行機を作った企業である。1983 年に、軍需企業から民用企業へ転換して、自動車産業に進出して商用車の生産を開始した。1986 年には、国の許可を得て、スズキの軽自動車の技術を導入し、1992 年に「松花江」ミニバンを市場に売り出した。さらに、1996 年にイタリアのデザイン会社、Pininfarina と提携して、「哈飛中意」ミニバンを作り出した。2002 年 5 月には、商用車だけでなく乗用車の生産許可を得た。現在生産能力は年間 40 万台であり、自動車エンジンの生産能力は年間 45 万台である。2006 年の販売台数は 26.6 万台であり、そのうち、20 万台が乗用車である。

また、バッテリーメーカーとして異分野進出してきた比亜迪(BYD)は、1995年に設立され、香港に上場した民営ハイテク企業である。2003年に、陝西省にある西安秦川汽車を買収して、比亜迪汽車を発足させた。比亜迪は、西安、北京、深圳、上海に4つの生産拠点を置くほか、北京にモジュール生産基地を持つ。このうち上海の研究開発センターは3000人の開発チームをもち、西安と深圳にある生産基地はそれぞれ年間20万台と30万台の生産能力を持っている。電池の生産から発足した同社は、蓄電池の生産に強みをもち、電気自動車にも力を入れている。2008年には、家庭用電源で充電できるプラグイン・ハイブリッド車を発売した。こうした技術力が注目され、2008年にはアメリカの著名な投資家ウォーレン・バフェットの投資会社がBYDの株を10%取得した[①]。2007年の販売台数は10万台であり、2008年は20万台に達した[②]。

力帆汽車の親会社力帆集団は重慶市にあり、傘下に二輪車とそのエンジンを生産する企業10社を持つ大手二輪車メーカーである。2004年に二輪車から四輪車事業に参入し、2005年から小型乗用車の生産を始めた。四輪車事業への進出について、同社の尹明善会長は「二輪車だけでは企業の成長スピードが遅くなる。二輪車で培ったエンジン技術などを活用し四輪車事業へ参入することで、日本のホンダのように企業を発展させたい」と説明している[③]。同社は24億元を投入し、乗用車生産規模15万台、エンジン20万台および自動車研究開発センターを建設する計画を発表した。2006年に、同社は初の乗用車「力帆 520」を発売した。2008年の販売台数は約4万台だった。

---

①『日本経済新聞』2009年9月12日、2010年4月18日。

② 比亜迪（BYD）汽車のホームページ（http://www.bydauto.com.cn）を参照した。

③『日本経済新聞』2005年2月5日。

3. 自主開発・自主ブランドの展開

前述のように、1990 年代後半から、奇瑞、吉利などの独立メーカーは、規模は小さいものの、自主ブランドの車を次々に作り出してきた。このような背景のもとで、中国では、三大国有企業への批判、奇瑞・吉利など独立系メーカーへの支持の声が上がってきた①。2004 年、科学技術部の委託を受け、北京大学の教授が作成した「わが国自主知的財産権自動車工業を発展させる政策選択について」②というレポートでは、従来の産業政策と国有大企業を強く批判し、1990 年代後半からの吉利汽車、奇瑞汽車の自主開発を称えた。このレポートはマスメディアに広く転載され、波紋を呼び、自主ブランドへの議論が一気に高まった③。

やがて、政府も 2004 年の「汽車(自動車)産業政策」をはじめとして、表 2-10 が示すような自主開発・自主ブランドの促進政策を次々と打ち出した。しかし、これらの政策は奇瑞・吉利など独立系メーカーを重視するものではなく、国有企業、合弁企業が自主開発と自主ブランドに積極的に取り組むように促す内容を持っていた。

このような背景の下で、表 2-11 のように、自主ブランド車のブランド数、生産高、市場シェアが徐々に上がってきている。自主ブランド数は 2004 年に乗用車ブランド 110 のうち 27、シェア 24.5%を占めていたが、2007 年には 207 ブランドのうち 87、全体に占めるシェアが 42%に拡大した。生産高では、2004 年に乗用車総生産高 248.3 万台のうち、自主ブランドの生産高は 49.6 万台で 20%を占めていたが、2007 年には総生産高 638.11 万台のうちの 163.8 万台に拡大し、25.67%を占めるようになった。

---

① 『経済参考報』2004 年 2 月 10 日。

② 路・封[2005]。

③ 中国の大手ポータルサイトである新浪網は、コラム「汽車頻道（自動車チャンネル)」を設け、そこで自動車業界・学界・政府の関係者が自主ブランドを巡って熱烈な議論を行なった。(http://auto.sina.com.cn/z/ZZKF)

表 2-10　2004 年以降の中国自動車産業における自主開発促進政策

公表（または実施）	公表部署	名称	内容
2004年6月1日	国家発展改革委員会	「自動車産業発展政策」	自動車メーカーに対して、研究開発能力と技術革新能力の向上、自主知的財産権を持つ製品の積極的開発、ブランド経営戦略を奨励。
		（中国語名：《汽车产业发展政策》）	2010年までに、自動車、オートバイ、部品の有名ブランドを育成。
2006年3月	国家発展改革委員会	『中国自動車産業の第11次五カ年計画要綱』	企業の自主研究開発能力と技術革新能力の向上、自主ブランド発展を奨励、第11次五ヵ年計画期間に自主ブランド乗用車の国内市場占有率を60%以上に高める。
		（中国語名：《中国汽车产业“十一五”发展规划纲要》）	
2006年12月26日	国家発展改革委員会	「自動車産業の構造調整に関する意見についての通知」	地方政府は自主ブランドを持つ自動車メーカーの発展を重点的に支持すること。省エネ車、特に自主ブランド車を優先的に購買すること。
		（中国語名：《国家发改委关于汽车工业结构调整意见的通知》）	自動車メーカーは自主開発、自主ブランドの建設を重視すべきである。
			国有自動車企業グループは対外開放と自主発展の両方とも発展させること。主管部門は企業を評価する際、自主研究開発能力と自主ブランド力を重要なポイントとして取り入れること。
2006年12月31日	科学技術部、発展改革委員会、財政部	「自主創新製品の認定管理方法」	国家自主創新製品の条件について規定している。自主知的財産権・自主ブランドを持つこと、イノベーション度が高い、技術が先進であるなど。
		（中国語名：《国家自主创新产品认定管理办法》）	国に認定された自主創新製品は政府によって優先的に購買される。
2009年1月14日	国務院	「自動車産業と鉄鋼産業の調整振興計画」	企業の自主創造と技術革新を支持する。今後3年において中央政府は100億元の資金を拠出し、企業の技術革新と新エネルギー自動車および部品の発展を支持する。
			自動車メーカーの自主ブランドを支持する。自動車および部品の輸出基地の建設を速める。自動車サービス業を発展させ、自動車ローンシステムを完備させる。
		（中国語名：《汽车产业和钢铁产业调整振兴规划》）	

出所：『中国汽車工業年鑑」各年版、および各種報道により作成。

表 2-11　乗用車自主ブランドの生産状況

年度		2004	2005	2006	2007
ブランド数	乗用車ブランド数(個)	110	115	156	207
	自主ブランド数(個)	27	34	66	87
	自主ブランドのシェア(%)	24.5	29.4	42.3	42
生産高	乗用車総生産高(万台)	248.3	311.8	430.2	638.11
	自主ブランド生産高(万台)	49.6	74.1	115.3	163.8
	自主ブランドのシェア(%)	20.0	23.8	26.8	25.67

出所:『中国汽車産業発展報告』2008 年版、290 頁。

ただし、一部の自主ブランドの内容には、問題もみられる。つまり、自主ブランドの車種は増加したが、1 車種あたりの平均生産台数は増加するどころか、むしろ減少したのである。たとえば、2008 年のブランド別販売台数をみると、年間販売台数が 10 万台以上の自主ブランドはわずか 5 ブランドであり、しかもそのうち 3 つが乗貨両用車である。また、同じ年に販売台数が 1000 台以下のブランドも 37 ある。これら販売台数が少ないブランドは、主に地方メーカーによる低価格 SUV である。この低価格 SUV 市場は新規参入の壁が低いとされ、商用車のシャーシーに SUV のボディを乗せるだけで生産できるので、地方の商用車メーカーや部品メーカー、異業種メーカーが次々に参入していた。なかには、ボディの外観を少し変えるだけで、新しいブランド名を作り出してしまった例もあるといわれている①。

しかし、このような問題点があるとしても、自主ブランド乗用車増加の主流は生産台数の多い基本型乗用車である。表 2-11 と表 2-12 からわかるように、2007 年の自主ブランド乗用車生産高 163.8 万台のうち、基本型乗用車は 123.5 万台、75.4%を占めている。しかも、2007 年から 2008 年にかけて、基本型乗用車②のうち上位 10 ブランドがそ

① 森久男[2006]、25-26 頁。

② 中国の国家基準 GB/T 15089-2001 は、乗用車を基本型、MPV、SUV 及び乗貨両用型の 4 つに分類している。

れぞれ72%と64%を占めている。つまり、自主ブランド乗用車の増加は、一定規模の生産台数を持つ基本型乗用車の生産拡大によってもたらされたのである。

表 2-12　2007年・2008年基本型乗用車自主ブランド上位10ブランド

2007年		2008年	
夏利	132,544台	夏利	133,386台
QQ	130,188台	QQ	131,146台
福美来	113,667台	福美来	120,970台
旗雲	95,364台	旗雲	85,427台
F3	93,033台	F3	81,076台
駿捷	82,311台	駿捷	73,092台
自由艦	79,935台	自由艦	59,582台
A520	68,035台	A520	56,300台
奔奔	48,587台	奔奔	52,027台
吉利金剛	45,438台	吉利金剛	49,914台
合計	88.91万台(72%)	合計	84.29万台(64%)

出所：中国汽車工業協会の発表データ
(http://www.caam.org.cn/newslist/a35-1.html)より作成。

こうした自主ブランドの基本型乗用車の成長要因は、所得の増加に従い、富裕層以外の国民が安い車への需要を高めたことである。安ければ買う、走れば買うという消費者の需要が生まれたが、これは本書の冒頭に述べたように、グローバル時代の新興国市場の特徴ともいえよう。このような需要に対して、独立メーカーだけでなく国有大メーカーも本格的に対応せざるを得なくなっている。たとえば、上海GMが中国市場向けの低価格車開発のために開設した汎亜自動車技術センター(汎亜汽車技術中心)の責任者は、メディアの取材に応じて以下のように述べている。「夏利、吉利のような車が売れるのは、低価格のおかげである。これは中国の特殊な需要である。夏利のような車は北米の自動車製品シリーズにはみられない。なぜなら、先進国では、小型車でも快適で高性能なものをたくさん取り入れている。先進国のユーザーはこのような車を買えるし、それを求めている。しかし、中国には、多くの田畑を請負い、多くの野菜を栽培している農家がある。(野菜を)売るときには輸送用の車が必要だし、足についた泥を小川で洗わなければならない。このような需要は先進国の需要とは異なるものである。われわれが中国農民の需要に合うような車を設計するときには、材料の質を落としてコストを下げなければならない。中小都市のユーザーは高品質の材料を求めていない」①。

このように、中国の自主ブランド車は、経済成長に伴って形成されたボリュームゾーンの需要に対応できるような、独立メーカーの安価な車種の拡大によってもたらされた。

次に、中国の自主ブランドと自主開発の実態をみてみよう。

前述のように外資と合弁した国有大企業による自主ブランド開発が停滞する半面、独立メーカーから次々と自主開発による自主ブランド車が生まれている背景には、国有メーカーからスピンオフした人材のスカウト、海外の中国人留学生の呼び込み、外国人技術者のスカウトなどによる技術者の増加がある。また、吉利のように独自の人材養成システムを作る企業もあらわれてきた。

独立メーカーの奇瑞・吉利・華晨の主要技術幹部のなかには、国有の三大自動車集団の出身者が数多く認められる②。それは、三大自動車集団のなかでは自主ブランド車の開発ができないことに失望した技術者が、独立メーカーに新たな活動の新天地を求めているからである③。たとえば、奇瑞の尹同耀社長は第一汽車で 12 年間勤務した現場責任者であり、安徽省地方政府が奇瑞のプロジェクトを始めようとするとき、第一汽車からスカウトされた。その後、尹社長の

---

① 「誰是自主研発主力軍？政府政策厚此薄彼？」捜狐網ニュース 2006 年 09 月 18 日 (http://auto.sohu.com/20060918/n245406707.shtml)。

② 塩地[2006]。

③ 路・封[2004]、52-75 頁。

招請に応じて第一汽車から転職した技術者は、100 人にのぼるという。また、2000 年に、東風汽車が合弁事業のため技術センターを撤去しようとする際、20 人以上の開発チームは居所がなくなり、奇瑞汽車の招請に応じて、奇瑞汽車が 3 分の 2 の株を持ち、技術者達が残り 3 分の 1 の株を持つ形で、自動車設計会社——佳景科技有限公司を設立した。吉利汽車も、主要管理層と技術者として、上海 VW、一汽 VW、天津汽車、東風汽車から人材を獲得した。

また近年、外国の自動車メーカーで研究開発の経験を積んだ中国人留学生が続々と帰国して、「海帰」(海外帰国者の略)と呼ばれている。彼らは独立メーカーで開発部門のリーダーとなり、技術力と組織力を向上させる役割を果たしている。また、後述のように外国企業と「連合開発」するとき、彼らがコーディネーターとなって、研究開発部門で働く国内の技術者を指導すると同時に、その技術力・組織力・語学力を生かして、外国のエンジニアリング会社・設計会社との業務分担の調整を行っている。「海帰」のみでは高級技術者が不足する場合、日本・アメリカ・欧州などから外国人技術者のスカウトも行われている。たとえば奇瑞の組立工場の工場長は以前に三菱自動車工業に 30 年間勤務していた日本人である[①]。

もちろん、外部からの人材調達だけではなく、独立メーカーも新卒を採用し、自社で技術者を育成している。さらに、吉利汽車は自社で人材を育成するため、自ら北京吉利大学など大学を含む四つの学校を作った。2001 年に設立された北京吉利大学の校内では、学生が設計した図面を基に、ゴミ捨て場などで見つけた材料を集め自動車を制作し、自分で一から作り上げる経験が独創性を育てるという[②]。卒業生には吉利グループの「グリーンカード」が与えられ、吉利グル

---

① 塩地[2006]。

② 『日本経済新聞』2006 年 11 月 24 日。

ープに就職するときは有利に扱い[①]、その中の一部は同社の開発・製造部門に配属される。

しかし、現在のところ、中国の自主ブランド車は日米欧の大手メーカーと比べると、開発力においても、品質においてもまだ問題が多く[②]、外国車のコピー・模倣や、コア技術において外部専門会社に頼るところもあって、完全な自主開発とはいいにくい面がある。しかし完全なコピー・模倣でもないし、外資企業などから人材を招いたり、海外企業との連合開発を通じて人材を育成したり、技術を積みつつあり、開発力の進歩は目覚しい[③]。

現段階で、自主ブランドの開発でとられている手法を見ていこう。

まず、フォーカルモデルを決めてコピーするという、リバースエンジニアリング(reverse engineering)がある[④]。この手法は、フォーカルモデルを部品単位に分解し、その部品の機能と構造を把握した上で、3次元スキャナーで2次元の設計図面へと転換していく。次にそうして作成された2次元の設計図面に基づいて部品を製造し、その部品で完成車を組み立てるのである。もちろんすべての部品がフォーカルモデルの完全なコピーではなく、フェースリフトなどのデザインを部分的に変更するなど、いくつかの部品の設計を変えている。また材質を落とすなどによってコストダウンを図っている。

たとえば奇瑞QQは、フォーカルモデルとしてGM大宇のMATISを採用したと公表している。吉利汽車の豪情シリーズは夏利の模倣

---

① 鄭作時[2007]、116頁。

② 『日本経済新聞』2006年11月24日の報道によれば、第一汽車のある自主開発乗用車は量産直前に鋼板の継ぎ目が合わなく、提携先の日本車大手に頼んでプレス金型を設計しなおしてもらった。また、力帆集団の1600cc乗用車は販売店でドアが閉めにくかったり、時速百キロ近くで車体が激しく揺れだしたりするなど、品質問題が多い。

③ 『日本経済新聞』2006年11月24日の報道によれば、奇瑞汽車の自主開発エンジンの技術力などはイタリアのフィアットに認められ、フィアットに年10万台程度提供する契約を交渉した。

④ 塩地[2006]。

だとみられている。また、比亜迪汽車のF3はトヨタのカローラを模倣している。

この方法の問題点は、自主ブランド車に外国車の外観・技術の模倣の色彩が濃厚で、たびたび知的財産権の侵害として訴訟を起こされていることである。たとえば、2004年に奇瑞QQは、GMに特許権や意匠権侵害で裁判に訴えられた。

このようにコピーが問題になると、知的財産権を自社が保有するという前提で、独自開発のプロセスの一部をアウトソーシングしたり、外国の設計会社と提携して開発したりするようになった。外国の自動車エンジニアリング会社や設計会社に委託する際に、研究開発のすべてを任せるのではなく、自社の技術者をその開発過程に参加させ、開発技術を学習させる。このような方式を通じて、次第に自社の新製品開発への関与を強め、最終的に完全に自主開発できることを目指すのである。

たとえば、哈飛はイタリアの設計会社Pininfarinaとの提携で、ミニバン「中意」と小型乗用車「路宝」を開発した。開発過程において、技術者をイタリアに派遣しもしくは駐在させ、設計チーム全体の能力を向上させた[①]。また、表2-13のように、奇瑞や吉利も車体の設計を外国の設計会社に発注している。車体の設計だけではなく、奇瑞は2002年からオーストリアのAVL社と共同で800cc～2000ccクラスのガソリンエンジン3シリーズを開発した。そして、そのエンジンを他社にも提供する予定である。また、華晨汽車もドイツのFEVエンジン会社と共同で「中華尊馳」に搭載するエンジンを開発した。

---

① 路・封[2004]、45-49頁。

表 2-13　中国独立メーカーの委託・提携開発

企業	車種	車体設計委託先	車台のベース	エンジン調達先
奇瑞	S11	フミナデザイン(伊)	Matis	ハルビン東安発動機
	New Crossover	シバックス(日)	マグナス	瀋陽航天三菱発動機
	A3	Pininfarina(伊)	--	オーストリアの AVL 社と共同開発
吉利	自由艦	ルッカー(ドイツ)	Charade	天津豊田発動機→内製
比亜迪	F3	自主開発	Corolla	瀋陽航天三菱発動機
華晨	中華尊馳	Pininfarina(伊)	--	ドイツの FEV エンジン会社と共同開発
	駿捷	Pininfarina(伊)	--	瀋陽航天三菱発動機
哈飛	中意	Pininfarina(伊)	スズキの車台に基づき改良	--
	路宝	Pininfarina(伊)	自主開発して Lotus に改良委託	ハルビン東安発動機
	賽豹	Pininfarina(伊)	--	瀋陽航天三菱発動機

出所：各種報道より筆者作成。

また、自主ブランド車の部品は、合弁メーカーの部品調達先から調達することが多い。中国の乗用車開発は擬似オープンアーキテクチャ①だといわれるように、必ずしも自社専用の部品にこだわらない。そして、1990 年代以来、外資メーカーの進出や国産化政策などに伴い外資系部品企業の進出が増え、中国の自動車部品工業が一定の基盤を築いたため、自主ブランド車への部品供給が可能になった。

一方、このような独立メーカーの動きを追うように、国有メーカーの長安汽車も連合開発を進めている。長安汽車は 2003 年イタリアのトリノに研究開発拠点を設立し、設計会社 I.De.A.Institute の技術協力を

① 擬似オープンアーキテクチャについて、詳しくは藤本・新宅[2005]を参照されたい。

得て、自社の技術者を新型車開発に参加させ、知的財産権を長安汽車の保有とする形で連合開発を開始した。現在、同拠点の協力パートナーは10社を数える。2008年には、日本の横浜市内に全額出資で長安日本設計センターを設立した。当初は日本や中国のスタッフ40人程度を集め、まず小型車の内外装部品の設計などを手掛けるが、本社からの派遣や日本の自動車、部品メーカーの勤務経験者などを集めて人員を拡充する予定である。独自ブランド車に応用できる日本企業の技術の吸収や設計・開発に携わる人材育成を狙うとみられている[①]。

また、近年、独立メーカーにも、外資と組む動きが出てきている。奇瑞汽車は日本の富士重工業と大連で四輪駆動の中型車を生産合弁事業を進めている[②]。ただし、2011年に入って、奇瑞などの独立メーカーは外資メーカーに押されて、販売台数は前年割れとなったため、奇瑞の合弁戦略にも影響が出てきそうで、業界関係者に「合弁事業の実現のハードルは高くなっている」と評価された[③]。

Ⅳ 「走出去」政策下の中国企業の海外進出：輸出の本格化と海外生産の開始

改革開放路線を始めて以来、中国は海外から多くの資金・先進技術・ノウハウを導入し(「引進来」)成長してきた。近年、中国の経済発展と企業競争力の増加に従い、経済のグローバリゼーションの下で、単に「引進来」だけではなく、中国の企業も海外に進出し、グローバル市場で競争力を磨くことがますます重要になってきた。1997年、中国政府は対外投資を訴え、「国内と国外といった二つの市場と資源をよりよく利用する」ことを提唱した。2000年10月には、第十五期中央委員会第五回全体会議(五中全会)で公式に「走出去」

① 『日本経済新聞』2008年4月16日、2008年4月18日。
② 『日本経済新聞』2010年12月21日。
③ 『日本経済新聞』2012年1月11日。

（打って出る）という対外進出促進政策を打ち出した[①]。2002年と2007年の中国共産党第16期代表大会と第17期代表大会では、「引進来」と「走出去」を結びつけ、国の対外開放レベルを全面的にアップすると強調した。「走出去」は「引進来」と同じように、中国の国策になっている。

この国策をうけ、中国の政府機関や関連部署は相次いで企業の海外進出を奨励・サポートする政策を打ち出してきた。政府の支持の下、中国企業の海外進出活動は活発化してきた。とくに、独立メーカーは輸出拡大、海外生産、企業買収など、海外進出を活発化させている。

1. 輸出の増加

表2-14は2001年から2007年まで中国の乗用車・商用車別の輸出状況を示している。この表から、2000年代の中国の自動車輸出、とくに乗用車輸出の急増を読み取ることができる。自動車の輸出台数は2002年の2万台から2007年の61万台へ、毎年ほぼ倍増のスピードで伸びてきた。とくに乗用車では、2001年のわずか2851台から2007年の22万台まで、増加スピードが顕著である。

また、1台あたりの単価をみると、輸出単価は1.19万米ドルと、輸入自動車に比べ3分の1に留まっており、低価格車を輸出していることがわかる。しかも、この輸出入単価の差が2001年から2007年まで拡大する傾向がみられる。

---

① 海外からの直接投資などにともなう外貨の流入は中国の外貨準備高と通貨供給量の急増をもたらした。「走出去」政策は元高圧力の緩和と、経済過熱の抑制という側面もある。

表 2-14　乗用車・商用車輸出入状況（単位：台、万米ドル）

		2001 年		2002 年		2003 年		2004 年		2005 年		2006 年		2007 年	
		輸入	輸出	輸入	輸出	輸入	輸出	輸入	輸出	輸入	輸出	輸入	輸出	輸入	輸出
台数	乗用車	57032	2851	102696	1783	142764	4767	151193	12399	142784	41341	199341	112180	282900	221497
	商用車	13678	15842	24948	20345	28905	38727	24090	65779	18828	143240	29411	231289	31178	393895
	合計	70710	18693	127644	22128	171669	43494	175283	78178	161612	184581	228752	343469	314078	615392
金額	乗用車	119399	2913	238459	3073	422081	5431	435079	11380	442076	36424	653834	82753	939002	173515
	商用車	50387	14639	84222	21713	105500	31441	104568	49893	75098	122825	102287	230661	160068	559104
	合計	169786	17552	322681	24786	527581	36872	539647	61273	517174	159249	756121	313414	1099070	732619
平均単価	乗用車	2.09	1.02	2.32	1.72	2.96	1.14	2.88	0.92	3.1	0.88	3.28	0.74	3.32	0.78
	商用車	3.68	0.92	3.38	1.07	3.65	0.81	4.34	0.76	3.99	0.86	3.48	1	5.13	1.42
全体平均単価		2.4	0.94	2.53	1.12	3.07	0.85	3.08	0.78	3.2	0.86	3.31	0.91	3.5	1.19

出所：FOURIN『中国自動車産業 2008』より作成。

また、輸出先について、表 2-15 をみてわかるように、アジア、中東、アフリカなどの発展途上国が中心である。

輸出増加の要因として、一番大きいのは、近年各社の積極的な設備増強で国内の生産能力が過剰気味となり、国内の販売価格が平均で年率 5%前後下がり、各社の利益に打撃を与えていることであげられる。輸出の場合、価格を国内より高く設定することもできるし、さらに、自動車などの工業製品の輸出の際、国内税つまり増値税（付加価値税に相当する、一般的に 17%）が還付させるうえ、政府による輸出奨励金の支給対象に認められる場合もあるため、国内販売より海外輸出のほうが収益がよい。以上の理由で、各社はこぞって輸出を拡大させようとしている。また、2007 年の輸出の 90%は独立メーカーによる輸出である。上海 GM、上海 VW、ホンダ、日産などの外資メーカーも中国工場の輸出拠点化を進めているが、全体台数の 10%にすぎない。

表 2-15　中国の自動車輸出先上位 10 カ国

	2005 年	2006 年	2007 年
1	シリア	シリア	ロシア
2	アルジェリア	ロシア	シリア
3	米国	アルジェリア	ウクライナ
4	ベトナム	米国	南アフリア
5	ロシア	ベルギー	ベトナム
6	ベルギー	ベトナム	アルジェリア
7	ウクライナ	イラク	イラン
8	パキスタン	マレーシア	ベネズエラ
9	イラン	リビア	英国
10	エジプト	イラン	カザフスタン

出所：中国汽車工業協会の発表データ
（http://www.caam.org.cn/newslist/a35-1.html）より作成。

しかし、世界金融危機などの影響で先進国の自動車市場が縮小する中で、外資メーカーにも中国からの輸出をめざす動きが生まれている。

日産との合弁メーカーである東風日産乗用車（広東省）は、中国で生産した乗用車の輸出を本格化し、日産グループの左ハンドル車生産拠点としての役割も担わせることになった。まず、2008 年に「驪威（日本名リヴィナ）」と「軒逸（同ブルーバード　シルフィ」を、エジプトに向けて輸出開始した。このほか、ホンダが広東省に輸出専門工場を持ち、GM の中国合弁である上海 GM もフィリピンやチリ向けに一部モデルを輸出している[①]。

2. 海外生産の開始

輸出に際して完成車輸出の物流費用が高く、また東南アジアや中近東、アフリカにおいて完成車の輸入関税率が高いため、2004 年から中

① 『日本経済新聞』2008 年 8 月 23 日。

国企業は小規模な KD 組立事業を途上国に展開するなど海外生産を行うようになった。

2007 年に、中国自動車メーカーによる海外の完成車組立拠点は、稼動しているものが 40 を数え、さらに生産準備に着手しているものが 15 拠点に及ぶ。また、進出の可能性を検討しているプロジェクトは 13 を数える。1998 年以降、中国の自動車メーカーの海外生産プロジェクトは表 2-16 に示す通りである。

表 2-16 から、中国の自動車メーカーの海外進出のいくつかの特徴を読み取ることができる。まず、2004 年を境に海外進出が盛んになったことがわかる。車種も、2004 年以前には商用車が主流だったが、それ以降は乗用車の進出も多くなってきた。これは 2004 年に中国国内の乗用車需要の増加が一服し、国内競争が激しくなったことが影響していると考えられる。しかし、全体としては、商用車の進出のほうが、乗用車より多い。

次に、海外進出の主体について、主流は独立メーカーである。しかし 2007 年に上汽 GM 五菱が 3 社の折半出資で海外拠点を作ったように、合弁企業の海外進出も一部にみられる。また、進出先は輸出と同じように、発展途上国が中心である。これは前節に述べたように、海外生産が輸出の延長線上にあるからである。

海外生産の増加の要因には、完成車輸出の物流費用と輸入関税率が高いことのほかに、中国車のバリューチェーンシステムの未整備も一因である①。具体的には、中国車はアフターサービスの補修部品の供給など、バリューチェーンをシステム的に整備するのにまだまだ未熟であり、拡販のネックになる場合も多い。海外組立工場の設立によって、純正部品と補修部品の物流供給ルートが確立されることから、しっかりとした事業基盤の構築が比較的に容易になる。また、現地政府の誘致も誘因の一つである。たとえば、ロシア政府が 2005 年に工業組立法を制定し、自動車メーカーの部品現地調達率の段階的向上を条件

---

① FOURIN『中国の自動車産業 2008』、24 頁。

表 2-16　中国自動車メーカーの海外生産プロジェクト一覧

	1998~2003年	2004年	2005年	2006年	2007年～
韓国	上海汽車	上海汽車			
北朝鮮					华晨金杯＊
ベトナム		中興汽車＊		力帆	上海GM五菱（準備中）
					中国重型＊
タイ				苏州金龙＊	
インドネシア	長安汽車＊			奇瑞汽車	吉利汽車
					上海GM五菱（準備中）
マレーシア	東風汽車＊		保定大迪＊	哈飛汽車	
パキスタン			長安汽車＊	北京汽車	
バグラティシュ	長安汽車＊				
ネパール	長安汽車＊				
イラン			東風汽車＊	奇瑞汽車	力帆汽車
			宇通客车＊		
エジプト	中興汽車＊	華晨汽車		奇瑞汽車	
				一汽華利	
ガーナ		奇瑞汽車			
		长城汽車＊			
		東風汽車＊			
ナイジェリア		长城汽車＊			
トルコ	中興汽車＊				奇瑞汽車（準備中）
ロシア				上海汽車	吉利汽車
				中興汽車＊	力帆汽車
				長城汽車＊（準備中）	
ウクライナ			上海汽車	奇瑞汽車	吉利汽車
				東風汽車＊	長城汽車
				中興汽車＊	
カザフスタン					長城汽車（準備中）
キューバ				宇通客車＊	
ウルグアイ				奇瑞汽車	
メキシコ					天津一汽夏利
米国					奇瑞汽車（挫折）
					長安汽車＊

注：＊印のついたのは商用車メーカーである。

出所：各種報道より作成。

に組み立て用 KD 部品の輸入に優遇関税率を導入した。普通、完成車輸入は、乗用車の場合 25%、商用車の場合 10%～15%の輸入税が課されるが、生産規模 2.5 万台以上の場合、組立用 KD 部品の輸入関税率は2%～14.5%に下げられる[1]。

現在、中国企業の海外進出は現地企業となんらかの形で提携することが多く、進出形態は主に以下の4つにまとめることができる。

第一に、全額出資で海外生産拠点を作る。たとえば、2006年、長城汽車によるロシア組立工場の進出はこれにあたる。この形態のデメリットは、外国の異なる商慣習や、経営リスクが大きいことである。

第二に、合弁で海外生産拠点を作る。たとえば、2007年、奇瑞汽車とイランのKhodro社はイランで合弁生産拠点を作った。この方式の難しさは、異なる企業間の経営方針の整合である。

第三に、既存海外企業の買収である。たとえば、後述のように、2004年上海汽車による双龍自動車の子会社化や、2005年南京汽車によるイギリスのMGローバーの買収などがある。この方式はかなりリスクが高く、異なる企業間の経営方針の整合のうえに、現地の文化の違いとスタッフの統合の問題もある。上海汽車の双龍自動車買収は双龍自動車の破綻により事実上失敗した。

第四に、現地企業と戦略アライアンスを組む。たとえば、2007年、吉利汽車はインドネシアのPT Gaya Motorと委託組立の形式で提携するようになった。この方式も異なる企業間の経営方針の整合の問題がある。

しかし、中国企業の海外進出はまだ小規模なものにとどまっている。2007年10月時点で、海外で年間10万台規模以上の現地生産事業を画策しているメーカーは、奇瑞の米国工場（計画能力15万台）とイラン工場（20万台能力整備中）のみである。5万～10万台規模の海外工場は、長城汽車のロシア工場とカザフスタン工場のみである。それ以外の拠点は年間組立能力数千台ないし2万台程度、あるいは既存の現地組立業者に委託生産している。ただし、2010年に世界第4位の市場となったブラジルにおいて、中国企業は野心的な計画を持っている。同国で、奇瑞汽車はサンパウロ州で将来年産15万台の能力を備える新工場を

---

① FOURIN『中国の自動車産業2008』、25頁。

建てており、2013年に稼働させる。安徽江淮汽車が年産10万台の工場を2014年に稼働する計画をもっており、長城汽車も年産10万台の合弁工場を設けると表明した[①]。

中国車の国際競争力については、価格面において競争力がある。中国車は日米欧車より3～5割安いと言われる[②]。しかし、品質においてはまだ日米欧の大手メーカーにかなわなく、外観の仕上げ、静粛性もよくない。海外進出の車種は低レベル・低価格車である。

また、中国独立メーカーのグローバル展開のもう一つの動きとして、外資メーカーからブランド、工場、技術を買収する戦略が注目される。その目的は、第一に国際的に有名なブランドを買収することによって自社の知名度を上げて海外市場に進出すること、第二に自社の技術開発力を引き上げて中国市場での競争力を高めることである。

代表的な事例としては、上海汽車によるイギリスのローバー(MG ROVER)や韓国の双竜の買収、吉利汽車によるボルボ(VOLVO)の買収があげられる。

上海汽車は当初ローバーブランド自体の買収を意図したが、交渉の優先権を持つフォードが拒否したために失敗し、2006年にROVER75、ROVER25 とエンジン全シリーズの知的財産権のみを買収した。同時に、イギリスのレミントンに上海汽車海外研究院(すなわち、研究開発センター)を作ったが、その技術者の8割は元ローバー社の開発メンバーだった[③]。こうしてローバーを事実上買収した上海汽車は、自主ブランドとして栄威(ROEWE)を立ち上げ、ROVER75 を 2007 年から ROEWE 750 として発売した。また、それ以前に南京汽車がローバーのスポーツカーブランドであるMG を買収し、MGZT車種の技術および生産と開発設備を使って名爵(MG)ブランドの乗用車を2007年に発売していたが、同年末に上海汽車が南京汽車を買収し、上海汽車は二

---

① 『日本経済新聞』2011年10月16日。

② 『日本経済新聞』2007年5月21日。

③ 「掲開上汽海外研究院的神秘面紗」、中国汽車網 2006 年 7 月 17 日、(http://news.chinacars.com/news/cytc/141709.shtml)。

つの自主ブランドを持つことになった[①]。このように、ローバーの買収によって、上海汽車は技術開発能力・ノウハウを獲得し、短期間に自主ブランドの中高級乗用車を開発・発売することに成功した。

上海汽車の試みたもう一つの海外買収は、2005年の双竜自動車の買収である。双竜自動車はSUV分野に強い技術力を持っていたため、上海汽車はこの買収によって自社の製品ラインを補うことをねらった。しかし、双竜の強力な労働組合の抵抗や中韓間の文化相違などによって、上海汽車が筆頭株主であるにもかかわらず双竜自動車に対する主導権を握ることができず、技術を獲得できないまま2009年に双竜が実質的に経営破綻してしまった[②]。

さらに、2008年の世界的な金融危機後、先進国メーカーはブランドの選択と集中を行い、マイナーブランドを売却するようになった。これに対して中国企業は積極的に応じたが、2010年には吉利汽車がボルボを18億ドルでフォードから買収した[③]。吉利はボルボの技術で自社の技術力を向上させるだけでなく、さらに重要なのは低価格・低品質の低級車という吉利のブランド・イメージを、ボルボの知名度によって変えることを意図している[④]。その後、ボルボの経営状況は改善され、2011年に黒字に転じる見込みになった。ただし、そのカギは吉利がボルボに独立経営を守らせたからとみられ、現在のところ、ボルボと吉利の間ではブランド管理は別々に行われ、人的交流もなく、吉利にとって、ボルボ買収により高級車シフトを進める意図の実現まではまだほど遠い[⑤]。

一方、中国製自動車の急増を問題視する国も出てきた。知的財産

---

① 銭嬋娟「上汽集団以 107.38 億元成功収購南汽」、東方網 2007 年 12 月 27 日（http://news.163.com/07/1227/05/40MPE1I10001124J.html）。

②『日経産業新聞』2009 年 1 月 13 日。

③『日経産業新聞』2010 年 3 月 29 日。

④ ‘Geely Shifts Its Approach’, “The Wall Street Journal”, April 23th, 2010.（http://cn.wsj.com/gb/20100423/bch100741_ENversion.shtml）。

⑤『日本経済新聞』2011 年 11 月 07 日。

権侵害問題への指摘や、排ガス規制または衝突安全規制という技術障壁、更にロシアやマレーシアのように中国自動車メーカーの進出プロジェクトを行政措置で規制するケースもあるなど、中国車の世界進出を拒む国が現れている。ロシアの場合、安価で技術力の低い中国企業の進出は自国の自動車産業の育成に役立たないとの認識に至り、2007 年に吉利など 4 社から出されていた進出認可申請をすべて却下した①。

上述のように、中国メーカー自身は、海外事業の運営ノウハウが不足する初期段階にある。今後、小規模組立拠点から本格的量産体制を海外で築くには、競争力のある部品を供給可能なサプライヤーを現地に誘致する必要が発生し、中長期的にはサプライヤーマネジメント能力が問われるであろう。

V　自動車部品産業のグローバル化

これまで完成車におけるグローバル化への対応をみてきたが、次に、2000 年代のもう一つの特徴として、自動車部品産業の新動向を見よう。

冒頭の図 2-2 から確認できるように、2000 年代に入り、中国の自動車部品輸出は急速に伸びた。中国の自動車部品貿易は 1985 年から始まったが、90 年代までは輸出入とも少なく、しかも輸入超過の状態が続いていた。しかし 2000 年代に入ると、中国の自動車市場が急速に拡大すると同時に、部品の輸出入も急増してきた。しかも、輸出は輸入を上回る勢いで拡大し、2005 年に初めて輸入と逆転した。

部品輸出の拡大と輸出入の逆転は、中国の自動車部品産業の競争力強化を反映している。2000 年代に完成車生産が急速に拡大すると、これに伴って部品の現地生産も拡大した。その背景としては、完成車メーカーがコスト削減のために現地調達を拡大したことと、中国政府の

---

① 『日本経済新聞』2007 年 10 月 10 日。

部品現地調達を促進する政策①の両方の要因があげられる。外資メーカーはコスト競争力を高めるため、最適地調達戦略を推進し、中国でエンジン系、駆動系の基幹部品、そしてガラスなど車体系部品やバッテリーなど電装系部品の調達を拡大している②。

外資系完成車メーカーの部品現地調達に伴い、2000年代に多くの外資系部品メーカーが中国に進出してきた。現在自動車部品分野の世界トップ20社は、みな中国で独資または合弁企業を作っている③。これらの外資系部品メーカーの中には、中国市場向けに部品を供給するほか、労働集約的な部品の生産を中国に移転し、安価な資源や労働力を利用して世界市場向けに部品を輸出する動きが現れた。中国機電製品輸出入商会自動車分会によると、2007年の中国の自動車部品輸出のうち、外資独資企業と合弁企業による輸出額の占める割合は55%にのぼっている④。

一方、国内部品市場の拡大と政府の部品企業支援策により、中国系部品企業も実力を増した。2005年に、中国自動車部品市場シェアトップ10企業のうち、7社は中国系企業である⑤。トップは、ユニバーサルジョイントの大手である万向グループであり、同社は1980年代に自動車部品分野に進出した郷鎮企業である⑥。

もう一つの新動向は、完成車メーカーと同様に、部品メーカーでも海外企業の買収が盛んになったことである。たとえば、北京に本部を置く民営自動車部品OEM企業である天宝グループは、北京の企業や地方政府と手を組んでM&Aを活用し、海外大手部品メーカーの買収

---

① 代表的な政策は、2005年4月に発表された「関於構成整車特徴的汽車零部件進口管理弁法（完成車を構成するという特徴を持つ自動車部品の輸入管理方法）」である。この政策の対象とされた輸入部品の関税率は、輸入完成車と同率に引き上げられることになった。しかし、WTOで敗訴したため2009年8月に廃止された。

② FOURIN『中国自動車産業2008』、39頁。

③ 李紀珍・賈永軒[2006]、35頁。

④ 『中国汽車報』2008年2月2日。

⑤ 『中国汽車産業地図2006～2007』、8頁。

⑥ 丸川・高山[2005]、321頁。

を行っている。同社による GM グループのデルファイ(DELPHI)とネクステア(NEXTEER)の買収はその代表例である。2009 年 11 月に天宝グループは北京の首鋼集団と共に北京京西重工を設立し、米自動車部品大手デルファイの一部事業を買収した[①]。デルファイは 2005 年に経営破綻したあと安全・環境・通信の 3 分野への事業集中を進めて再建を図っており、京西重工は、デルファイが世界各地に持っていた生産拠点と市場をともに引き継ぐことになった。また、2010 年 7 月に、同社は北京亦庄国際投資開発会社(北京周辺地方政府出資の会社)と共同出資設立した子会社の北京太平洋世紀汽車有限公司を通じて、GM グループのステアリングメーカーのネクステアを買収した[②]。

天宝グループのほかにも、2009 年 12 月には、寧波韻昇が日本の旧いすゞ系電装品メーカー日興電機を買収した。日興電機は 1999 年に会社更生法の適用を受けていたが、2006 年から量産品の生産を中国の無錫に移し、再建を図っていた。この買収によって日興電機は中国市場での販売拡大をねらうとともに、両社は環境車向け部品の共同開発もめざしている[③]。また、BYD は 2010 年 4 月に、タイ資本に買収された金型メーカー、オギハラの工場の一つを買収した[④]。このように中国の自動車部品企業は M&A によって経営不振に陥った海外の大手部品メーカーを買収し、買収先の技術力を中国市場に導入する動きをみせている。

第 4 節　結論——グローバル時代の中国自動車産業の特徴

第 2 章では、改革開放以降、とくに 1990 年代以降のグローバル時代

---

① 『日経産業新聞』2009 年 11 月 5 日。

② "GM Reaches Agreement with Pacific Century Motors on the Sale of Nexteer Automotive" (http://www.nexteer.com/images/Nexteer_Sale_GM_Release.pdf)。

③ 『日本経済新聞』2009 年 12 月 16 日。『日経産業新聞』2009 年 12 月 17 日。

④ 『日本経済新聞』2010 年 3 月 27 日。

において、中国自動車産業がどのように変化したかについて分析してきた。とりわけ変化の激しい2000年代に重点を置き、その新動向に注目した。

改革開放の初期段階では、中国自動車産業は事実上VWなど特定の外資メーカーの寡占状態であった。1990年代のグローバル時代に入り、中国側の主導で世界主要メーカーが中国市場に参入し、VWの寡占状態が崩れ、中国の自動車生産は多様化した。さらに2000年代に入り、モータリゼーションが本格化し、巨大な国内市場を背景として中国独立メーカーが誕生した。また、外資メーカーと合弁を組んだ中国国有メーカーの中から自主ブランドや独自技術への志向も生まれている。

中国自動車産業のグローバル化への対応は、大きく二つにまとめることができる。一つは、中国国有メーカーと外資との合弁企業が、外資メーカーのグローバル戦略の一環に組み込まれる動きである。外資メーカーは中国に研究開発拠点を置き、これを従来の改良開発から独自開発に転換し、自社のグローバル開発システムに組み込みながら、中国市場向けの自主ブランド開発を本格化させるようになってきた。さらに、日系メーカーの中には、世界戦略車のもう一つの開発・生産拠点であるタイとの連携を図る動きもみられる。

もう一つは、中国独立メーカーのグローバル展開である。独立メーカーは、中国のボリュームゾーンに対応する車種に特化することによって外資メーカーに対抗してきたが、さらにこうした車種を新興国市場への輸出や現地生産に向けるようになった。また価格以外の国際競争力を身につけるため、海外企業を買収し、そのブランドや技術を手に入れて積極的にグローバル戦略を展開している。こうしたグローバル化の動向は完成車分野だけではなく、部品分野でも2000年代半ばから輸出が急増し、海外部品メーカーの買収など中国独立部品メーカーのグローバル展開が活発になっている。さらに、まったく新しい技術体系を持つ電気自動車の開発で、BYDなどの独立メーカーが大きく飛躍する可能性もある。

以上のような二つの動向は、いずれも中国国内市場と新興国市場で急増しているボリュームゾーンのマイカー需要が背景にある。こうしたボリュームゾーンの形成も、グローバル化による輸出志向型工業化の結果である。

一方、このようなボリュームゾーンの形成と、中国特有の歴史的条件が背景となって、2000年代の中国自動車企業の間に独特の三層構造を持つ棲み分けが形成された。もともと中国には、改革開放以前から商用車を中心とする国有自動車企業が存在していた。これは、次の第3章で分析する東南アジア諸国には見られない歴史的条件である。そして、改革開放後に進出した外資メーカーは、こうした国有大企業と組んで合弁企業を設立した。合弁企業の経営の主導権は外資側が握り、実質的には「合弁」というより外資メーカーといわざるを得ない面がある。しかし、そのなかから人材がスピンオフし、ほかにも多様な人材の供給源を得て、中国資本の独立メーカーが誕生した。その母体は、既存の国有自動車企業ではなく、地方政府系企業や民営企業であった。さらに、独自ブランドや独自技術を求める政府の方針や、独立メーカーの成功に刺激されて、国有企業のなかからも独自ブランド創出の動きが生まれた。

そして、2000年代に入って富裕層以外に中間層のニーズが生まれて市場が多層化し、外資メーカーは富裕層や中間層の高級・中級車への需要に対応し、独立メーカーは安い価格でボリュームゾーンの需要に対応し、国有メーカーの独立ブランドは両者の真ん中にあるという中国特有の棲み分けが生まれた。さらに、その後の中産層の一層の増加に対応して、外資メーカーも小型車を中心とする世界戦略車や中国独自ブランド車を投入する動きを見せるようになった。

以上のようなグローバル時代の中国自動車産業の展開は、第1章で検討した雁行形態型発展とはまったく異なるものである。世界市場と中国市場の棲み分け、外資メーカーと独立メーカーの棲み分けは、一方が成熟化し、もう一方が追跡するという関係ではない。また、小型車や、HV・電気自動車などの環境対応車では、先発国と後発国の技術の逆転が起こるかもしれない。さらに、OEM 生産や車台の共通化、部品のモジュール化などが進めば、自動車もオープンアーキテクチャーになるかもしれない。すでに、電気自動車の分野では、電池やモーターは専業メーカーが各自動車メーカーに供給する方向に向かっている。従来家電産業などで見られた展開が、自動車でもあらわれるかもしれない。

第3章　日系企業の世界戦略に組込まれる東南アジア[1]自動車産業

第1節　第3章の課題

第2章では中国の自動車産業のグローバル化について分析したが、第3章で分析する東南アジアは中国と異なり、複数の国家から構成される地域である。したがって、複数の国家間の比較や、各国産業の棲み分けに関する分析の視点が必要とされる。その上で、本章では以下のような二つの課題を設定する。

本章の第一の課題は、グローバル化以前の東南アジア自動車産業を取り巻く政策や企業戦略の限界を明らかにすることである。このことによって、1990年代以降の東南アジア自動車産業の発展の理由と、グローバル化の持つ意味を、逆説的にあぶりだすことができる。

戦後、政治的に独立を果たしたASEAN4は、経済の自立をめざし、輸入代替による工業化を推進してきた。そのうち、とりわけ自動車産業は多数の部品を組立てる産業であり、裾野産業が広く、国民経済を大きく推進でき、数多くの就職も提供できるため、その育成と成長はASEAN4にとっては工業化と近代化の象徴であり、優先され、重要視されてきた。しかし、ASEAN4独自の輸入代替化は、結果として失敗した。

輸入代替化失敗の第一の理由として、規模の経済に対応できなかったことをあげることができる。自動車産業は規模の経済が働く産業で

---

① 本稿では、「東南アジア」、「ASEAN」は特別な説明がない限り、ASEAN 4、すなわち、タイ、マレーシア、インドネシア、フィリピンの4カ国を指して言う。

あり、現在では1メーカーの存続に最低年間200万台、1工場につき20万台以上の生産台数が必要だと言われている[①]。しかし、ASEAN4は近年までいずれも国内市場が狭かったため、メーカーが乱立すれば、1工場あたりの生産量が最低規模に達せず、スケールメリットを享受できない状態であった。このことは、CKD生産によるASEAN4の自動車輸入代替化計画の失敗につながった。

次に現れたのは、ASEAN各国がそれぞれに完成車を生産するのではなく、部品調達及び部品納入の範囲を域内全体に広げる計画(ASEAN共同市場)や、ASEAN全体で生産を補完し合う(ASEANコンプルメンテーション)計画や、競争力のあるブランド(ASEANカー)を作ろうとする試みである。しかし、各国は技術力が欠如し、当時ASEAN域内依存関係は極めて希薄だった[②]ことや、各国それぞれ思惑があるため、これらの計画はいずれも失敗した。

そこで、1980年代後半に、「BBCスキーム」というASEAN4の間の関税優遇政策が日本企業の提案で作られたことによって、実行可能な域内分業体制が初めてあらわれた。このスキームの下、外資完成車メーカーは、4カ国でそれぞれ別個の自動車部品を集中生産することによって自動車部品生産のレベルで量産効果を追求できるようになった。BBCスキームはのちにAICO、CEPTという形で90年代まで引き継がれていったため、このような4カ国で部品生産を分散させ、融通し合う「ASEAN域内部品補完体制」は、当時注目を集めた。

しかし、結果的には、このような域内部品補完体制は十分に機能しなかった。そこで問題となるのが、輸入代替化失敗のもう一つの理由である産業集積の問題である。前述の規模の経済のほか、自動車産業はもう一つの性質を持っている。それは、完成車メーカーの近くに部品サプライヤーが集まる、産業集積の形成である。自動車は、1台当たりの部品点数が約2～3万点であり、ユニット部品や完成品そのもの

---

① 乗用車の場合、20万台で国際市場で競争力を持つようになるが、国際水準は30万台前後とみられている。Maxcy[1981],p.214.

② 清水[1993]を参照されたい。

が大きいため、効率的な分業や輸送コストの面から完成車と部品メーカーの近接立地が極めて重要である。そして、完成車メーカーの外注比率が高く、特に日本企業の場合、設計・開発段階から完成車メーカーと部品メーカーとの間で緊密な協業がなされる[①]。

したがって、域内部品補完体制という発想自体が、自動車産業の産業集積の要求とは合わないものであった。本稿では、実際に、域内各国で部品の相互補完が成り立たなかった理由を明らかにしていきたい。

次に、本章の第二の課題は、1990 年代以降のグローバル化への対応である。

1990 年代に入ると、東南アジアの自動車の生産と販売には、新しい動向があらわれた。とくにタイ、インドネシアでは自動車生産台数が大きく伸び、それと同時に国内部品の生産・輸出も大幅に増えた。なぜ 90 年代から、タイ、インドネシアの自動車産業でこのような変化がおきたのか。また 1997 年の通貨危機は当該地域の自動車産業にどのような影響を与えたのか。ASEAN4 カ国の自動車産業は相互補完関係なのか、競合関係なのか。これらのことを明らかにしたい。

さらに、グローバル化時代における外資メーカーの対応、とくに新興国市場を視野に入れた東南アジアの位置づけが大きく変化した。その内容を具体的に明らかにしなければならない。

経済のグローバル化が進む中、外資導入を積極的に進めたタイ・インドネシアと、独自の国民車開発を進めたマレーシアの二通りの対応が生まれた。タイは 2007 年に 128 万台の生産台数ですでに自動車生産大国になったのに対し、マレーシアは 44 万台とタイのわずか 3 分の 1 であり、国民車プロトンの経営状況は芳しくなく、実質的に失敗したといえよう。実際、80 年代まで、タイも完成車輸入規制や高い輸入関税率などで自国自動車産業を保護しようとしていた。部品の国産化要求をやめ、自由化政策に転じたのは 90 年代に入ってからである。加速

---

① 森[2000]、35 頁。

したグローバル化に対し、自動車分野において、自由化政策に転じたタイの成功と国民車プロジェクトにこだわるマレーシアの失敗から、どんな示唆が得られるのか。それを明らかにしたい。また、その背景にあるトヨタ、ホンダなど日系メーカーを中心とする世界戦略車プロジェクトについても、具体的に明らかにしなければならない。

本章では、以上のような問題意識に基づいて、グローバル化以前の時代の限界と、グローバル化とともに訪れた発展の契機について、対比させながら具体的に検討していきたい。

第2節　グローバル化以前の東南アジア自動車産業——輸入代替生産と域内相互補完体制の挫折

自動車産業の育成を図る場合、まず部品を海外から輸入してノックダウンによる生産を開始し、これが軌道に乗ったあと、部品の国産化率を高めながら完全な国内生産を目指していくという道筋が、以前は一般的だった。しかし東南アジア諸国の場合、このような輸入代替生産は成功しなかった。

また、東南アジアでは、部品の域内相互補完体制を追及した時期があったことが特徴である。このような部品の相互補完体制が現れたのは、各国の国内経済発展が不十分な段階で自動車産業の育成を図ったため国内市場が狭かったこと、各国が自国の自動車産業保護政策を維持しつづけたこと、その一方で ASEAN(東南アジア諸国連合)が早い段階で成立していたこと、という条件が重なったためである。つまり、完成車の量産が当面望めない中で、部品生産の集約化による分業体制の形成によって、部品だけでも量産効果による規模の経済の追求をめざそうとしたのである。しかし、1990 年代以降のグローバル化と自由貿易体制への移行によって、部品の域内相互補完体制は事実上崩壊し、部品生産と完成車組立の合わさった産業集積を形成しながら規模の経済を追求する方向へと転換されてきた。

このように考えると、東南アジア自動車産業の展開は、大きく三つの動きにまとめることができる。この三つの動きは、おおむね時代順にあらわれてくるが、しかし、三つの動きの間に、はっきりとした時間の境目がなく、一つの動きの終わりともう一つ動きの始まりが重なり合っている。第一の動きは完成車や部品の国産化政策で、1960年代に輸入代替のためのノックダウン(KD)生産が始まり、70年代に部品の国産化へ政策を切り替え、その国産化政策は80年代前半まで続いたが、結局挫折した。第二の動きは1970年代から90年代に進められた域内部品相互補完体制で、ASEAN カー計画、アジアカー計画、BBC スキーム、AICOといった枠組みが生まれたが、これも限界があった。第三の動きはグローバル化への対応で、1990年代から2000年代にかけて、AFTA(東南アジア自由貿易地域)やWTOによる自由貿易体制の構築と、グローバル化に対応した自動車メーカーの国際戦略が合わさって、タイ・インドネシアで産業集積による量産効果が追求されていった。さらに、その背景としてタイの国内市場の拡大、97年のアジア通貨危機、各国の生産車種の棲み分け、部品やタイヤの輸出拠点化といった動きも起こった。

第2節では、このうち第一と第二の動き、すなわちグローバル化以前の段階について分析していきたい。

I　輸入代替のためのKD生産と部品国産計画(1960年代~1980年代前半)

まずグローバル化に先立つ時期の第一の動きとして、ASEAN4 のKD生産や部品国産化計画を、各国別に概観してみよう①。

タイにおけるKD生産の始まりは1960年のフォード進出で、その後62年からKD部品の輸入関税を完成車の半分にしたため日系メーカーの進出が相次ぎ、70年には組立メーカーが11社まで増えた。その後、

① 以下、この時期については北村[1991]による。

タイは、70年代から90年代にかけて自動車部品の国産化率引き上げ政策を推進していった。

マレーシアも1964年、組立会社の設立と自動車部品の段階的国産化を奨励するという内容の自動車産業政策を打ち出し、67年に6社に対してKD生産を認可したのを皮切りに、71年までに外資系25社がKD生産を行っていた。さらに71年からは、部品国産化率引き上げ計画を進めた。しかし、80年代に入ると、他のASEAN諸国と異なる「国民車」構想を具体化し、83年にプロトン(PROTON)を設立して独自ブランドの乗用車サガ(SAGA)の生産を開始した。国民車構想の詳細については、のちに詳しく検討する。

インドネシアのKD生産の始まりはASEANの中で最も早く、すでに1920年にGMが進出し、60年代までに6社の組立メーカーが操業していた。しかし、60年代までは完成車輸入がKD生産を大きく上回り、輸入代替には成功していなかった。そこで、69年から完成車輸入を制限し、KDメーカーも整理した。また、76年から部品国内生産への本格的な動きも始まった。タイやマレーシアと比べ、インドネシアの部品国産化計画の特徴は、対象を商用車部品に限定したことである。この商用車重視の姿勢は、現在まで一貫して継続されている。

フィリピンのKD生産は1951年から始まり、この年からKD部品のみに外貨割当を与えるようになった。メーカーの乱立も他の国と同様で、1964年にはピークに達して35社を数えるにいたった。さらに71年から部品国産化を進め、同時に、この計画に参加する企業数を最終的に5社に絞った。

以上のように、ASEAN各国はおおむね1960年代にKD生産による輸入代替を確立し、70年代に部品から完成車までの一貫生産体制をめざした。しかし、市場の狭隘性とメーカーの乱立によって、規模の経済を達成できなかった。70年代後半の1社当たり平均生産台数は、1

番多いマレーシアでも9千台あまりで、他の国はさらに少なかった[①]。このことは、部品の生産コストの上昇をもたらし、部品国産化の努力も挫折した。このため一国の単独市場では自動車産業を確立できないと考え、各国はASEANの枠組みを利用しながら、第二の動きとして完成車の共同生産体制や、部品の相互補完体制の構築を模索することになった。

Ⅱ　ASEAN域内部品相互補完計画(1970～1990年代)

1. ASEANカー構想——ASEAN各国主導の域内相互補完計画

ASEAN4は、自国市場の狭隘性などによって量産効果に達することができないことが自動車産業の発展を束縛する要因だと認識し、共同市場を作り、モデルを統一し、それぞれあらかじめ決められた特定部品を生産して組立て、ASEANカーを作るという構想を試みた。

ASEANカー計画が提案された背景として、地域協力組織としてのASEAN設立がある。1967年に設立され、はじめは政治協力の色彩が濃かったASEAN[②]は、70年代に入って第一次石油危機を契機とした世界的な経済の停滞局面やアメリカの対アジア政策の転換、ベトナム戦争後のインドシナ社会主義圏の成立などの情勢のもとで、次第に地域的経済統合の性格を強めていった。これは、ばらばらに工業化を目指していたASEAN各国に、集団的に工業化を目指す可能性を生むことになった。

ASEANカー計画の直接のきっかけは、1972年に発表された国連研究チームの報告書である。国連の研究チームは1970年から同地域の経

---

① アジア経済研究所編[1980]、103頁、131頁、156頁、178頁。

② ASEANは、1961年7月にフィリピン、マレーシア（当時はマレヤ連邦）、タイによって結成されたASA（Association of Southeast Asia：東南アジア連合）を前身として、1967年8月8日、「バンコク宣言（The ASEAN Declaration；Bangkok Declaration）」を採択して、インドネシア、シンガポールを加えた5カ国間の経済、社会、文化的地域協力機構として発足した。1960年代には、ASEANは東アジア地域における集団的安全保障を目的とした、反共産主義政治協力体としての役割を担うものだった。詳しくは、田中[1997]、84頁を参照されたい。

済協力について研究を始めており、1972年に『ASEAN諸国の経済協力に関する報告』[①]を作成した。そこで、ASEANカーに繋がる、各産業部門における協力の提案がされた。その提案の内容は、①域内市場の相互依存拡大を目的として、品目別段階的関税譲許(上限税率の設定)を行う「選択的貿易自由化」、②新規の重化学工業プロジェクトを加盟国に最適配分し、規模の経済と資源配分の効率化を目指す「『パッケージ・デイール』協定システム(大規模共同プロジェクト)」、③既存の産業部門で各国が生産の特化を図る「相互補完協定システム」である。

そのうち、③の「相互補完協定システム」に基づいて、ASEAN産業補完(AIC＝ASEAN Industrial Complementation:)スキームが制度化され、その具体案として、自動車産業における補完計画としてのASEANカー計画が構想された。

同計画は、トップダウンの政府間協力によって加盟国がそれぞれ生産部品を決定し、それを持ち寄って域内全体で統一モデルの車を作るというものである。分担国以外の国は当該部品の生産設備の新増設を抑制し、輸入部品に優遇関税を与える。また、域内産部品は各国の国産化計画の中で国産品扱いすることも検討されていた。すなわち、この計画は、部品ベースの分業を狙うASEAN地域全体の統合構想であった。

この計画は、モデルの統一と部品の配分をめぐる各国の利害が衝突したため、長い年月をかけて会合を重ね、4回の計画案[②]を経て、ようやく1983年10月の第15回経済閣僚会議で表3-1に示すような各国の部品生産分担の最終リストにたどり着いた。しかし、それに従って行われた域内相互補完貿易は、表3-2に示すような水準にとどまり、82

---

① 清水[1993]、10頁；山影[1991]、193-194頁。

② 4回の計画案はそれぞれ、1978年5月ASEAN自動車連盟（ASEAN Automobile Federation：AAF）の技術委員会での最終報告書、1980年10月ASEAN第10回経済閣僚会議でのファースト・パッケージと同会議によるセカンド・パッケージ、1981年5月第11回経済閣僚会議での拡大パッケージ最終承認である。

～85 年に域内貿易全体のわずか 0.78%に過ぎず、計画は失敗した[①]。また、完成車の統一モデルも出ないままで終わった。

表 3-1　「ASEAN 自動車補完計画」における部品生産分担

タイ	1 トン以上商用車用ボディー・パネル、トラック用ブレーキ・ドラム、重量級ショック・アブソーバ、スタビライザー、バンパー、支軸ブラケット
マレーシア	スポーク、ニップル、ドライブ・チェーン、タイミング・チェーン、クラウン・ホイール、ピニオン・ギア、シートベルト
インドネシア	ディーゼル・エンジン(80～135hp)、二輪車用アクセル、同ホイール・リム
フィリピン	乗用車用ボディー・パネル、前輪駆動車用トランスミッション、同トランス・アクスル、LCV 以下のリア・アクスル
シンガポール	ユニバーサル・ジョイント、オイル・シール、V ベルト

出所：田中[1997]、表 1 より作成。

表 3-2　1982～1985 年 ASEAN4 自動車部品域内輸入のシェア

	域内からの部品輸入額(A)	部品輸入総額(B)	A/B
1982	2092704	220002037	0.95%
1983	3140593	279853540	1.12%
1984	1530474	260423760	0.59%
1985	1100002	244037508	0.45%

注：国連貿易統計(UN comtrade)データベースより、SITC 分類 7328(自動車部品)で抽出した。

出所：UN comtrade より作成。原データは各国の税関。

ASEAN カー計画の失敗の原因は、ASEAN 各国の問題と構想自体の問題の両方に求めることができる。まず、ASEAN 各国は、それぞれ自動車産業を戦略産業として位置づけて国産化を進めており、完全国

① ウォン[1994]、40 頁。

産化、一国内一貫生産へのこだわりが強かった。それがゆえに、交渉中の加盟国間に不信感が生じ、高付加価値部品の担当国を決めるのが難しかった。また、部品の国産化率(自国国産化率と域内生産率)や関税率の設定など、具体的な課題も解決できなかった。一方、ASEANカー計画自体の問題点としては、外資に頼らずに独自モデルを目指したことがあげられる。ASEAN カー計画は、表 3-1 のようにブランド名、メーカー名もないままに部品生産の分担を決め、独自モデルの自動車の生産を目指していた。しかし、具体的な自動車生産の技術やノウハウがない各国にとって、この目標は幻のものにすぎなかった。もちろん、たとえモデルが具体化したとしても、量産体制に入れるだけの市場が確保できたかどうか疑問である。結局、どのようなモデルを生産するかは具体化しないまま、ASEAN カー構想は終わってしまったのである。

2. アジアカー構想——外資メーカーの企業内・域内部品相互補完計画

ASEAN 各国政府が域内部品相互補完を目指して ASEAN カー計画を進めようとしていたのとほぼ同時に、東南アジア各国へばらばらに進出せざるを得なかった外資メーカーは、米国系企業を中心として①企業内の域内部品補完の可能性を探り、アジアカーと呼ばれる東南アジア向け特別仕様車を導入して域内部品相互補完を試みた。

アジアカーは、アジア発展途上国のニーズに合わせて、旅客輸送と貨物輸送の多目的用途や、技術水準、購買力などを考慮して開発された低価格の四輪車であり、デザインが簡単で、部品点数も少ない。GM の当時の社長は、アジアカーの概念について、「国によってそれぞれ異なる条件・需要を最小限の修正で満たし、可能な限り、共通な部品で構成され、しかも基本的には同一の設計になる車②」だとした。

外資メーカーの中で、最初にアジアカー構想を打ち出したのは、フォ

---

① 当時、日本企業は、このような特定部品生産の地域別配置に関心を示さなかった。『日本経済新聞』1980 年 10 月 19 日、12 月 24 日。

② 『日刊自動車新聞』1979 年 10 月 27 日。

ードである。1971年にマニラで開かれたASEAN5カ国外相会議に、社長のヘンリー・フォード2世が出席し、域内補完生産計画を提案した[①]。フォードは欧州ですでに部品相互補完の実績があったので、アジアという新市場でもこれを成功させる自信があったのだろうといわれている。そして1972年に、フィリピンのジプニーをヒントにしたアジアカーとしてフィエラ(FIERA)を発表した。つづいてトヨタも77年にキジャン(KIJANG=UNSER・TAMARAW)を発売した。

これらのアジアカーは価格が安く、フィエラが1100ドル程度で当時として低価格を実現したと評価され、最初に開発・発表した国では好評を博した。たとえば、フィリピンではフォードがフィエラを売り出した直後の1973年、1974年に54%の市場シェアを示し、トヨタのキジャンは現在でもインドネシアでは国民車的な存在である。

フォードは、この部品補完を実現するため、フィリピンでプレス工場、インドネシアで車体及びトランスミッション工場、タイで鋳造及びガソリンエンジンの製造工場、シンガポールで自動車電装品工場を建設し、自動車部品を生産担当国で集中生産し、それをマレーシアへ集めて組立てる計画を立てていた[②]。

しかし、フォードのアジアカーは80年代に入り、急速に影響力を落とし、最終的にアジアに根を下ろすことはできなかった。その理由は、ASEAN各国の市場はそれぞれ特徴があるため、地域の需要をカバーできる共通モデルを開発できなかったことと、日本企業との競争に負けたことがあげられる。

また、部品相互補完体制も進捗は芳しくなかった。この体制はアジアカーの普及を前提にしていたから、フォードがフィリピンに年産6万台のボディプレス工場を建設し、欧州で開発したコーティナ(CORTINA)の車体をインドネシア、タイ、オーストラリアに輸出した

---

① 鶴見[1976]、222-225頁。

② 『日刊工業新聞』1971年10月1日。

等のごくわずかの事例を除き、ほとんど実現できなかった[①]のである。

さらに、フォードなど米国系メーカーの企業内部品補完体制の最大の障害になったのは、ASEAN 各国政府から支持を得られなかったことである。米国系メーカーは、部品の集中生産のための設備投資には、関税優遇などの多国間協力が前提となると考え、ASEAN 自動車連盟の代表をデトロイトに招いて技術・資本協力を申し出た。しかし、この時点で ASEAN 各国は、外資に対する警戒を解くことができず、オリジナルの ASEAN カーの生産を目指していたため、多国籍企業の部品補完計画への協力を拒んだ。

このように、フォードなどの米国系メーカーによる企業内部品補完構想は失敗に終わり、その結果、80 年代にはアジアの現地工場を次々と引き揚げた。同じ時期に、日本企業は、トヨタのキジャンのように、現地市場向けの専用車を出したが、企業内部品補完体制には消極的だった。しかし、日本車は相対的に廉価であったこと、性能がよく故障が少ないこと、そしてディーラー、サブディーラー、サービスセンターのネットワークが優れており、修理などが迅速かつ安価にできること[②]をもって、ASEAN 市場で圧倒的なシェアを占めるようになった。

3. 域内部品相互補完体制——BBC スキーム

前述のように、日本企業は、特定の部品を各国で分担生産すると、ジャスト・イン・タイムなど日本的生産システムを支える部品工業の地域的集積の効果が損なわれると考え、アメリカ企業のような域内相互補完の動きに興味を持たなかった。

しかし、80 年代に入ると、日本企業も特定部品の集中的生産拠点の地域別配置の必要性を感じるようになった。日本企業は、ASEAN 各国の自動車国産化計画に応じて進出する際に、各国で部品加工から完成品組立までの一貫体制を取らなければならなかったため、投資負担が増大していた。したがって、ASEAN の枠組みの下で、いかに既存

① 加茂[2006]、332 頁。

② アジア経済研究所前掲書、110 頁、 168 頁。

の生産拠点を利用しながらスケールメリットを生み出すのかが課題になっていた。

一方、米国ビッグスリーの撤退後、日本車の ASEAN 市場でのシェアは 90%前後と圧倒的なものになり、その結果、日本企業が ASEAN 各国政府へ新たな政策を提案することが可能になった。

以上のような背景の下、三菱自工が ASEAN に域内部品相互補完計画を提案し、その結果、1988 年に ASEAN は BBC スキーム(Brand to Brand Complementation Scheme　部品相互補完計画)という部品補完体制の基本的枠組みを発足させた①。BBC スキームは域内相互補完のために初めて実効性を持つ枠組みとなり、さらに AICO、CEPT へと移行して行ったが、その内容を概観しながら、主な自動車企業の当初の計画を確認し、運営上の問題点を指摘し、部品域内補完制度の欠点を分析する。

BBC スキームの成立にあたって、三菱自工は、ASEAN 各国の自動車国産化要求に応じた設備投資が、狭小な市場に対して過大であると考え、重複投資を避けて量産効果を図るための部品相互補完を行う構想をたて、1982 年に COIME(ASEAN 鉱工業エネルギー委員会)に提出した。

翌 1983 年に、ASEAN は COIME、AAF(ASEAN 自動車連盟)、主要な自動車生産者などによる専門家会議を開き、同構想を検討したが、進展が見られなかった。しかし、1987 年の第 3 回 ASEAN 首脳会議で、集団的外資依存輸出志向工業化戦略の採用について合意が成立し、これによって ASEAN 域内の経済協力基盤が変化した。そこで、三菱自工は 1987 年に再び ASEAN に BBC スキームの構想を提示した。その提案は、①三菱系の各国工場は得意な部品を生産し、国境を越えて補

---

①『三菱自動車工業株式会社史』1993 年、498 頁、「当社グループ各社が得意な部品を補完的に供給し合えば、対象の部品に量産効果が生まれ、各国で全部品を生産するよりも効率的で、コストを低減させせることが可能になるとの構想を編み出した。1987（昭和 62）年 12 月、ASEAN 首脳会議は、BBC（Brand to Brand Complementation ：部品相互補完）と呼ばれるようになった当社の提案を採択し、経済閣僚会議においてその具体化を指示した」。

完し合う。②各国政府は部品融通の際の輸入関税を引き下げると同時に、国産化率の計算で域内からの輸入部品を自国産部品とみなす、というものであった。

1988 年 10 月、タイのパタヤで開かれた ASEAN 閣僚会議は、三菱自工の提案を受けいれ、自動車企業の ASEAN 域内部品補完型分業を優遇する BBC スキームを発足させた。その主な内容は、BBC スキームの認可を受ければ、①自動車組立企業が同一企業間で BBC スキームの加盟国から部品を調達する場合、その輸入関税を 50%譲許(上限税率の設定)する。②輸入した国がローカルコンテンツ規制を敷いている場合は、BBC スキームに従って輸入した部品を国産化部品とみなす、というもので、ほぼ三菱自工の提案に沿った内容だった。

当初タイ、マレーシア、フィリピンがこのスキームに参加し、遅れてインドネシアも参加した[①]。また、三菱自工のほか、トヨタ、日産、本田技研、VOLVO がこのスキームの認可を受けた。

さらに、この BBC スキームは、1992 年に創設が合意された ASEAN 自由貿易地域(ASEAN Free Trade Area: AFTA)の進展により、自動車産業を超えて、幅広い製品・部品を低率関税で扱うための自由貿易構想へと拡大されていった。AFTA の一環として、1993 年から CEPT(Common Effective Preferential Tariff　共通効果特恵関税制度)が部分的に開始されたが、これが完全に実施される[②]までの移行措置として、95 年の ASEAN 首脳会議で BBC スキームに代わる AICO(ASEAN Industrial Cooperatives,　ASEAN 産業協力スキーム)が打ち出され、96

① インドネシアは自国市場の大きさを背景に、全部品を含めた自動車一貫生産を主張し、BBC スキームを拒否していた。1994 年になって、自動車部品産業が育ってきたと、部品メーカーの進出を促すため、インドネシアは BBC 計画への参加を決めた。

② CEPT は、ASEAN 製品（金額ベースで ASEAN コンセント 40%以上）に対して最大 5%の輸入関税率を適用する特恵関税制度で、各国は 1993 年から CEPT 適用品目を毎年増やしてきた。CEPT 適用一次的除外品目の大半を占める自動車部品については、当初、輸入関税率を 2000 年 1 月から最大で 20%とし 2002 年末までに段階的に最大関税率を 5%まで引き下げる計画で、各国は自動車部品の関税率引き下げスケジュールを作成した。CEPT 完了目標年は、当初 2008 年であったが、1994 年 9 月に 2003 年に、1998 年 12 月には 2002 年に前倒しした。

年 11 月に発効した。AICO では、ASEAN 資本 30%、ASEAN ローカルコンテンツ 40%などの条件を満たせば、二国間で 0～5%の優遇関税率を適用されることになった。

AICO スキームでは、完成車メーカーだけでなく、ASEAN の複数の国に生産拠点を持つ自動車部品企業や電子部品企業も同等の優遇を受けられることになった(表 3-3 デンソーの補完部品生産品目を参照)。

表 3-3　デンソーの補完部品生産品目

タイ	スターター、オルタネーター、ワイパー・リンク、マグネット、リレー、方向指示器、コンビネーションメーター、バイクメーター
マレーシア	エアコン、ワイパーアーム、リレー、方向指示器
インドネシア	コンプレッサー、プラグ部品、ホーン部品
フィリピン	コンビネーションメーター、バイクメーター部品

出所：加茂[2006]、350 頁より作成。

さらに 2002 年 1 月からは、AFTA の CEPT スケジュールに基づき、ASEAN ローカルコンテンツ 40%以上の完成車/CKD セットや部品に対し、0～5%の関税率が適用されるようになった。インドネシアは 2002 年 1 月から、フィリピンとタイは 2003 年 1 月からこれを適用し、マレーシアは 2005 年 1 月に完成車、2006 年 1 月に部品を含む自動車産品の輸入関税率を引き下げた。

日系メーカーは、こうした BBC スキームに積極的に対応した。それまで自動車産業の一定の蓄積が見られた ASEAN4 の各国に最終組立ラインを残しながら、特定の基幹部品は 1 カ所の生産拠点から残りの 3 カ国へ輸出するという「企業内国際分業」が計画された。以前に失敗したフォードのアジアカー部品補完構想では、マレーシアだけがフィエラの組立・輸出拠点として計画されていたが、これと対照的に日本企業の計画は各国に組立ラインを置くものだったので、自国自動車産業を育成しようとする ASEAN 各国にとって都合がよいために実行可能になった。

各国間の部品相互補完計画のほか、日本企業はアジア諸国向けの特定モデルとしてアジア戦略車も計画した。70年代のトヨタのアジアカー、キジャンが部品供給を日本に依存していたのとは異なり、新たなアジア戦略車は可能な限り現地調達(BBC スキームに沿った域内調達を含む)の部品によって組立てられるように開発・設計されているのが特徴である。

まず、BBC スキームを提唱した三菱自工は、ASEAN での拠点づくりを他社よりも早くから進めており、相互に部品の融通も行っていた。三菱自工は、前述のように1987年12月の ASEAN 首脳会議に BBC 計画を提案し、89年2月 COIME の承認を得た。その部品相互補完体制は、フィリピンからマレーシア・タイへトランスミッションを送り、タイからフィリピン・マレーシアへトラック用バンパーを、マレーシアからタイへは乗用車用ドアとステアリング、フィリピンへはトリム部品を輸出するものであった。後に、図3-1のように、タイからマレーシア・フィリピンへエンジンとピックアップの部品を、フィリピンから他の3カ国へトランスミッションを、インドネシアから他の3カ国へブレーキとボディーを、マレーシアからタイ・インドネシアへステアリングを供給する補完体制になった。

図3-1　三菱自動車の ASEAN4 部品相互補完計画

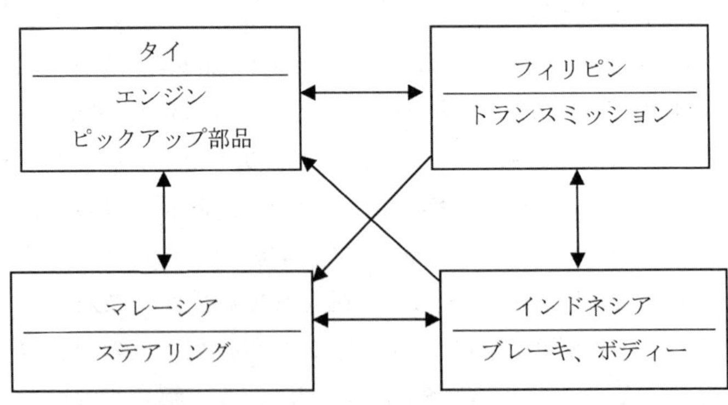

出所:『アジア自動車産業』1999年、29頁より作成。

ここで注意しなければならないのは、三菱自工の相互補完の構想自体は、ASEAN4 にとどまらず、オーストラリア、アジア各国、アメリカ、ヨーロッパの各拠点を結び付けたグローバルな相互供給のネットワークを描いたものだった点である。

三菱自工のアジア戦略車としては、97 年に中国台湾で生産開始したフリーカ(FREECA)を、98 年からフィリピンでアドベンチャー(ADVENTURE)、99 年からインドネシアでクダ(KUDA)という車名で生産するようになった①。

また、トヨタは 1989 年 9 月に BBC 計画を発表した。図 3-2 のように、タイでディーゼルエンジンやプレス加工部品などを、インドネシアでガソリンエンジンやクラッチなどを、マレーシアでステアリング部品、フィリピンでトランスミッションや鍛造部品を集中的に生産し、それぞれ他の 3 国に供給する体制になった。さらに、ASEAN4 以外にシンガポールに統括会社(ASEAN4 で操業するトヨタ系の自動車組立、部品の相互供給を円滑に運ぶために設立し、輸出入業務を統括する)をおき、日本の本社を含めて中国台湾、アメリカ、ポルトガル、ニュージーランドをも含む大規模な補完計画を立てた。

次に、日産の BBC スキームへの対応は、図 3-3 のように、タイ、マレーシア、フィリピンの 3 カ国に重点をおいていた。タイではツールセット、高圧ケーブル、プレス加工部品、トリム部品、リアコンビネーションランプ、カムシャフト、ウオーターポンプ、オイルポンプ、ラジエーターを、フィリピンではホイールハウス、パネルシェルフ、ラジエーターコアプラント、リアフロアーなどのプレス加工部品とベンチレーター、ペダルウエイストを、マレーシアでホイールハウス、リアフェンダー、フードエッジアッパー/ロアーなどのプレス加工部品とサポートスプリングサスペンダー、ステアリングギアを、インドネシアではメーターを生産し、それぞれ他の 3 カ国へ提供する体制になっていた。

① 三菱自動車のプレスリリースによる。URL：
http://www.mitsubishi-motors.co.jp/pressrelease/j/corporate/detail207.html；
http://www.mitsubishi-motors.co.jp/pressrelease/j/corporate/detail777.html

図 3-2　トヨタの ASEAN4 部品相互補完計画

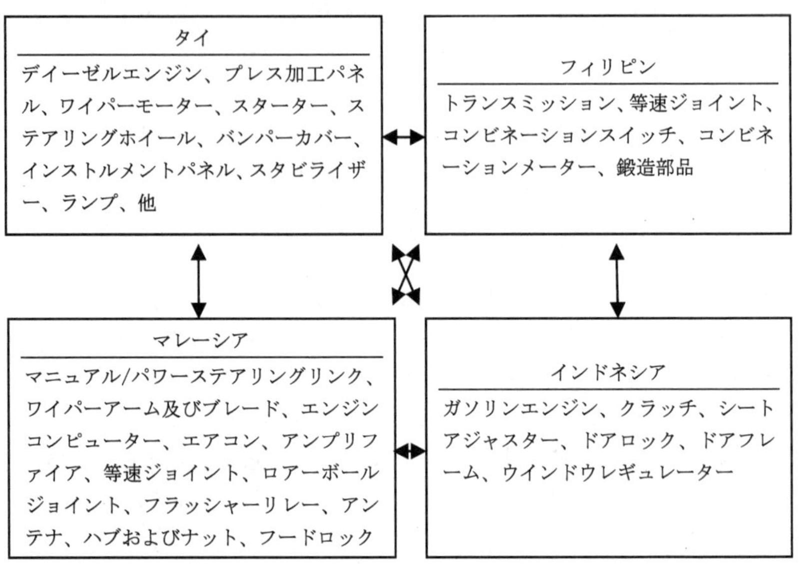

出所：『アジア自動車産業』1999 年、27 頁より作成。

図 3-3　日産の ASEAN4 部品相互補完計画

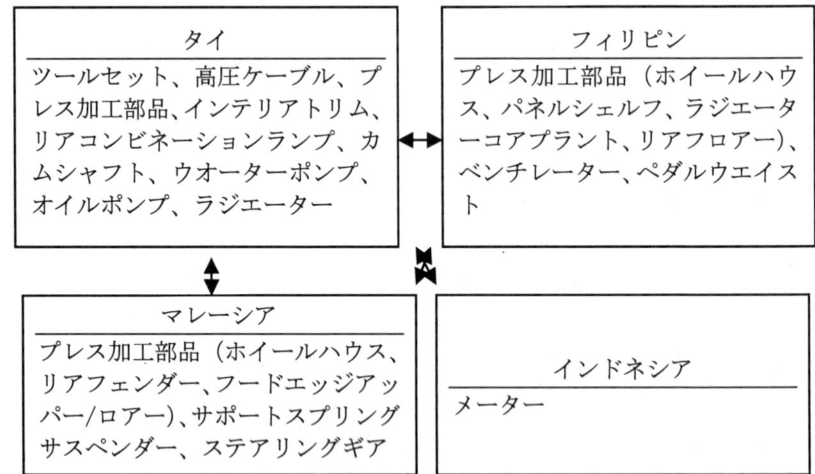

出所：『アジア自動車産業』1999 年版、30 頁より作成。

日産の補完計画には、ASEAN4のほか、中国台湾との相互供給も入っている。1992年9月に日産は、バンコクにASEAN事務所を開設し、タイ、マレーシア、フィリピンの3カ国間で行っている自動車部品の分業生産の拡大を図ると同時に、中国台湾との間でエンジン部品、パネル部品を相互供給するための調整に当たることになった。

ホンダの部品相互補完計画は、図3-4のように、タイでサイドパネル、フロア、ドア、トランクフードなどのプレス加工部品を、フィリピンでインテークマニホールド、ホイール、コンソール、ペダル、コンバーターなどの鍛造部品を、マレーシアでバンパー、インストルメントパネルなどのプラスチック部品を、インドネシアでシリンダーブロック、シリンダーヘッドなどのエンジン部品を集中的に生産し、他の3カ国へ供給する体制になっていた。

図3-4　ホンダのASEAN4部品相互補完計画

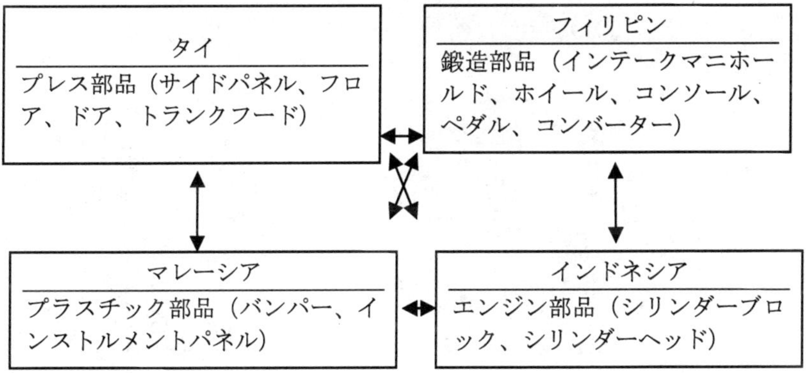

タイ	フィリピン
プレス部品（サイドパネル、フロア、ドア、トランクフード）	鍛造部品（インテークマニホールド、ホイール、コンソール、ペダル、コンバーター）
マレーシア	**インドネシア**
プラスチック部品（バンパー、インストルメントパネル）	エンジン部品（シリンダーブロック、シリンダーヘッド）

出所：『アジア自動車産業』1999年、31頁より作成。

このように、日系メーカーはBBCスキームに積極的に対応したが、そこには限界があった。1970年代から模索を始めた東南アジアでの自動車部品相互補完体制は、BBCスキームによって初めて実効性のあるものになることが期待されたが、図3-5～図3-8に示されているように、発効後の1989年からAICOへ移行する1996年まで、各国の域内部品調達率はわずかしか伸びていなかった。1996 年に、タイのASEAN3カ国からの部品輸入が部品輸入総額に占めるシェアはわずか4%で、同様に、インドネシアが0.9%、フィリピンが6%であり、唯一2 桁のシェアを示しているマレーシアでも、13%に過ぎない。このように、BBC スキームで構想していた ASEAN4 の部品相互補完体制は成り立たなかったのである。

BBCスキームがうまく進まなかった背景には、制度自体の問題点が指摘されている①。たとえば、ASEAN4の国ごとの取り組みの温度差、条文には明記されていない2国間の輸出入額をバランスする義務、といった問題がある。また、BBCスキームに対応するための日系メーカーとパートナーとの利害調整も困難であった。

図 3-5　タイの部品輸入

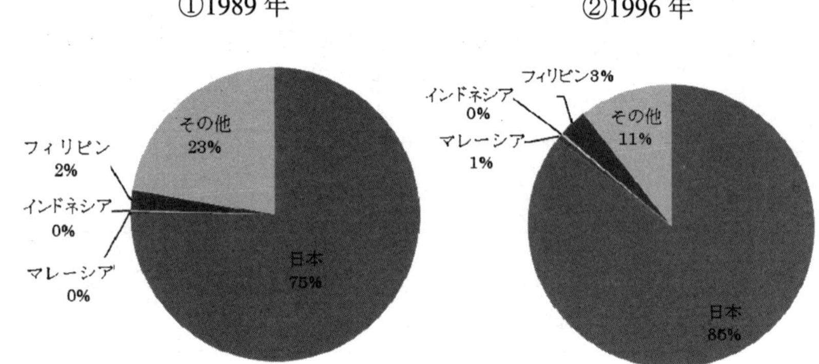

注：UN comtradeデータベースより、SITC分類7328(自動車部品)で各国の輸入データを抽出した。また、0%は輸入が完全にない意味ではなく、四捨五入の結果である。

出所：UN comtradeより作成。

---

① 小林哲也[2004]。

図 3-6　マレーシアの部品輸入

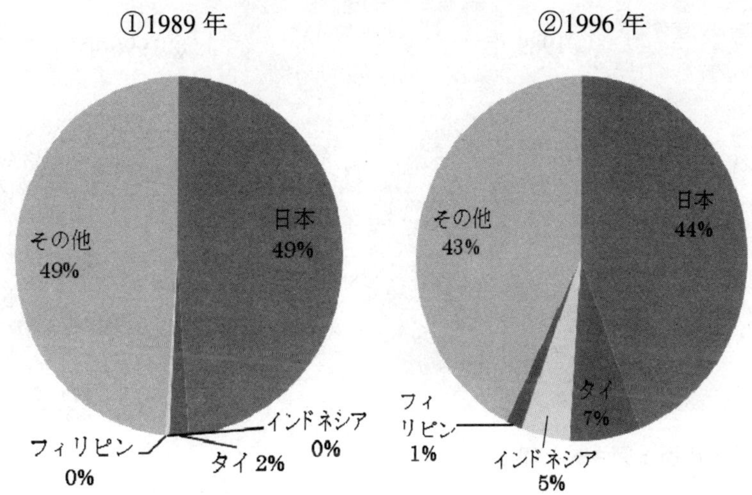

注・出所：図 3-5 と同じ。

図 3-7　インドネシアの部品輸入

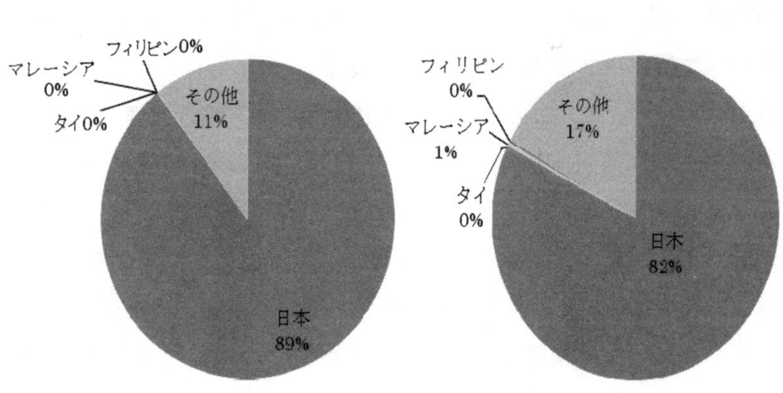

注・出所：図 3-5 と同じ。

図 3-8　フィリピンの域内部品輸入

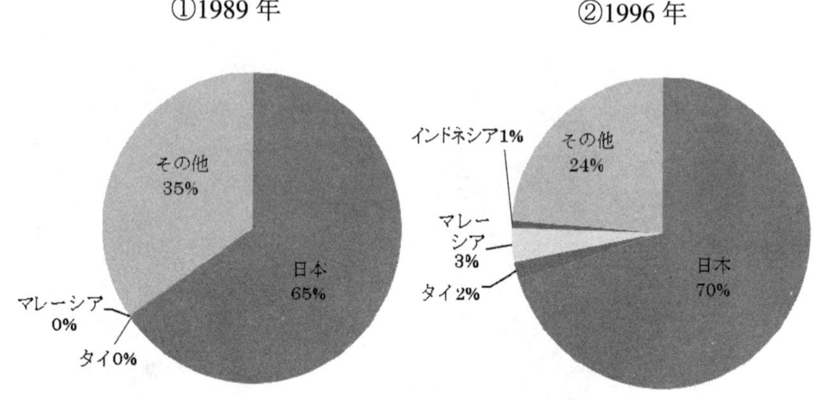

注・出所：図 3-5 と同じ。

しかし、根本的な原因は ASEAN カーやアジアカーから受け継がれてきた域内部品相互補完計画という発想にある。すなわち、部品相互補完という発想自体は、ASEAN 各国が自国産業育成のために高率関税を設定するなど、域内の完成車貿易が不可能な体制を前提とした苦肉の策だった。したがって、そもそも自動車産業の量産効果と産業集積という性質に反するものだったのである。

以上のような、KD 生産や部品国産化政策による輸入代替の挫折や、域内の部品相互補完体制の構築の遅れは、90 年代以降のグローバル化によって大きく変化することになった、すなわち、電機・電子産業の輸出志向工業化による各国の経済成長、アジア通貨危機を契機とする完成車の輸出志向、そして WTO 体制下での貿易自由化の進展などが、完成車や部品の生産集約化を進め、世界市場への輸出などを通じて自動車メーカーの世界戦略を一変させたのである。

第3節　グローバル時代の東南アジア自動車産業
——完成車・部品生産の集約化と輸出拠点化

I　グローバル時代のASEAN4の自動車産業

この論文の主題である1990年代以降のグローバル時代に入ると、東南アジアの自動車産業は大きな変貌を遂げることになった。

第一の変化は、1970年代から断続的に続いてきた部品の域内相互補完計画に事実上の終止符が打たれ、タイ・インドネシア・マレーシアを中心として、車種や資本の系列による棲み分けと、完成車生産と国内部品供給体制を組み合わせた産業集積の形成が進んだことである。前節で述べたような部品の域内相互補完体制は、重量や容積のある自動車部品にふさわしいものではなく、むしろ本書の別の章でふれるICT産業で典型的に見られるものであった。各国の完成車組立産業に対する保護政策によって強いられたこのような不自然な分業体制が、ようやく自動車産業本来の姿である完成車組立と部品生産を合わせた産業クラスタの形成へと向かって行ったのである。

そして、このような車種の棲み分けと生産の集約を可能にしたのは、ふたつの意味でグローバル化の成果だった。一つは、WTOやAFTAに見られるグローバル時代の自由貿易体制で、これが完成車輸出入の自由化を促した結果、外資系自動車企業が国ごとに組立工場を配置するというそれまでの非効率的な政策を終わらせることになった。もう一つは、1985年のプラザ合意を契機として本格化したASEAN4の工業化の進展であり、その結果、拡大した各国の自動車市場が、長年のネックであった市場の狭さをいったん克服した。さらに、1997年のアジア通貨危機で国内市場が大きな打撃を受けたあとは、完成車メーカー・部品メーカーとも輸出に活路を求めるようになり、危機からの回復過程で国内市場が復活したことと合わせて、タイを中心として東南アジアが自動車生産のグローバルな拠点の一つとして位置づけられることになった。

第二の変化は、BBC－AICO－CEPTと続いてきた域内自由貿易体制の構築が、当初意図したのとは異なる形で域内の部品補完体制と、日本など域外市場へ向けた部品供給体制を作り上げたことである。一般的に、重量品を含むすべての自動車部品を各国で分業生産し、相互に輸出入するのは非効率的である。しかし、ワイヤーハーネス、スターター、エアバッグ、カーオーディオなど、労働集約的な部品や軽量の部品はコストの安い国で集約的に生産し、完成車組立国に輸出するということが可能である。実際に、グローバル化の進展とともに東南アジア域内で特定の部品の相互供給が拡大しており、また日本など域外への輸出も増加している。つまり、部品の大半を分業し、相互の貿易バランスを均衡させるというBBCスキームとは異なる形で、部品生産の部分的な分業体制が構築されているのである。そして、前述のような通貨危機後の国内市場の縮小を契機として、エンジン部品なども新たな市場を求めて域外への輸出を拡大していった。また、コスト面での優位性を求めて、日本のタイヤメーカーなどが日本から東南アジアへ生産拠点をシフトする動きもみられる。

こうして、完成車生産、部品生産とも規模を拡大した東南アジアの自動車産業は、タイとインドネシアを中心として、グローバル化の中で一定の役割を与えられることになった。その代表例が、1990年代後半にトヨタとホンダによって進められたアジア戦略車ソルーナとシティの生産であり、もうひとつが2000年代に入ってトヨタが進めたIMV（Innovative International Multi-purpose Vehicle）計画である。詳細は後述するが、どちらの計画もタイやインドネシアを、開発から生産・販売に至るまでの一貫した拠点として位置づけ、東南アジアを日系自動車メーカーのグローバル戦略の重要な一環として組み込んだ。さらにこうしたグローバル化への対応は、他の日系メーカーや欧米メーカーも含めて進められている。

その一方で、グローバル化とは別の方向、たとえば「国民車」の生産を目指したマレーシアの戦略は、大きな壁に直面している。この点については、同じ三菱自工との提携から出発しながら、いまや世界的な自動車メーカーに成長した韓国の現代自動車と比較しながら論じてみたい。

次に、ASEAN4 における 1980 年代以降の自動車の生産・販売・輸出入のデータから、4 カ国それぞれの自動車産業の状況と特徴を概観してみよう。

図 3-9 と図 3-10 は、1980 年代から 2008 年までの、ASEAN4 各国における生産台数と販売台数を示している。この図から明らかなように、1980 年代後半からタイ・マレーシア・インドネシアの 3 カ国では、自動車生産・販売が拡大している。しかし、フィリピンだけは伸び悩み、1980 年代からほぼ横ばいであった。それ以前、1960 年代から ASEAN4 では自国の自動車産業を育成する努力が続き、いずれも成功しなかったが、4 カ国間の差もあまりなかった。しかし、図 3－11－a～c に示されているような 1980 年代後半からの経済成長で、タイ・マレーシア・インドネシアの 3 カ国はともに国内自動車市場が大きく拡大したのに対し、フィリピンは完成車生産に関しては ASEAN4 から脱落したのである。

図 3-9　1980～2008 年　ASEAN4 の自動車生産台数（単位：台）

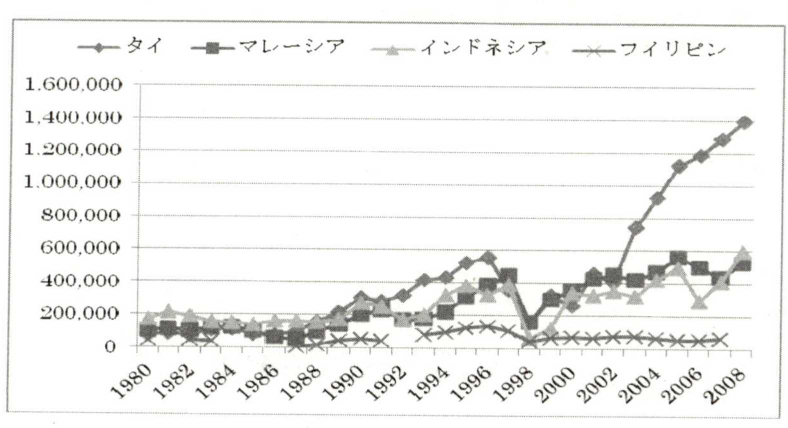

注：フィリピンの 1981，1984～1986, 1992, 2008 年のデータは n. a.

出所：『アジア自動車産業』2002 年、2006 年、2008 年、2011 年版より作成。原資料は各国自動車工業会など。

図 3-10　1980～2008 年　ASEAN4 の自動車販売台数（単位：台）

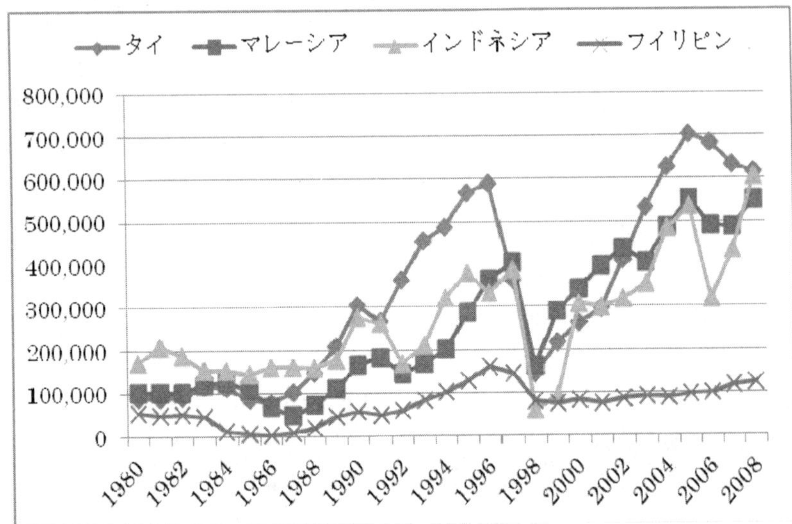

出所：『アジア自動車産業』2002 年、2006 年、2008 年、2011 年版より作成。原資料は各国自動車工業会など。

図 3-11-a　1980～2008 年 ASEAN4 の名目 GDP　（単位：十億米ドル）

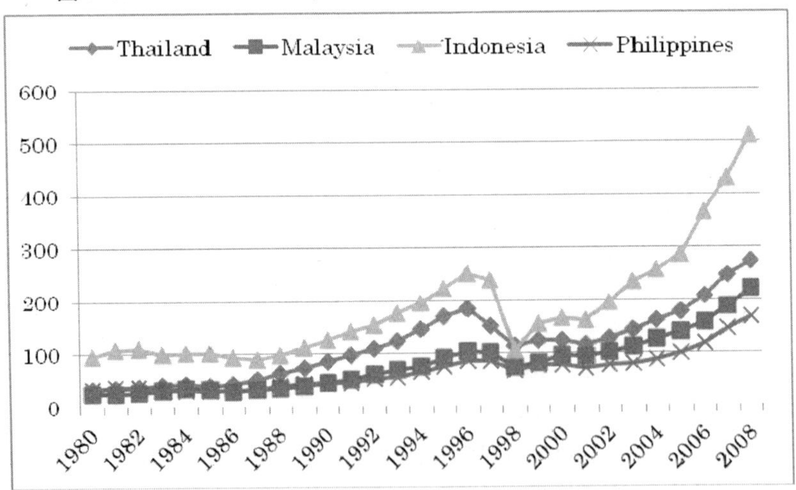

図 3-11-b 1980～2008 年 ASEAN4 の GDP 成長率(%)

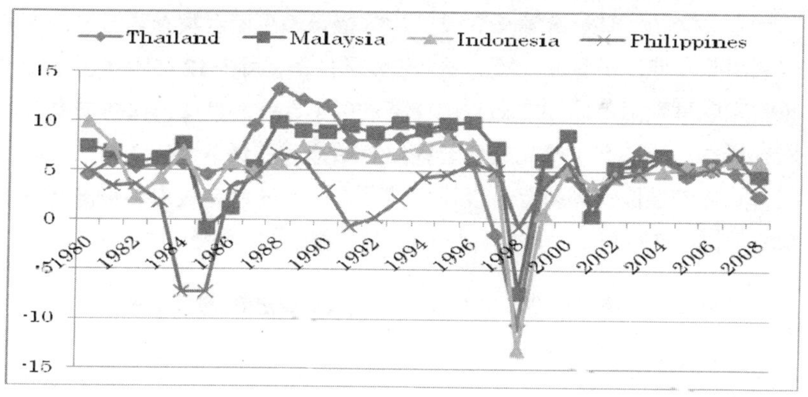

図 3-11-c　1980～2008 年 ASEAN4 の一人当たり名目 GDP(単位：米ドル)

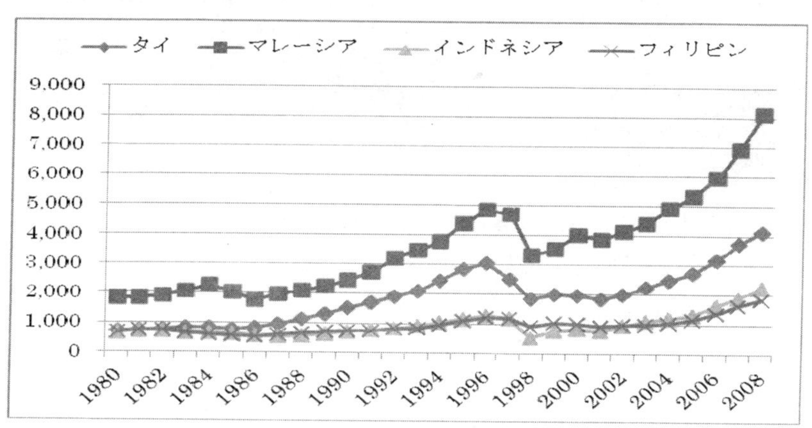

出所：IMF データ(http://www.imf.org/external/data.htm)より作成。

その後 1996 年までは、タイ・マレーシア・インドネシア 3 カ国の生産・販売ともに順調に伸びたが、1997 年のアジア通貨危機の影響で、各国の生産･販売台数は大きく落ち込んだ。しかし、危機からの回復は意外に早く、タイとマレーシアは 2002 年、インドネシアも 2004 年までに販売台数が危機前の水準に戻った。これに比べて、フィリピンはもともと生産･販売台数が少なかったので、落ち込み幅は 3 カ国ほど大きくなかったが、危機後の回復と伸びも微々たるものだった。

一方、フィリピンを除く3カ国の危機後の生産台数を見ると、タイの突出した伸びが目立っている。その理由が、図3-12に示すようなタイの完成車輸出の伸びである。経済危機をきっかけに、国内市場の不振を補うためにタイは完成車を輸出し始め、これが急速に伸びて輸出国としての地位を固めた。後述のように、タイは完成車の輸出だけでなく、図3-13-aに示すように部品の純輸出国にもなっている。

図3-12　1980～2008年ASEAN4の完成車輸出額（単位：米ドル）

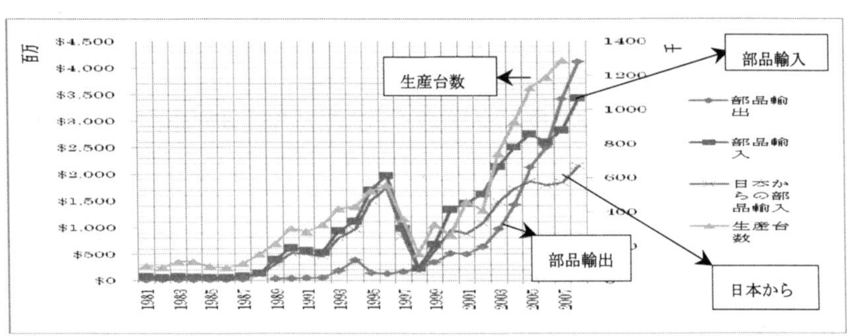

注：完成車はSITCコードV.1の7321（乗用車）、7322（バス）、7323（商用車）の合計。

出所：UN comtradeより作成。

タイ以外に、インドネシアも2004年から完成車の輸出が目立つようになった。図3-13-cのように部品の輸出も堅実に伸びている。一方、完成車生産では微々たる存在に過ぎないフィリピンでも、1980年代から一部の部品の集約的生産が始まり、図3-13-dのように部品輸出国として躍り出た。フィリピンとは逆に、マレーシアは完成車生産台数では一定の水準を確保しているが、図3-13-bでわかるように、その伸び率を上回るスピードで自動車部品を輸入し、自動車部品の純輸入国となっている。

図 3-13-a　タイ 1981～2008 年自動車部品輸出入額、日本からの部品輸入額と国内自動車生産台数

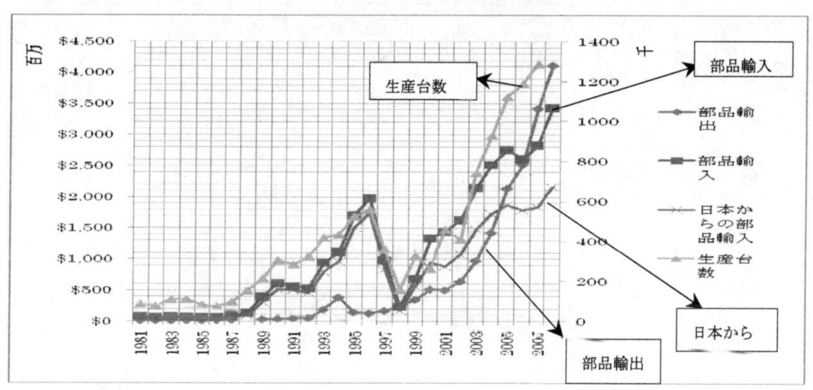

注：①部品輸出・輸入金額、日本からの輸入額は左目盛、単位が百万米ドルである。

②生産台数は右目盛りである。

出所：部品輸出入金額は UN comtrade、生産台数は『アジア自動車産業』2002 年、2006 年、2008 年。

図 3-13-b　マレーシア 1981～2008 年自動車部品輸出入額、日本からの部品輸入額と国内自動車生産台数

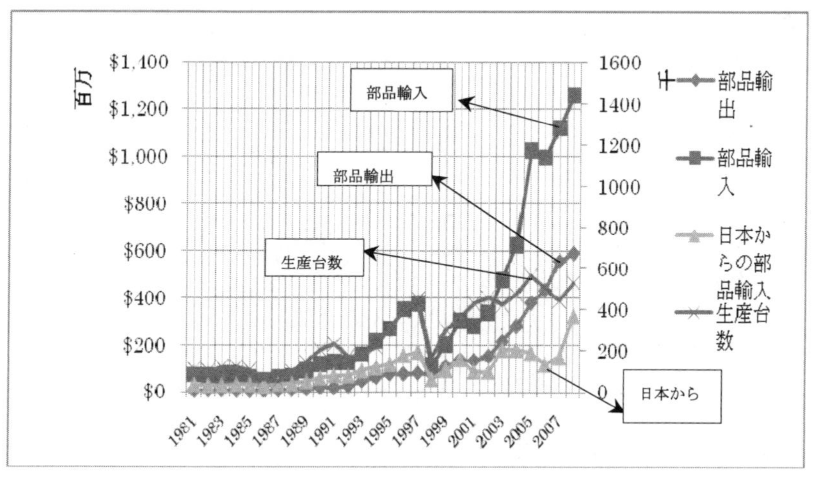

注・出所：図 3-13-a と同じ。

図 3-13-c　インドネシア 1981～2008 年自動車部品輸出入額、日本からの部品輸入額と国内自動車生産台数

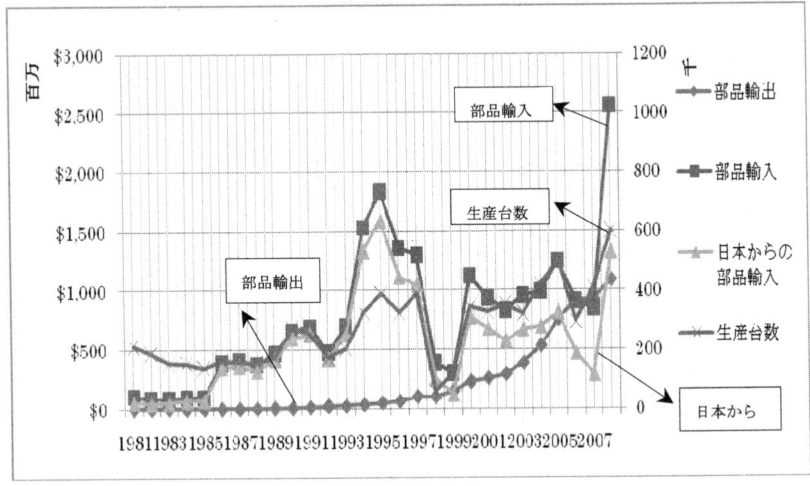

注・出所：図 3-13-a と同じ。

図 3-13-d　フィリピン 1981～2008 年自動車部品輸出入額、日本からの部品輸入額と国内自動車生産台数

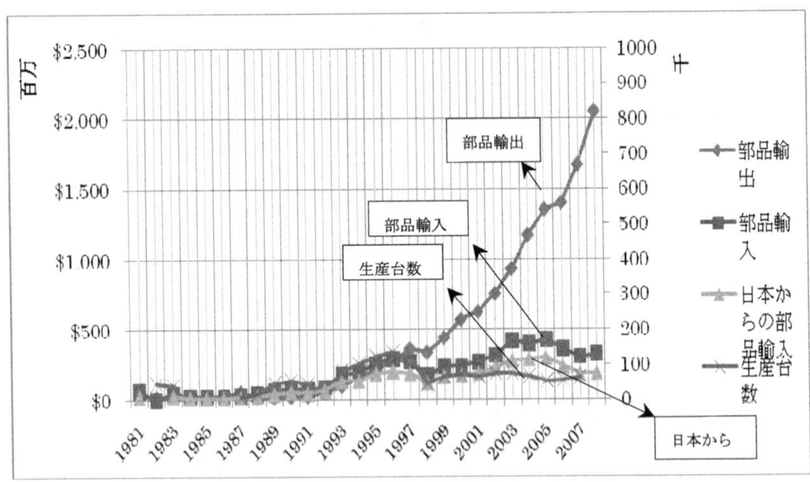

注・出所：図 3-13-a と同じ。

以下、このようなグローバル時代の変化を、1997年のアジア通貨危機の前後で区分しながら、具体的に明らかにしていきたい。

II　国内市場の拡大と新たなアジア戦略車の登場——プラザ合意から通貨危機まで

1. 乗用車生産の本格的開始

1985年のプラザ合意から1997年の通貨危機の発生まで、ASEAN4の自動車生産は、1987年[①]の31万台から、1996年の141万台へと4倍に拡大した。この生産拡大は1980年代後半の高度経済成長とともに拡大した国内市場によってもたらされたものである。4カ国の国内販売台数は、生産台数と同様、1985年の34万台から、1996年の144万台へと、4倍に拡大した。国内市場の拡大は、ASEAN自動車産業の長年のネックであった市場の狭さをいったん克服した。各完成車メーカーは、市場の拡大に応じ、それぞれ生産能力の拡大を行い、コスト削減のために現地調達率を引き上げ、また現地ニーズに対応できる車種を開発した。完成車の生産拡大に伴い、日系をはじめ外資部品メーカーも相次ぎ進出し、タイを中心に、ASEAN各国では自動車産業の集積を形成し始めた。

各国の国内市場拡大の要因として、この間の経済成長をみてみよう。表3-4はASEAN4各国の1980年、1985年、1990年、1995年の名目GDP、一人当たり名目GDPと実質GDP平均成長率を示している。タイの一人当たりGDPは1985年の751ドルから、1995年に2,826ドルに、3倍も増加し、4カ国の中で最大の伸びを示している。マレーシアも2,026ドルから2倍の4,358ドルへ、インドネシアとフィリピンも2倍に増加した。

---

① 販売台数と同様、1985年のデータを使いたかったが、フィリピンの1985年の生産台数のデータが見つからないため、データのある年で、一番近い1987年のデータを使っている。

表 3-4　ASEAN4 の GDP と経済成長率

単位：GDP（十億米ドル）・1 人あたり GDP（米ドル）・成長率（%）

	タイ			マレーシア			インドネシア			フィリピン		
	名目GDP	1 人あたり名目 GDP	平均実質成長率	名目GDP	1 人あたり名目GDP	平均実質成長率	名目GDP	1 人あたり名目 GDP	平均実質成長率	名目GDP	1 人あたり名目 GDP	平均実質成長率
1980	32	696	—	25	1,812	—	95	644	—	32	672	—
1985	39	751	5.3	32	2,026	5.6	101	614	5.6	31	562	−0.1
1990	86	1,518	10.4	44	2,432	6.9	126	699	6.3	44	718	4.7
1995	168	2,826	8.5	90	4,358	9.5	223	1,144	7.2	76	1,105	2.2

出所：IMF データベース（http://www.imf.org/external/data.htm）より作成。

各国の経済成長は、1985 年のプラザ合意以降、電機・電子産業を中心に日本企業などがこの地域へ進出したことと深いかかわりを持っている。1985 年秋の G5 によるプラザ合意以降の円高は、1987 年頃より日本からの輸出志向型生産拠点の海外シフトを主目的とする対 ASEAN 向け直接投資の急増（フィリピンを除く）を促した。さらに 1980 年代後半に 2 桁成長を遂げたアジア NIES 諸国も、賃金の上昇と自国通貨の対ドルレートの切り上げにより、国際競争力が低下した労働集約型産業の海外シフトを目的に対 ASEAN 直接投資を急増させた。海外からの直接投資とそれによる輸出の急増によって、特にタイ、マレーシアは 1985～1990 年に表 3-4 のように 2 桁の高成長を記録した。

経済成長に伴う国内市場の拡大は、ASEAN 自動車産業の長年のネックであった市場の狭さをいったん克服し、外資メーカーは現地ニーズに対応できる乗用車として、新たなアジア戦略車の生産を意識するようになった。つまり、経済成長で中産層が形成されるとともに、乗用車市場の拡大が期待されるようになったのである。

もともと東南アジアの自動車市場の大きな特徴は、マレーシア以外、商用車の需要が乗用車の需要をはるかに上回っていたことである。その背景に、乗用車が贅沢品として高率の物品税などが課せられたこと、そしてユーザーは荷物の運搬など多様な用途を必要としていたことがあげられる。具体的に、タイでは1トンピックアップトラック、インドネシアでは多人数乗りのミニバン(後の MPV)に対してそれぞれ政府が優遇策をとったため、これらの車種は当該国市場に高いシェアを持っていた。

このように商用車が主流だった東南アジア市場で、はじめて乗用車(セダン)としてアジア戦略車を発売した日系企業は、ホンダだった。ホンダのシティ(CITY)はシビック・ベースの 1300cc エンジンを搭載し、その他の装備はアジア市場向けに新たに開発して、1996 年からタイで生産・販売した。エンジンとトランスミッション以外はほとんど現地調達で、現地調達率は 70%としてコスト削減を図った①。この生産のために、ホンダは 1996 年 4 月から新たにタイのアユタヤ工場を開設し、その周辺に部品工場の集積も形成した。さらに 1996 年にインドネシア・フィリピン・マレーシアなど 4 カ国、1997 年からはインドでも販売を開始したが、タイで生産された部品はこれらの工場にも供給されることになった②。

ホンダに続いて、トヨタはターセル・セダンをベースに、AFC(Affordable Family Car)として 1500cc のソルーナ(SOLUNA)を開発し、アジア戦略車としてタイで 1997 年から発売した。ソルーナはタイのゲートウェイ工場で生産し、部品の現地調達率は 60%だった③。ソルーナの生産を契機として、トヨタもエンジン生産工場を集約するなど、部品生産を強化した④。

一方、日産の打ち出したアジア戦略車はセダンではなく、ワゴンとピックアップタイプで 1600cc の小型商用車 AD リゾート(AD RESORT)だった。AD リゾートは 1993 年からタイと中国台湾で生産を開始し、フィリピン・マレーシアにも生産販売を拡大して、部品の相互

---

① 『日経産業新聞』1996 年 4 月 18 日、4 月 24 日。
② 『日経産業新聞』1996 年 4 月 25 日。
③ 『日経産業新聞』1996 年 12 月 10 日。
④ 『日本経済新聞』1997 年 3 月 5 日。

補完も図られた[①]。ADリゾートは乗用車ではなかったが、当初はBBCスキームを利用しようとしたこと、80年代後半以来の経済成長による市場拡大に対応して登場したことなど、90年代のアジア戦略車として共通する特徴を持つ。さらに、サニー(SUNNY)をベースとした乗用車のアジア戦略車も1999年から発売が予定されていたが[②]、アジア通貨危機で実現されなかった。

2.部品集積の形成

ASEAN4は1970年代からそれぞれ部品国産化政策をとってきたにもかかわらず、1980年代まで、各国の自動車部品産業の基盤は脆弱であり、日本からの輸入に頼っていた。前出の図3-13-a～dは、各国の自動車部品輸出入額、日本からの輸入額と、それぞれの自動車生産台数を示している。これらの図から、ASEAN4では、1980年代まで、生産台数の増加と同様のペースで部品輸入が急増していたことがわかる。しかも、マレーシア以外の3カ国は、部品輸入をほとんど日本に依存している。このことから、各国の部品産業がまだ脆弱だったことがうかがえる。日本に対する高い依存率も、ASEAN地域での日本車の圧倒的なシェアがその背景である。

そもそも自動車産業は完成車メーカーの近くに部品メーカーが集まるという傾向があるが、ASEAN4では部品国産化政策をとったにもかかわらず、各国の完成車市場が小さく、しかも分割されており、部品の大量生産による完成車メーカーへの供給ができなかった。多品種少量生産の国産部品のコストは時には輸入製品の2倍にも上った[③]。したがって、国産化の要求にもかかわらず、各国の部品産業の集積は形成されなかった。

しかし、1980年代後半から各国の自動車市場の拡大によって、状況は少しずつ変わってきた。図3-13-a～dから、タイとフィリピンは、1990年～1995年、国内生産の伸びに比べ、部品輸入のスピードは鈍化を見せている。これは、タイとフィリピンの自動車部品産業がこの間

① 『日経産業新聞』1993年9月28日。
② 『日本経済新聞』1996年3月31日。
③ 『日経産業新聞』1983年1月24日。

に強化されたことを示唆している。

図 3-14 と図 3-15 で日系自動車部品企業のタイとインドネシアへの進出をみてみよう。東洋経済新報社[2009]のデータによると、1990 年代までに合計数では、進出企業数の一番多いのはタイで、インドネシアがこれに次いでいる。マレーシアは一番少ない。また、マレーシアを除くと、タイ、インドネシアとフィリピンでは、この期間に、2 回の進出のピークが見られる。1 回目のピークは 1980 年代後半だが、進出企業数はまだ少なく、とくにインドネシアは当初 BBC 計画に参加しなかったため[①]、多くの日系企業に進出先リストから外された。2 回目は 1994～1998 年の間であり、トヨタやホンダなどアジア戦略車の生産開始に伴う部品メーカーの本番な進出ラッシュである。この 2 回の進出ラッシュは、タイ、インドネシア、フィリピン 3 カ国の部品産業の基盤を強固にした。図 3-16 を見ると、フィリピンは 1980 年代後半から、タイは 1990 年から部品輸出が顕著に増加している。

図 3-14　タイへの日系自動車部品企業進出社数(単位：社)

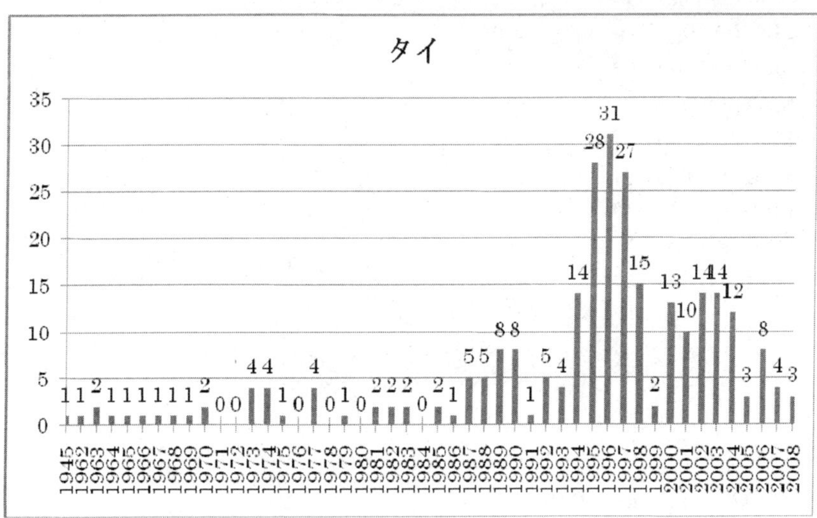

出所：東洋経済新報社『海外進出企業総覧 2009』より作成。

① インドネシアは遅れて 1994 年に BBC 計画に参加した。

図 3-15　インドネシアへの日系自動車部品企業進出社数(単位：社)

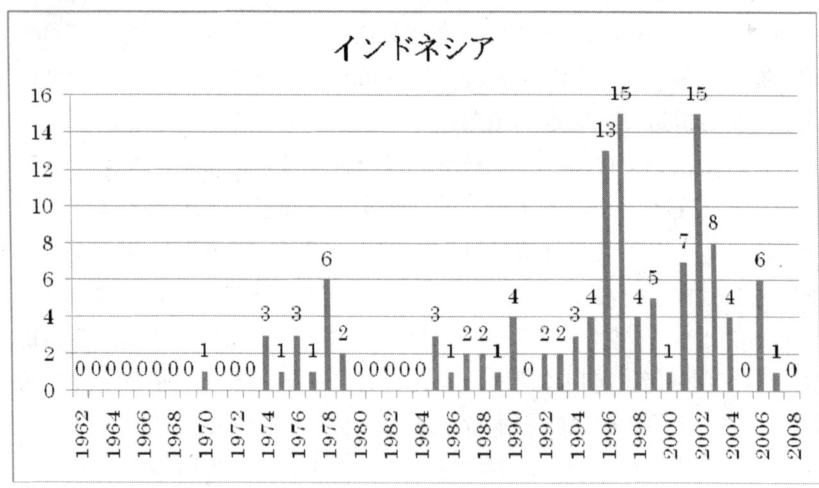

出所：図 3-14 と同じ。

図 3-16　1981～1997 年　ASEAN4 カ国の自動車部品輸出(単位：米ドル)

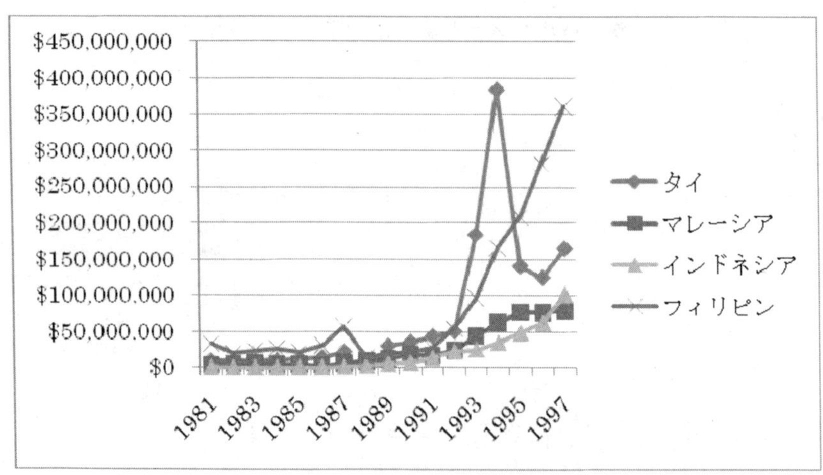

注：UN comtrade より SITC(Ver. 1)7328(自動車部品)を抽出した。

出所：UN comtrade より作成。

次に各国別に部品メーカーの進出を概観しよう。タイでは 1972 年から部品の国産化比率規制をかけ、特に 1991 年に 1000cc 以上のピックアップトラックは国産エンジンの使用を義務付けた[①]。その結果、1995年に各車種別の国産部品使用率は、ピックアップトラック65%～80%、乗用車54%、トラック・バス40%～50%に達していた。また、1990年代前半、タイ投資委員会はエンジンパーツ、トランスミッション、ブレーキ、ステアリングなど自動車部品を投資奨励業種に指定し、進出地域により法人税減免、輸入機械および輸出品製造のための原材料・資材輸入にかかる関税の減免などを講じた。さらに金型、治具、鍛造、鋳造などのサポーティングインダストリー14 業種を特別重要産業とし、立地にかかわらず法人税の免除、外資出資比率規制の適用除外の措置を実施している[②]。政府の奨励政策もあり、完成車メーカー各社はアジア戦略車の生産開始に伴い、コスト削減のために、部品の現地調達率向上を目指して、部品メーカーの進出を促した。

たとえば、ホンダは前述のようなアジア戦略車シティの生産拠点として1996年にホンダ・カーズ・マニュファクチャリング・タイランド(HCMT)をロジャナ工業団地(アユタヤ県)に設立した。この乗用車新工場の稼働に合わせ、新工場向けに乗用車用プレス部品を供給するため、取引先の部品メーカー10 社を現地に集団進出させた[③]。タイに進出した部品メーカーは、エイチワン、テイエステック、ホンダロック、山田製作所、ケーヒン、丸順など中堅メーカー10社である。さらに同年、アセアン統括本部を設置し、商品開発・生産計画などを実行するアジア戦略車の拠点とすると同時に、ASEAN 全域をにらんだ効率的な部品調達の拠点とした。その結果、シティの部品現地調達率は70%となり、大半はタイで調達するが、マレーシアやフィリピンなどからもバンパーやホイールを調達することになった[④]。その他のホンダ系部品企業の進出は表3-5-aを参照されたい。

---

① Office of Industrial Economics, Ministry of industry, "Automotive Industry Thailand", March 2002.

② FOURIN『アジア自動車産業1995/1996』、88-89頁。

③ 『日本経済新聞』1994年12月30日。

④ 『日本経済新聞』1996年4月27日。

トヨタ系列の部品企業も表 3-5-b に示したように、1995～1998 年の間、約 20 社がタイに進出した。アイシン精機や、アイシン高岡、シンニッタン、トヨタ紡織など主要なトヨタ系列部品企業がこの時期にそろって、トヨタの完成車工場に近いチョンブリとラヨーン県に集中的に進出し、集積を形成させた。

表 3-5-a　タイ 1994～1998 年　ホンダ系列部品企業の進出一覧

現地法人	設立/操業年	業務内容	出資	所在地
Keihin Auto	1994	四輪車用エアコン、その他関連部品	ケーヒン60%、ホンダ40%	アユタヤ
H-one	1995	自動車用金型・検査器具・部品	エイチワン86.5%、ホンダ9.2%	アユタヤ
Takao(Thailand)Co.,Ltd.	1995	板金部品及び金型の製造・販売	高尾金属工業49.9%	アユタヤ
Thai marujun	1995	車体骨格プレス部品、金型	丸順76.3%、ホンダ16.6%	アユタヤ
Thai Nippon Seiki	1995	自動車計器類	日本精機63.8%、ホンダ30%	チョンブリ
TS Tech	1995	四輪車用シート、ドアトリム	テイ・エステック64.5% ホンダ20%	アユタヤ
Yamada	1995	四輪車用機能部品	山田製作所73.1%、ホンダ	ラヨーン
Honda Lock	1996	自動車用ロック	ホンダロック60%、ホンダ40%	チョンブリ
Sanko Gosei	1996	プラスチック成形品、プラスチック成型用金型	三光合成	アユタヤ
Tanaka Precision (Thailand)Co.,Ltd.	1996	自動車部品	田中精密工業	ラムプーン
Nittan	1997	内燃機関用エンジンバルブ	日鍛バルブ55%、ホンダ10%	チョンブリ
Siam Yachiyo	1998	自動車部品（二輪車用サイドカバー、エンジンカバー塗装）	八千代工業100%	プラチンブリ
Takao Eastern Co.,Ltd.	1998	板金部品及び金型の製造・販売	高尾金属工業49.9%	ラヨーン

また、インドネシアは1988年当初BBC計画に参加しなかったため、域内相互調達を図る日系メーカーの進出先リストから外され、部品産業の集積が遅れていた。このため、AFTA の発効を前にして、自動車産業の裾野の弱さが、インドネシアの政府・業界団体の懸念材料となっていた。しかし、前述のような完成車メーカー各社のアジア戦略車の生産拡大に伴い、表 3-6-a～c に示しているように、日系部品メーカーの進出も増加した。なかでも、ソルーナの生産のために第 2 工場を建設したトヨタと、委託生産から合弁企業に切り替えて生産能力を拡

表 3-5-b　タイ 1994～1998 年　トヨタ系列部品企業の進出一覧

現地法人	設立/操業年	業務内容	出資	所在地
Pongpara	1995	ボディシーリング製品、機能部品	豊田合成17%	サムトサカーン
SK Auto	1995	自動車内装品、消音部品、ダッシュインナー、インシュレーター、リアパッケージトレイ、エンジンフード、フェルト類など	トヨタ紡織59.1%	チャチョエンサオ
STB Textiles Industry Co., Ltd	1995	自動車用シート生地を含むテキスタイル製品、エアクリーナー、カーテンシールドエアバッグ	トヨタ紡織51%、豊田通商	チョンブリ
Thai Seat Belt Co., Ltd	1995	自動車用シートベルト、ウェビング及び同附属部品	東海理化50%、トヨタ紡織16%	チョンブリ
Toyoda Gosei(Thailand)Co.,Ltd	1995	自動車用セーフティシステム製品、内外装部品、機能部品	豊田合成78.5%	チョンブリ
Auto CS Engineering	1996	治具及び搬送装置	セントラル自動車38%、関東自動車工業、トヨタ通商、トヨタ自動車	チョンブリ
Siam Metal	1996	鍛造部品	シンニッタン75%　日産自動車25%	ラヨーン
Thai Auto Wheel	1996	自動車用ホイール	中央精機99.9%	チャチョエンサオ
YS Pund	1996	マフラー用パイプ、プレス部品	三五74.3%、住友商事	チャチョエンサオ
Cataler	1997	自動車用触媒	キャタラー99.2%、トヨタ通商0.8%	ラヨーン
Chuo Thai	1997	高付加価値ケーブル	中央発條96%、トヨタ通商4%	ラヨーン
Exedy Friction	1997	自動車用クラッチ摩擦材	エクセディ58.2%、アイシン化工33.5%	チョンブリ
JTEKT	1997	パワーステアリングポンプ	ジェイテクト95%、トヨタ通商5%	ラヨーン
Siam AT	1997	自動車用鋳鉄鋳造部品の機械加工	アイシン高岡60%	チョンブリ
Siam NPR	1997	バルブシート、コンプレッサー用ローラー、その他製品	日本ビストンリング100%	サラブリ
Thai Fine Sinter Co., Ltd	1997	焼結品	ファインシンター87.3%、豊田通商1.8%	チャチョエンサオ
Toyota Boshoku Gateway	1997	シート・ドアトリム	トヨタ紡織50%	サムトプラカーン
SIAM ASIAN	1998	自動車部品	アイシン精機　トヨタ通商	プラチンブリー
Thai Toyo Denso	1998	四輪車部品の製造	東洋電装65%、ホンダ30%	プラチンブリー

出所：東洋経済新報社『海外進出企業総覧 2009』より作成。

大した日産の系列メーカーの進出が目立つ。トヨタ系列では豊田鉄工、トヨタ車体、アイシン精機が 1996 年中に生産開始、鋳造部品と精密シャフトを製造する日本精機とアイシン高岡は 1997 年に生産開始した。日産系列では、富士テクニカ、富士機工、フジユニバンスが 1995 年から 1997 年にかけてそれぞれプレス金型や部品の生産を開始した。また日産系の 3 社は、日産の現地法人向けのみならず、現地の日系他メーカー向け販売、日本向け輸出も計画していた①。

その他の独立系部品メーカーも、アジアの生産拠点、また日本への輸出拠点として、インドネシアに進出するケースが目立った。NOK、エンケイ、住友ゴム、東京精鍛工所、日本ガイシ、日本ガスケットなどがそれにあたる②。

表 3-6-a　インドネシア 1994～1998 年　トヨタ系列部品企業の進出一覧

現地法人	設立/操業年	業務内容	出資
P.T.　Aisan	1998	スロットルボディー、キャニスター	愛三工業 85%、豊田通商 5%
P.T. AISIN	1996	自動車部品	アイシン精機、その他
AT Indonesia	1997	自動車用鋳鉄鋳造部品の製造	アイシン高岡 52%、アイシン精機 4%
Nihon Seiki	1997	精密シャフト	日本精機工業 48.9%、豊田通商 25%
Sugity	1996	トラック架装、自動車用樹脂部品	トヨタ車体 88.5%、トヨタ自動車 6.5%

表 3-6-b　インドネシア 1994～1998 年　ホンダ系列部品企業の進出一覧

現地法人	設立/操業年	業務内容	出資
Musashi	1996	自動車など部品	武蔵精密工業 80%、ホンダ 20%
Yutaka	1997	自動車部品の製造・販売	ユタカ技研 79.3%、ホンダ 20.7%

---

① FOURIN『アジア自動車産業 1995/1996』、88-89 頁。

② 『日本経済新聞』2005 年 2 月 5 日。

表 3-6-c　インドネシア 1994～1998 年　日産系列部品企業の進出一覧

現地法人	設立/操業年	業務内容	出資
Fuji Tech	1995	自動車用プレス金型	富士テクニカ 33.2%、PT Astra International49%
Autotech	1997	自動車用部品	富士機工 89.2%、
Univance	1997	自動車用部品	ユニバンス 75%、丸紅オートモーティブ 10%

出所：東洋経済新報社『海外進出企業総覧 2009』より作成。

一方、フィリピンでは他の 3 カ国とまったく違った展開が見られた。図 3-9 と図 3-10 が示すように、1985 年の ASEAN4 の自動車生産・販売台数は大差がなかったが、1996 年になると、フィリピンの自動車生産・販売台数はタイ、マレーシア、インドネシアのわずか 3 分の 1 程度になってしまった。つまり、完成車生産に関してフィリピンは ASEAN4 から脱落したのである。フィリピンの脱落は、表 3-4 が示しているように、1980 年代後半からの平均成長率がほかの 3 カ国よりかなり低かったことが一因であろう。

しかし、フィリピンは完成車の生産・販売では、ほかの 3 カ国に及ばないが、その代わり積極的に部品の輸出を行うようになった。図 3-16 のように、フィリピンの部品輸出は一貫してマレーシアとインドネシアを上回っており、タイには 1993、1994 年に一時的に逆転されたが、1995 年に再びトップの座を取り戻した。

フィリピンは図 3-16 に示された狭義の自動車部品以外にも、図 3-17 のように、1980 年代後半からワイヤーハーネス、カーオーディオなど労働集約的な自動車部品の輸出拠点になっていた。フィリピンの自動車部品産業については次の節で詳しく触れるが、1990 年までに進出していたのは、ワイヤーハーネスでは矢崎総業①、ハヤカワ電線工業①、

① 1974 年 1 月に進出し、40%出資で Yazaki Torres Manufacturing を設立、その後、1989 年 1 月に 100%出資で EDS Mnufacturing Inc. を設立した。

住友電装[2]、カーオーディオではクラリオン[3]、村元工作所[4]などであった。とくにワイヤーハーネスは、90年代に入るとグローバル拠点の一つに位置づけられ、生産量・輸出量とも急速に拡大していった。

図3-17 フィリピンのワイヤーハーネスとカーオーディオの輸出

（単位：100万米ドル）

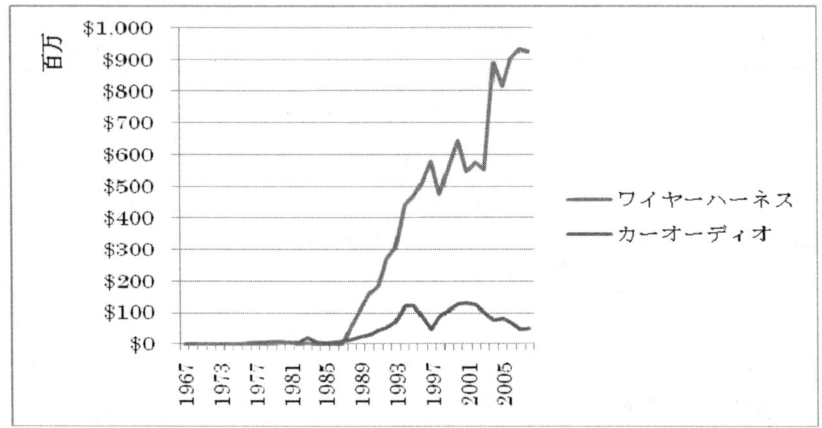

注：① ワイヤーハーネスはHS88分類の854430（Ignition wiring sets and other wiring sets of a kind used in vehicles）に当たるが、フィリピンの貿易データは1996年からHS88で報告するようになったため、1995年までのデータを取るため、SITC Rev.1分類の7231（Insulated wire and cable）を使った。SITC Rev.1分類の7231はHS88分類の854430より範囲が少し広いが、その影響は限定的なものであり（3%程度大きい）、貿易額の推移動向を見るには差し支えがないと思われる。

② カーオーディオは、SITC Rev.1分類の7242のデータである。7242はHS分類の8527（Reception apparatus for radio-broadcasting, whether or not combined, in the same housing, with sound recording or reproducing apparatus or a clock.）に相当し、カーステレオ（HS852721）とカーラジオ（HS852729）が含まれている。

出所：UN comtradeより作成。

---

① 1990年10月に100%出資でHayakawa Electronics(Phils.)Corpを設立した。

② 1990年10月に80%出資した。

③ クラリオン100%出資で1989年9月にClarion Manufacturing Corp. of the Philippinesを設立した。

④ 1990年12月に進出、100%出資。

Ⅲ　2000年代の完成車・部品の輸出志向とグローバル戦略車

1. アジア通貨危機と輸出志向への転換

1980年代後半から順調に伸びてきたASEAN自動車市場は、1997年のアジア通貨危機で大きなダメージを受け、図3-11-bで確認できるように、1998年に各国のGDP成長率は一気にマイナスに突入した。このような背景の下で、図3-10のように、タイとマレーシアは、自動車市場が通貨危機前の3分の1、インドネシアは5分の1まで縮小した。図3-9のように、生産台数も大きく落ち込み、自動車産業の設備稼働率は大幅に低下した。とくに、影響が大きかったのはタイである。タイに進出してきた自動車メーカーは、経済の高成長の予測の下で、需要の増加を見込んで工場の新設や拡張を行い、生産能力を増強していた。しかし、アジア通貨危機による国内市場の不振で各社の設備稼働率は大幅に低下し、タイ中央銀行発表によれば自動車産業の設備稼働率は1995年12月に79.1%だったが、1997年12月には16%まで落ち込んだ①。

このような国内市場の不振に対処するため、タイの自動車企業は余剰生産能力を輸出に向けることに活路を見出した。通貨危機以前の1990年代前半にも、日系メーカーの三菱自工や90年代に進出してきた米系メーカー（フォードやGM）は、当初からタイを輸出拠点と位置付けていた。ホンダもタイ工場を将来の世界市場向け輸出基地と位置付けていた。しかし、通貨危機発生時点ではこれらの企業は、三菱自工以外、いずれもまだ準備段階であり、輸出体制は整っていなかった②。

しかし、図3-18から明らかなように、1998年以降になると、アジア通貨危機への受身の対応として、タイの完成車輸出が急増するよう

① 詳しくは、みずほ総合研究所[2003]を参照されたい。

② フォードとマツダの合弁であるオートアライアンス・タイ（AAT）、オペル・ブランドを生産するGMのタイ工場は1997年以降稼働を開始したが、生産が軌道に乗り始めたのは危機後の1999年のことである。

になった。ただし、この段階では、タイ以外のASEAN3カ国はいずれも完成車の輸出が伸びていない。マレーシアは、国民車プロトンの輸出を拡大する戦略をとったが、品質・性能の面で国際競争力がなかったため敗退した。インドネシアは、このあと2000年代末になるまで、世界戦略車の輸出拠点となるのが遅れた。フィリピンは、前述のように国内市場向けも含めて完成車生産そのものが不振だった。

一方、タイは完成車の輸出だけでなく、図3-19に示すように部品の輸出も顕著に伸ばしてきた。部品輸出拡大の背景には、完成車メーカー各社による部品の現地調達率引き上げ計画に応じた日系部品メーカーの進出がある。図3-14から明らかにわかるように、タイへの日系部品メーカーの進出は、1990年代前半に続いて2000年代前半に第2のピークを迎えている。

さらに他の3カ国でも、完成車と対照的に部品輸出は2000年代に入ってから急増している。特にインドネシアとフィリピンは、その絶対額も大きい。そして、図3-15のように、インドネシアでもタイと同様に1990年代後半から、日系部品メーカーの進出が活発化した。

こうしてアジア通貨危機による国内自動車市場の不振は、結果的に東南アジア自動車産業の輸出志向を加速させることになった。一方で、国内市場の回復もフィリピンを除いて意外に早く、マレーシアは2003年、タイとインドネシアは2004年に危機前のピークの販売台数を超えた。そして2000年代に入ると、通貨危機の影響から脱出したASEAN4は、AFTAの成立とグローバル化の下で、自動車産業の発展の新しいステージに入った。それは、従来のように日本で開発された車種を現地生産するのではなく、開発から生産・輸出まで一貫して東南アジアで行うという世界戦略車の時代が始まったのである。

図 3-18　ASEAN4 の車種別完成車輸出額（単位：百万ドル）

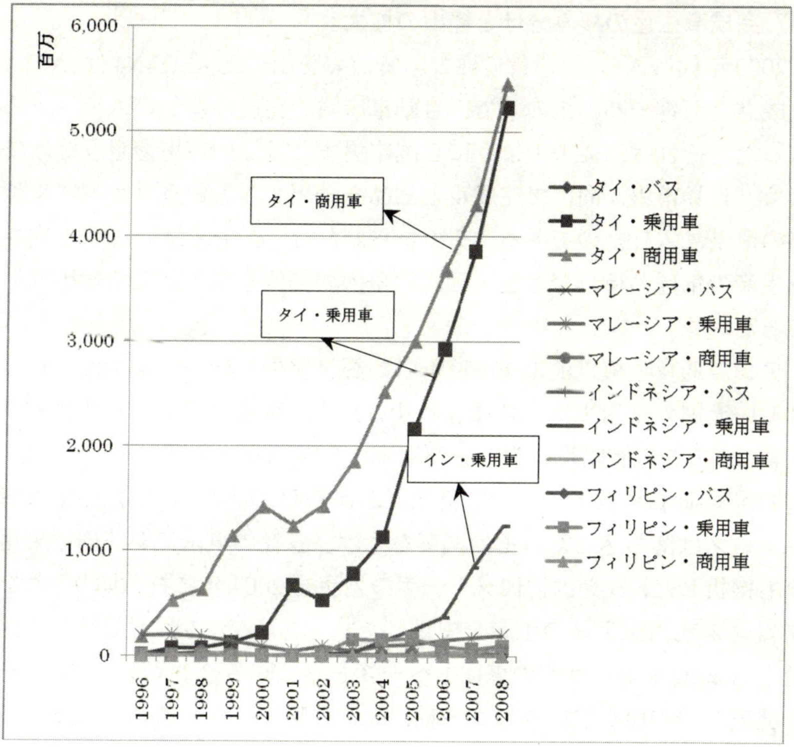

百万
6,000
5,000
4,000
3,000
2,000
1,000
0
1996
1997
1998
1999
2000
2001
2002
2003
2004
2005
2006
2007
2008
タイ・商用車
タイ・乗用車
イン・乗用車
タイ・バス
タイ・乗用車
タイ・商用車
マレーシア・バス
マレーシア・乗用車
マレーシア・商用車
インドネシア・バス
インドネシア・乗用車
インドネシア・商用車
フィリピン・バス
フィリピン・乗用車
フィリピン・商用車

出所：UN comtrade より作成。

図 3-19　1995～2008 年　タイ自動車部品輸出額

$5,000,000,000
$4,000,000,000
$3,000,000,000
$2,000,000,000
$1,000,000,000
$0
1995
1996
1997
1998
1999
2000
2001
2002
2003
2004
2005
2006
2007
2008
部品輸出額

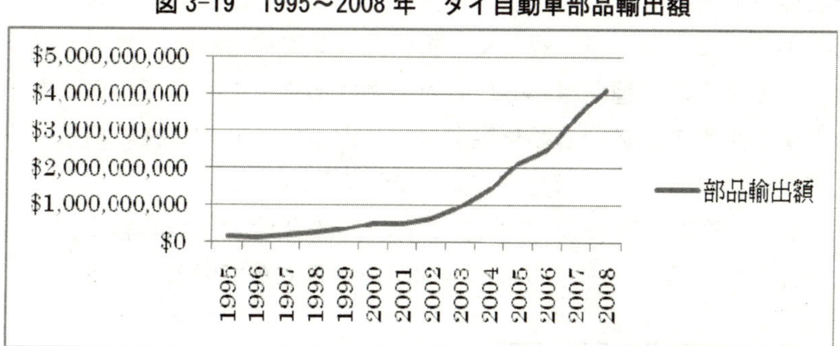

出所：UN comtrade より作成。

2. 完成車生産の棲み分けと輸出の拡大

2000年代に入ると、通貨危機の影響から脱出したASEAN4は、AFTAの成立とグローバル化の下で、自動車産業の発展の新しいステージに入った。それは、従来のように自国市場または域内市場を狙うだけでなく、世界市場に向けて完成車と部品を輸出するというグローバル戦略の段階に入ったのである。そのあらわれは、ASEAN4か国間の完成車生産の車種の棲み分けと、国際競争力の優位を持つ部品の輸出拡大である。

アジア通貨危機以前の1990年代に、経済発展に伴って増加が見込まれる中産層の乗用車ニーズに合わせるため、東南アジアの日系自動車企業は、アジア戦略車の中心を商用車から乗用車へと移した。しかし、1997年の通貨危機で各国の経済発展が停滞し、増えるはずだった乗用車ニーズは落ち込んだ。その影響をうけ、各社の東南アジア向け乗用車も挫折し、トヨタは初代ソルーナの生産を2003年に打ち切り、ホンダも同年初代シティの生産を中止した①。しかし、これと並行して両社とも2002年末には別の車種をベースとして同名の2代目アジアカーを発売し、市場も国内向けから輸出向けに転換した。その延長上に、2008年には3代目アジアカーが登場し、世界戦略車としての性格をいっそう強めている。その一方で、各社は従来から生産していたタイの1トンピックアップトラックやインドネシアのMPVのような商用車を改良して乗用車としての性格を強め、これも世界戦略車として打ち出すようになった。後に詳しく分析するトヨタのIMVプロジェクトは、このような車種間棲み分けの典型例である。こうして、タイを中心とする東南アジアの自動車産業は、国内市場に限定した戦略を転換して明確にグローバル市場を志向するようになった。

まず、前述の図3-18でASEAN4の2000年代の完成車輸出について概観してみると、タイの輸出増加が一番目立っている。タイに次い

---

① 『日本経済新聞』2001年6月20日。

で、インドネシアでも 2004 年から完成車輸出に顕著な増加がみられた。この2カ国を中心に、2000 年代の自動車生産と輸出の動向を具体的に見ていこう。

① グローバル拠点となったタイ

図 3-18 を見ると、タイの商用車輸出は 1996 年から顕著に伸び、乗用車も急スピードで商用車を追いかけて、2008 年に僅差まで近づいている。1970 年代からタイで生産が始まった商用車の1トンピックアップは、90 年代から輸出品目になっていたが、通貨危機後はこれに拍車がかかり、さらに 2000 年代には世界戦略車として位置付けるメーカーも現れてきた。また、2000 年代に入るとタイ政府が「東南アジアのデトロイト」を目指し、ニッチ車種の1トンピックアップのほかに、小型乗用車をもう一つの輸出品に育てる思惑を示すようになった。さらに 2003 年から AFTA の CEPT の下で、域内の完成車輸出入の自由化が進められた。このため、日系メーカーを中心に、タイをグローバル戦略の拠点の一つとして位置づけ、輸出ばかりでなく開発や生産支援のセンターとする動きが生まれた。

以下、商用車、乗用車に分けて、グローバル化に対応した生産と輸出の動向を見て行きたい。

図 3-20 はタイの商用車輸出のうち、ASEAN 域内(9 カ国)と域外向け金額をしめしているが、タイの商用車輸出は、域内より域外が占める割合が圧倒的に多いことがわかる。輸出先の国数も、表 3-7 に示すように通貨危機直後の 1998 年の 94 ヵ国から年々増え続け、2008 年には 174 カ国に達している。国別ではオーストラリアが一貫して1位を占めており、そのほかは中東、西欧への輸出が目立っている。こうした動向は、日系を中心とする自動車企業が、タイを1トンピックアップのグローバル生産拠点として位置付ける戦略を進めてきたことを反映している。

図 3-20　1998～2008 年タイ商用車輸出における ASEAN 域内(9 カ国)と域外向け金額

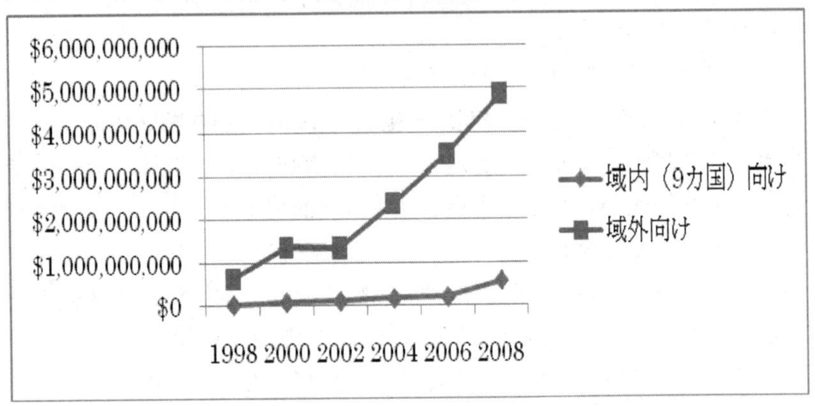

出所：UN comtrade より作成。

タイの商用車生産と輸出の戦略を典型的に表しているのが、トヨタの IMV (Innovative International Multi-purpose Vehicle) プロジェクトである。IMV の構想は 2001 年ごろからたてられていた①が、その内容は「世界規模で最適生産を進めるための試金石」②として重要な位置付けがなされており、第一陣として 2004 年から 2500cc ピックアップのハイラックス・ヴィーゴ (HILUX VIGO) がタイで生産されることになった。それまでのトヨタのグローバル化戦略は、日本で新車を開発・販売したうえで世界の各拠点に生産技術を移転するというものだったが、IMV は需要地に適した車種を部品調達から生産・販売まで現地で完結させる初の取り組みとなった。しかも、当初から生産台数の半分を豪州・欧州などへの輸出に向けるという輸出志向の構想を持っていた③。

① 『日本経済新聞』2001 年 6 月 5 日。

② 『日経産業新聞』2004 年 3 月 12 日、張富士夫社長の発言。

③ 『日本経済新聞』2004 年 8 月 26 日。

表 3-7　タイ 1998～2008 年商用車(7323)輸出先上位 10 カ国

	1998	2000	2002	2004	2006	2008
輸出先数	94	124	139	153	165	174
1	Australia	Australia	Australia	Australia	Australia	Australia
2	Portugal	Italy	United Kingdom	United Kingdom	United Kingdom	Saudi Arabia
3	Germany	Spain	Germany	Saudi Arabia	Saudi Arabia	Indonesia
4	Spain	Germany	Italy	Italy	Italy	Russian Federation
5	Italy	Portugal	Spain	United Arab Emirates	Germany	United Kingdom
6	Israel	United Kingdom	New Zealand	New Zealand	Spain	United Arab Emirates
7	Cyprus	Turkey	Chile	Indonesia	Greece	Turkey
8	France	New Zealand	Saudi Arabia	France	France	Chile
9	Belgium-Luxembourg	Belgium	Portugal	Spain	Turkey	Oman
10	Austria	Cyprus	France	Libya	Indonesia	New Zealand
世界合計	635 百万ドル	1417 百万ドル	1425 百万ドル	2516 百万ドル	3683 百万ドル	5452 百万ドル

出所：UN comtrade より作成。網掛けは ASEAN 域内国。

IMV ハイラックス･ヴィーゴの生産に表れたもう一つのグローバル化の特徴は、当初からタイを世界 10 カ国の生産拠点のセンターとして位置付けたことである①。この構想はのちにさらに強化され、2007 年 4 月にはアジア地域の開発拠点トヨタテクニカルセンター・アジア・パシフィック・タイ(TTCAP)と生産支援会社トヨタ・モーター・アジア・パシフィック(TMAP)が統合され、新会社としてトヨタ・モーター・アジア・パシフィック・エンジニアリング&マニュファクチャリング(TMAP－EM)が設立された。新会社は、アジア地域の開発拠点と生産支援拠点を統合し、地域の生産事業体のオペレーション強化とさ

① 『日経産業新聞』2004 年 9 月 1 日。

らなる現地化推進を支援していくことになった[①]。また、ハイラックス・ヴィーゴの生産のために新設されたバンボー工場は、環境に配慮して世界5カ所に設置されたモデル工場である「サステイナブル・プラント」の一つとして、「アジア太平洋地域における生産技術、環境対応面での最新工場」を目標とすることになった[②]。

このように、IMVプロジェクトを契機として、トヨタは開発・生産・販売まで海外で一貫して完結させる「脱日本化」を進め、タイをアジア地域の開発・生産支援の拠点として位置づけることによって、新たなグローバル化への対応を図ったのである。

こうしたトヨタの動きに対抗して、タイにおけるピックアップのトップシェアを持ついすゞも、GMと共同開発した2500cc－3000ccの新型車D－MAXを2002年に発売し、アジア・豪州への輸出を視野に入れると同時に、南北米ではGMブランドで生産・販売する世界戦略車として位置付けることになった[③]。いすゞはこの生産のために規模を拡大した新工場を設け、2006年には高級感を高めるためにモデルチェンジを行って、中東・欧州への完成車輸出やアフリカ・中南米へのKD部品輸出を開始するなど、連結決算で3割を支えるタイ工場の強化と生産・販売のグローバル化を進めた[④]。

三菱自工も、2003年からピックアップの部品調達や開発機能を日本からタイに移管し[⑤]、2005年には10年ぶりの新型ピックアップとして2500cc－3200ccで乗用車タイプのトライトン(TRITON)を発売した[⑥]。トライトンは、翌年から日本への逆輸出を含む世界各国への輸出を開始している[⑦]。フォードーマツダも、2006年に2500cc－3000ccの新型ピックアップとしてBT-50を発売した(OEMのフォードブランドはレ

---

① 日経テレコン21・プレスリリースデータベース、2007年4月3日。

② 日経テレコン21・プレスリリースデータベース、2007年12月25日。

③ 『日経産業新聞』2002年5月17日。

④ 『日経産業新聞』2006年8月8日、9月15日。

⑤ 『日本経済新聞』2003年1月16日。

⑥ 『日本経済新聞』2005年8月26日、『日経産業新聞』2005年8月26日。

⑦ 『日本経済新聞』2006年2月14日。

ンジャー：RANGER)[①]。さらに、これをベースにした 2500cc－2600ccSUV エベレスト(EVEREST)をフォードブランドで発売し、発展途上国向けの普及モデルとして世界各国への輸出を開始した[②]。出遅れていた日産も、北米などで生産していたピックアップのフロンティア(FRONTIER)を 2005 年にモデルチェンジし、タイでは 2007 年からフロンティア・ナバラ(FRONTIER NAVARA)として生産を開始し、同時に部品調達とグローバル生産拠点化を強化することになった[③]。

以上のように、タイから ASEAN 域外への商用車輸出急増の背景には、日系メーカーを中心とするタイのグローバル拠点化があったのである。

次に、タイの乗用車の動向を見ていこう。図 3-21 は 1998 年から 2008 年まで、隔年で乗用車輸出の ASEAN 域内と域外向けのシェアを示している。この図から、タイの乗用車輸出も 2004 年を除いて一貫して域外向けが上回っていることがわかる。表 3-8 のように、域外ではオーストラリアへの輸出が多く、中東諸国も上位を占めている。タイとオーストラリアは 2005 年に FTA を締結し、15%だった乗用車の関税が撤廃された。その一方で、域内のインドネシアやフィリピンも依然として上位 3 位以内であり、2000 年代に入ると域内諸国への輸出も急伸するなど、域外市場中心だった商用車と対照的な動向を示している。

図 3-21　1998～2008 年タイ乗用車の ASEAN 域内(9 カ国)と域外向け輸出額

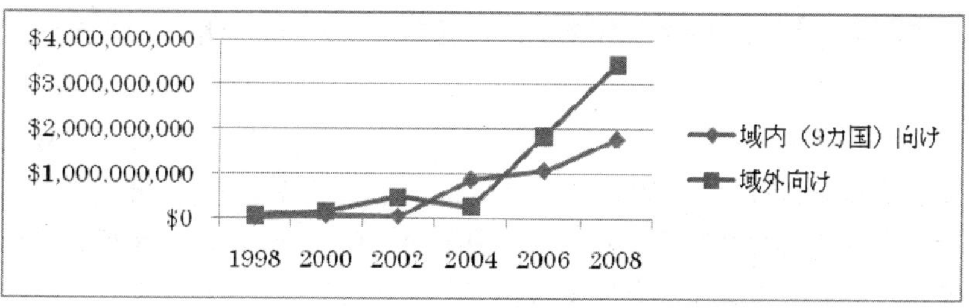

出所：UN comtrade より作成。

---

① 日経テレコン 21・プレスリリースデータベース、2006 年 3 月 9 日。

② 『日経産業新聞』2003 年 4 月 2 日。

③ 日経テレコン 21・プレスリリースデータベース、2007 年 1 月 18 日。

表 3-8　タイ　1998～2008 年乗用車(7321)輸出先上位 10 カ国

	1998	2000	2002	2004	2006	2008
輸出先数	57	58	48	75	122	57
1	United Kingdom	Belgium	Belgium	Indonesia	Australia	Australia
2	Singapore	Australia	Japan	Singapore	Indonesia	Indonesia
3	New Zealand	Singapore	Australia	Philippines	Philippines	Philippines
4	Australia	Israel	Indonesia	Australia	Saudi Arabia	Saudi Arabia
5	China, Hong Kong SAR	New Zealand	China	Japan	Singapore	Malaysia
6	United Arab Emirates	Myanmar	Cambodia	Malaysia	Oman	Oman
7	Brunei Darussalam	Indonesia	New Zealand	Cambodia	United Arab Emirates	Singapore
8	Morocco	Lao People's Dem. Rep.	South Africa	Brunei Darussalam	Malaysia	Peru
9	Japan	Cambodia	Lao People's Dem. Rep.	China	Kuwait	Lao People's Dem. Rep.
10	Myanmar	Chile	Saudi Arabia	South Africa	Qatar	United Arab Emirates
世界合計	70 百万ドル	220 百万ドル	528 百万ドル	1129 百万ドル	2922 百万ドル	5228 百万ドル

出所：UN comtrade より作成。

前述のように 1990 年代後半に乗用車でもアジア戦略車の生産が始まったが、これは 2003 年に終了した。しかし、2002 年に 2 代目のアジア戦略車として、トヨタはソルーナ・ヴィオス(SOLUNA VIOS)、ホンダは 2 代目シティ(CITY)を発売した。この 2 車種は、どちらもベースとなる車種が初代と異なり、中国なども視野に入れた世界戦略車をベースとして量産効果によるコスト削減を図り、市場もグローバル化を目指した。

トヨタのソルーナ・ヴィオスは、世界戦略車ヴィッツ(VITZ)をベースとして開発された 1500cc4 ドアセダンで、中国で同年 10 月に発売されたヴィオスと同型車であった。初代ソルーナは東南アジアではタイとインドネシアで生産していたが、2 代目はタイに生産を集約し、中国での同型車と合わせて量産効果をねらった[①]。一方、ホンダの 2 代目シティはフィット(FIT)をベースとした 1500cc4 ドアセダンで、日本市場への逆輸入も視野に入れて、初代に比べて質的向上を図った。ホンダも初代シティは ASEAN4 各国で生産していたが、2 代目の生産はタイに集約した[②]。さらに 2003 年には、日本国内のフィットと同型の 1500cc5 ドアハッチバックを、フィットの海外向けブランドであるジャズ(JAZZ)の名称で発売した[③]。

以上のように、2000 年代初頭に車種も市場もグローバル化したタイの乗用車生産は、さらに 2000 年代末にグローバル拠点としての性格をいっそう強めることになったこの方針は、2011 年の水害でホンダなど日系自動車工場が大きな被害を受けたあとも変更されず、むしろ水害被害からの復旧後は、グローバル拠点としての役割が一層強化されている。

タイにおける乗用車生産のグローバル化の一つの動きはルーナ・ヴィオスとシティのモデルチェンジであり、もう一つの動きはタイ政府のエコカー計画と、それに対応した日産マーチ(MARCH)の生産集約である。

トヨタは、2007 年からタイでソルーナ・ヴィオスの 2 代目を発売したが、この車は 2 代目ヴィッツをベースとした 4 ドアセダンのベルタ(BELTA、米豪ではヴィッツと同様ヤリス YARIS)の東南アジア仕様で、初代同様に世界戦略車をベースとしていた。また、ホンダは、2008 年に 1500cc セダンの 3 代目シティを発売した。この車は、タイのほかマレーシア・フィリピンなど世界 7 カ国で生産を開始したが、タイが近隣諸国の拠点に対して技術支援を行うなど基幹工場としての役割を果たしており、各地域の生産・購買戦略立案を行う機能も日本からタイ

① 『日経産業新聞』2002 年 10 月 10 日、2002 年 11 月 14 日。

② 『日経産業新聞』2002 年 11 月 13 日。

③ 『日経産業新聞』2003 年 11 月 19 日。

に移管した[①]。さらに、2011 年には上級車種シビックのフィリピンにおける生産を中止し、タイに集約することになった[②]。

一方、タイ政府は 1300cc 以下のガソリン車と 1400cc 以下のディーゼル車で一定の燃費性能を達成した乗用車をエコカーと認定し、2009 年から 30%の物品税率を 17%に引き下げるという政策を発表した[③]。この政策にはトヨタ・ホンダだけでなく、これまでタイで乗用車を生産していなかったスズキ・マツダ・日産・TATA(インド)も対応し、それぞれが工場を新増設して世界戦略車を投入し、輸出も目指すことを表明した[④]。

エコカー量産のさきがけとなったのは日産で、2010 年 3 月から 1200cc の新型マーチの生産・販売を開始し、年産 9 万台のうち 7 万台を輸出に向ける。モデルチェンジしたマーチは小型化と低燃費だけでなくコスト抑制のために部品点数を 2 割削減し、タイでの現地調達率 87%、アジア新興国内での調達率 95%を実現した。日産はこれを契機に日本国内でのマーチの生産をやめ、タイのほかインド・中国・メキシコなどすべて新興国での生産に切り替えた。さらに日産は、2011 年 10 月から、同じくエコカーの認定を受けた世界戦略車アルメーラの生産も開始した[⑤]。一方トヨタは、アメリカ・中国についでタイでも 2008 年からハイブリッド車の生産を開始し、将来は新興国市場に向けた環境対応車の輸出拠点とすることを目指している[⑥]。また、三菱自工も 2012 年 3 月にエコカー認定を受けた新型ミラージュを発売した。ミラージュは、新興市場への経営資源の集中を掲げる中期経営計画の一環として、世界各地への輸出が予定され、日本へも同年 7 月から輸出が開始された[⑦]。

---

① 日経テレコン 21・プレスリリースデータベース、2008 年 9 月 10 日。

② 『日本経済新聞』2012 年 2 月 21 日。

③ 『日本経済新聞』2007 年 6 月 6 日。

④ 『日経産業新聞』2008 年 4 月 3 日、2009 年 10 月 9 日、2009 年 11 月 26 日。

⑤ 『日本経済新聞』2010 年 3 月 13 日、2011 年 10 月 8 日。

⑥ 『日経産業新聞』2008 年 6 月 25 日。

⑦ 三菱自工公式サイト

こうして、タイは従来の1トンピックアップに加え、小型の世界戦略車の生産・輸出拠点となった。

② MPVのグローバル生産拠点の役割を担うインドネシア

図3-18で、タイの商用車・乗用車の輸出の次に目立つ動向は、インドネシアの乗用車輸出の2004年以降の急速な伸びである。その乗用車の内訳は、表3-9の車種別生産台数をみると、大部分がMPV(Multi-Purpose Vehicle、多目的車)[①]であることがわかる。もともと、インドネシアでは大家族が多く、政府はその需要を考慮して排気量2500ccまでの小型MPVに対して奢侈税優遇を行ってきた。つまり、インドネシアのMPVは、タイのピックアップのように、現地ニーズと政府の税制優遇によって生まれてきた特有のニッチ車種であった。販売台数でも、2011年にインドネシアはタイを抜いて、東南アジア最大の自動車市場となった[②]。

表3-9 2004、2006、2008年インドネシア車種別自動車生産台数

車種	2004年	2006年	2008年
乗用車(セダン)	7615	2008	5923
乗用車(MPV 4*2)	248575	203676	415997
乗用車(SUV 4*4)	150	637	9503
バス	1120	1254	2956
トラック	164639	88433	166249
自動車生産合計	422099	296008	600628

出所:『FOURIN 世界自動車統計年刊2009』より作成。

こうした国内市場の優位性の上に、2000年代末になると、トヨタを

http://www.mitsubishi-motors.com/publish/pressrelease_jp/corporate/2012/news/detail4554.html、2012年6月1日アクセス、『日本経済新聞』2012年6月1日より。

① インドネシアの車種区分は2004年に変更された。MPVはもともと商用車のカテゴリーI(車両総重量5トン以下)に属していたが、2004年からは乗用車に分類された。ミニバン、多目的バンとも呼ばれる。

② 『日本経済新聞』2011年12月24日。

はじめとする外資系メーカーが、インドネシアの MPV を世界戦略車として位置づける動きがみられるようになった。2000 年代初めまで、日系を中心とする自動車メーカーは、インドネシアの国内需要を狙って生産を行ってきたが、2002 年に AFTA の CEPT スキームの発効や域外国との FTA など貿易自由化の拡大のもとで、次第に域内諸国への輸出と、域外のグローバル市場へ目を向けるようになり、インドネシアを MPV のグローバル拠点として位置付けるようになった。図 3-22 が示すような、2004 年以降の域外向け乗用車輸出の急増は、このような自動車企業のグローバル戦略を反映している。

図 3-22　1998～2008 年インドネシア乗用車の ASEAN 域内(9 カ国)と域外向け輸出額

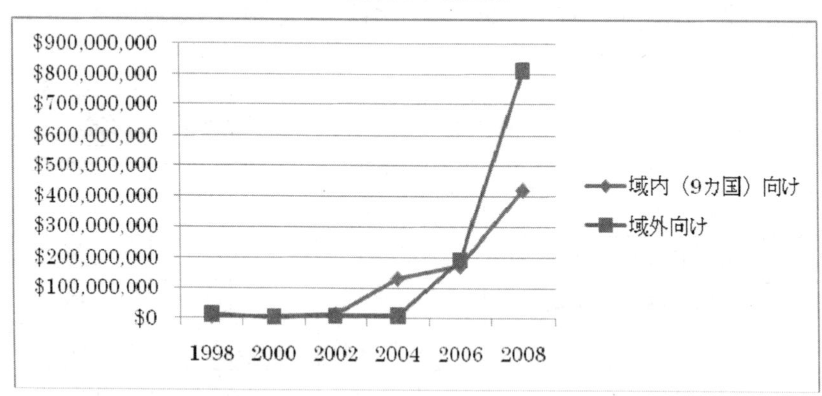

出所：UN comtrade より作成。

その一番典型的な動きは、タイと同様にトヨタの IMV プロジェクトである。2004 年 9 月、トヨタは、タイのピックアップに続く IMV プロジェクトの第 2 弾として、ミニバンタイプのキジャン・イノーバ (KIJANG INNOVA) をインドネシアで発売した。キジャン・イノーバは従来の AUV (商用多目的車) キジャンをベースに、乗用目的にモデルチェンジしたもので、2000cc ガソリンエンジンと 2500cc ディーゼルエンジンの 2 車種が発売された。この車もタイの IMV と同様に、部品調達から生産・販売まで現地で完結させ、しかも当初から輸出志向の構想を持っていた[①]。発売当初のインドネシアでの部品調達率は74%、ASEANを含めた域内調達率は95%と、従来に比べて大幅に向上したが、数年以内にインドネシアだけで 85%の部品調達率をめざしている[②]。また、輸出先としては、アジア、中近東が想定された[③]。生産はトヨタのインドネシア合弁企業であるトヨタ・モーター・マニュファクチャリング・インドネシア(TMMIN)が担当したが、トヨタは「TMMINが世界に出してもそん色のないレベルの工場にする」(山崎幸雄社長)ために、IMVの生産にあたってインドネシアへ総額で約400億円を投資し、フレーム溶接設備を導入してフレーム生産を始めたほか、塗装ラインも一新して「日本と同様の最新鋭設備」(安田浩司エグゼクティブ・ディレクター)にした[④]。また、同工場を IMV 専門工場にするため、インドネシアでのカムリ、カローラ、ヴィオスの乗用車生産を中止してタイに移管し、車種ごとの生産集約が行われた。

さらにトヨタは、2013年稼働を目指して第2工場を建設して生産能力を20万台規模に倍増させるとともに、12年からイノーバの上位車種であるノアとヴォクシーの生産を開始する[⑤]。

トヨタのIMVプロジェクトに対抗するために、スズキも2004年9月に世界戦略車APVをインドネシア市場で発売した。APVはプラットフォームを新たに開発し、7〜8人乗りのMPVと商用バン、ピックアップの3タイプを作り分け、エンジン排気量は1500ccと1600ccの二種類で、MPVの量販モデルの場合、1億ルピア以下の低価格に設定した。スズキも輸出志向を明確にし、発売当初から生産台数の3分の1以上を輸出に向ける計画で、輸出先は東南アジア諸国のほか、チリやサウジアラビアを予定していた[⑥]。このほか、2012年4月にはインドに続いて3列シートのミニバンとしてエルティガを発売し、さらに

---

① 『日本経済新聞』2004年9月2日。

② 『日本経済新聞』2011年9月15日。

③ 『日本経済新聞』2004年9月2日。

④ 『日経産業新聞』2004年9月8日。

⑤ 『日本経済新聞』2011年9月9日、2011年10月21日。

⑥ 『日経産業新聞』2004年7月24日、12月27日。

表 3-10　インドネシア 1998～2008 年乗用車(7321)輸出先上位 10 カ国

	1998	2000	2002	2004	2006	2008
輸出先数	32	25	22	32	70	89
1	Pakistan	Brunei Darussalam	Thailand	Thailand	Saudi Arabia	Saudi Arabia
2	Brunei Darussalam	Thailand	Japan	Malaysia	Malaysia	Malaysia
3	So. African Customs Union	Nepal	Brunei Darussalam	Philippines	Philippines	United Arab Emirates
4	Malaysia	Fiji	Timor-Leste	Viet Nam	Thailand	Thailand
5	China, Hong Kong SAR	Japan	Pakistan	Japan	South Africa	Philippines
6	Philippines	Singapore	Fiji	South Africa	Pakistan	Japan
7	Italy	Papua New Guinea	South Africa	Singapore	United Arab Emirates	Oman
8	Singapore	FS Micronesia	Papua New Guinea	Brunei Darussalam	Chile	South Africa
9	Netherlands	Pakistan	Malaysia	Italy	Brunei Darussalam	Mexico
10	Zambia	Bangladesh	Singapore	Other Asia, nes	Viet Nam	Viet Nam
合計	17(百万ドル)	7	20	141	366	1234

出所：UN comtrade より作成。

2014 年までに新工場を建設してエンジンの生産能力を 3 倍に増加する計画を発表している[①]。

トヨタとスズキのこうした輸出戦略は、表 3-10 のインドネシア乗用車の輸出先と一致しており、上位 10 カ国はアジア域内諸国とサウジアラビアなどの中東諸国が占めている。

このほかのメーカーも、インドネシアでの MPV 生産を強化した、ホンダは、トヨタとスズキにさきかけて、早くも 2002 年に生産車種の国ごとの集約を進め、2002 年から、インドネシアで生産した MPV ストリーム(STREAM)をタイへ輸出し、その代わりに乗用車アコード

① 『日本経済新聞』2011 年 6 月 24 日、2012 年 4 月 25 日。

(ACCORD)の生産をやめてタイからの輸入に切り替えた[1]。その後2010年代に入るとインドネシアでの生産を一層重視するようになり、14年までに新工場を建設して生産能力を3倍の18万台とし、小型車ジャズ、SUVのCR-V、ミニバンのフリードを増産する計画が発表されている。[2]

日産は、2007年に世界戦略車のMPVグランド・リヴィナ(GRAND LIVINA、3列シート7人乗り、排気量1500ccと1800ccの2種類)の生産を開始して、「インドネシアをアジアのハブ拠点とし、リヴィナの基幹部品を輸出していく」(志賀俊之最高執行責任者)[3]という戦略を立てた。そして、インドネシアとインド・ロシア向けの専用ブランドとしてダットサンを創設し、2014年に新興国市場向けの低価格世界戦略車を発売する予定である[4]。

また、2000年代半ばにいったんインドネシアでの乗用車生産から撤退して商用車に特化した三菱自工も、12年にSUVのRVRの生産を開始する予定である[5]。

日系企業のほかに、欧州自動車メーカーもインドネシアでMPV生産を本格的に開始するとの報道もある。2007年、仏系企業のルノーがインドネシアに6億ドルを投じて自動車工場を建設し、排気量1600cc級のミニバン中心に量産し、東南アジア方面の戦略輸出拠点として育成するという計画が、インドネシア投資調整庁によって発表された。当初は年7万5千台規模で生産を開始し、将来的に年産15万台に引き上げ、他のアジア諸国にも輸出を開始する計画である[6]。

このように、2004年以降、インドネシアではMPVを中心とする乗用車のグローバル生産拠点化が急速に進められている。こうした動き

---

① 『日経産業新聞』2002年7月12日。

② 『日本経済新聞』2012年3月14日。

③ 『日本経済新聞』2007年4月6日。

④ 『日本経済新聞』2007年4月6日。ダットサンは日産創業時の車種名だったが、今回新興国向けブランドとして復活させた。

⑤ 『日本経済新聞』2011年9月22日。

⑥ 『日本経済新聞』2007年8月14日。

は、それ以前の国内事情による MPV 生産とは異なり、グローバル化に対応した新たな段階の成果と考えられる。その結果、表 3-10 のように、2008 年にはインドネシアの乗用車は 89 カ国に輸出され、輸出金額は 12 億ドルに達し、2004 年の約 9 倍にのぼっている。

乗用車に分類される MPV 以外にも、インドネシアでは小型商用車の生産集中が進んでいる。ダイハツは、2007 年 6 月、ベトナムの事業から撤退し、インドネシアに集中することになった。同社が開発し、インドネシアで生産する小型商用バン・トラックのタウンエース／ライトエース(TOWNACE/LITEACE)は、トヨタに OEM(相手先ブランドによる生産)供給され、2008 年から日本でも発売された。トヨタがアジアから輸入して国内販売するのは初めてであり、開発費や製造コストの低減を狙うと同時に、「月間販売 1500 台程度の商用車を開発するのは厳しい。ただ、車種は残したい」との思惑がある[①]。

③　グローバル化に対応できなかったマレーシアの国民車構想

以上のように、自動車産業政策の自由化と外資導入･輸出志向によってグローバル化に成功したタイ[②]やインドネシア[③]と対照的に、2000 年代に入っても「国民車」への保護政策を堅持するマレーシアでは乗用車生産が停滞している。その要因について、国民車プロトンの歴史を、韓国の現代自動車と比較しながら検討してみたい。

まず図 3-18 を見ると、1999 年までマレーシアの乗用車輸出は ASEAN4 カ国で一番多かった。その理由は二つある。一つは、マレー

---

① 『日経産業新聞』2008 年 1 月 10 日。

② タイは 1980 年代に国民車プロジェクトを計画したが、頓挫した。1990 年代に AFTA や GATT 加盟をきっかけに、完成車輸入規制の撤廃、関税の引き下げ、ローカルコンテンツ規制の撤廃など、自動車産業政策を自由化した。タイの自動車産業政策の変遷について、国狭[2007]を参照されたい。

③ インドネシアはスハルト政権の下で 1995 年に現代自動車との提携で国民車プロジェクトを打ち出したが、アジア通貨危機でつぶれ、スハルト政権の崩壊にもつながった。1999 年 7 月に新自動車産業政策を導入し、完成車・部品輸入を自由化した。さらにタイやフィリピンより先かけて 2002 年 1 月に CEPT スケジュールを前倒しして、ASEAN 域内からの完成車・CKD 輸入関税を 5%に低減した。

シアは、国内市場の狭さを補うために、早くも1980年代後半から国民車プロトンの輸出を積極的に行ってきた。もうひとつは、タイとインドネシアでは外資メーカーが 1990 年代後半まで現地市場向け生産を行っており、輸出を視野に入れなかったことである。

しかし、2000年代に入ると、マレーシアとタイ・インドネシアの乗用車輸出は逆転した。タイは2000年以降、インドネシアは2004年以降、それぞれマレーシアの乗用車輸出額を上回るようになった。前述のようにアジア通貨危機をきっかけに、タイはグローバル生産拠点へと転換して商用車・乗用車輸出が急伸し、インドネシアも2000年代半ばから MPV の輸出が伸びたのに対して、マレーシアの乗用車輸出は横ばいで 2000 年代に入っても振るわなかった。さらに、2003 年から2005年の間、マレーシアはフィリピンの乗用車輸出額にも追い越されるまでにいたった。このように、2000年代にマレーシアの自動車産業はタイとインドネシアに完全に引き離されたのである。

こうした輸出不振のカギとなる、マレーシアの国民車プロジェクトを見てみよう。マレーシアには、第 1 国民車を生産するプロトン（PROTON）と第2国民車を生産するプロドゥア（PRODUA）という二つの国民車メーカーがある。しかし、第2国民車プロドゥアは国内市場向けに提携先のダイハツからの技術で軽自動車を生産する企業であり、生産の主導権はダイハツ側にあって独自に輸出できないため、ここでの分析は独自に海外戦略を行っているプロトンに限定する。

プロトンは 1983 年 5 月にマレーシアのマハティール政権のもとで「国民車」の製造を目的として設立された。政府がマレーシア重工業公社（HICOM）を通じて 70%出資し、残りの 30%は、合弁相手の三菱自工と三菱商事がそれぞれ 15%ずつ出資した。そして 1985 年に三菱自動車のランサー（ミラージュ）をベースにした 1300cc と 1500cc の小型乗用車サガ（SAGA）の生産を開始した。

多くの発展途上国と同じように、プロトンは設立当時から、単なる民間企業ではなく、国・民族のプライドを高める国策会社の意味合いが濃く、この点はのちにいろいろな面でその発展の妨げとなった。

国策会社であるがゆえに、プロトン・サガは政府の手厚い保護を受けた。一般の輸入車には 400%の関税を課税したが、三菱自工からのサガ KD 部品輸入については免税だった。また、購入した国民の自動車ローンにも優遇措置をとった[①]。税制優遇などを受けて、日本車より 2 割安い価格に設定できたサガはたちまち市場シェアを高めた。

しかし、1986 年から一次産品価格の下落でマレーシア経済が低迷し、自動車市場も 1985 年の 10 万台から 1986 年に 7 万台、1987 年に 5 万台へと縮小した。国内市場の縮小に対処するために、プロトンは 1986 年からサガを海外へ輸出し始めたが、国際競争力を持たないため、バングラデシュ、ブルネイ、マルタなど発展途上国に小規模な輸出を実現しただけだった[②]。

一方、プロトンは三菱自工からの技術移転で技術力を高めようとしたが、うまくいかず、その理由を三菱側が技術移転しないからだとみて、他の外資メーカーとの提携を急いだ。まず 1994 年から MG ローバーやシトロエンとの提携を模索する動きが始まったが、これは三菱にとって「寝耳に水」だといわれた[③]。これに続いて、1996 年にはロータスを買収し、一定の成果をあげた。2000 年代に入ると、プロトンと三菱自工の関係の冷却化はさらに目立ち、ついに 2004 年、三菱が所有株を売却した[④]。これと並行して、2004 年に VW と提携する交渉を始めたが[⑤]、2006 年に VW のプロトンへの出資などで折り合えず、交渉は行き詰まった。このあと、プロトンは三菱自工との提携再開の交渉に入った。さらに 2007 年には、プジョー・シトロエングループ(PSA)、GM とも提携交渉を進めたが、結局話がうまくまとまらず、三菱自工との提携に戻ることになった[⑥]。このように、プロトンは自

① 『日本経済新聞』1985 年 7 月 9 日、『日経産業新聞』1985 年 9 月 18 日、12 月 21 日。
② 『日経産業新聞』1987 年 4 月 2 日。
③ 『日本経済新聞』1995 年 11 月 15 日。
④ 『日経産業新聞』2004 年 3 月 10 日。
⑤ 『日本経済新聞』2004 年 10 月 28 日。
⑥ 『日経産業新聞』2007 年 11 月 22 日、2008 年 12 月 8 日。

立を図るために三菱以外の外資メーカーとの提携を模索したが、結局どれもうまく進まなかった。代表的な事例として、ローバーとロータスとの提携を具体的に見ていこう。

プロトンとローバーとの提携の始まりは、1994年からエンジン技術などを導入するという構想だった[①]。しかし、このころからローバーの経営は悪化し、2004年にはプロトンとローバーの資本提携が発表されたが、翌年にローバーが経営破綻したため立ち消えとなった[②]。また、1994年にフランスのシトロエンと提携して1100ccモデルの新国民車を生産する計画が発表されたが[③]、その背景には民間自動車メーカーの経営者で、マハティール首相とも近いMCMグループのヤハヤ・アーマドによるHICOM株買収(事実上のプロトン買収)があった[④]。従来から自社でシトロエン車を生産していたヤハヤの主導下で、10年前の旧モデルであるシトロエンAXのライセンス生産が始まり、ティアラ(TIARA)の車名で1996年から生産が開始された[⑤]。しかし、推進役のヤハヤが1997年に事故死し[⑥]、HICOM=プロトン株は国策石油会社ペトロナスが買収支援することになり[⑦]、販売不振のティアラは同年に生産が中止された。このあと、2006年からプロトンとプジョー・シトロエングループ(PSA)との間で、開発から製造・販売までの広範な提携交渉が始まったが、2007年にPSA側が「十分な検討の結果、提携プロジェクトは成功に必要な条件を満たさないことがわかった」として交渉を打ち切った[⑧]。

一方、プロトンは1996年にイギリスのロータスを買収したが、これ

---

① 『日本経済新聞』1994年11月4日。
② 『日本経済新聞』2004年2月23日、2005年4月9日。
③ 『日本経済新聞』1994年7月9日。
④ 『日本経済新聞』1995年11月12日。
⑤ 『日本経済新聞』1996年4月8日。
⑥ 『日経産業新聞』1997年3月5日。
⑦ 『日本経済新聞』2000年3月4日。
⑧ 『日本経済新聞』2006年9月19日、2007年3月6日。

もヤハヤの主導だった[①]。ロータスはもともとスポーツカーを中心とするメーカーで、すでにこの当時は欧州の小規模な名門メーカーの存続が困難になる時期だったが、プロトンによる買収後はロータスからほとんど新車種が発売されなくなった。一方、プロトンは2004年にロータスと共同開発したカンプロ(CamPro)エンジンを搭載した1600ccのジェン−2(GEN−2)を発売したが、プラットフォームは三菱自工のもので、後述のようにアジア地域では中国での小規模なCKD生産にとどまった[②]。しかし、このジェン−2をベースとして2007年に発売されたセダンのペルソナ(PERSONA)は一定の成績をあげ、プロトンの黒字転換に寄与することになった[③]。しかし、その後ロータスは赤字決算が続き、本体のプロトンの再建にとって大きな足かせとなっている。

以上のように、この間のプロトンの迷走は、ロータスとの提携短期的な成果をあげたほかはすべて実を結ばず、三菱自工との関係も冷却化した。その原因は、「国民車としての地位は常に守られねばならない」(ナジブ副首相)[④]とするナショナリズムにあり、グローバル化に対応しながら外資導入によって自動車産業の発展を見た中国やタイと対照的であった。他のアジア諸国との比較ばかりではなく、マレーシア自身の第二の国民車メーカーであるプロドゥアが、ダイハツの主導下で国内市場を中心として順調な発展を続けているのとも対照的である[⑤]。技術移転についても、三菱側はすでに1990年にマレーシア側の技術者による独自設計プロジェクトに着手しており[⑥]、マハティール首相自身が「技術移転は受け取る側の意欲も重要」と指摘しているように[⑦]、技術移転が困難だというのはむしろ三菱側の指摘するマレーシ

---

① 『日経産業新聞』1996年11月1日。
② 『日経産業新聞』2007年7月19日。
③ 『日経産業新聞』2007年12月7日。
④ 『日本経済新聞』2007年12月4日。
⑤ 『日経産業新聞』2003年6月23日。
⑥ 『日本経済新聞』1990年4月12日。
⑦ 『日本経済新聞』1995年6月26日。

ア側の問題点だった[①]。このことは、後述する韓国の現代自動車が、プロトンとほぼ並行して三菱自工と提携しながら、順調に技術移転と自立化を図り、いまや世界有数のメーカーに成長した事実と比較しても、受け入れ側の取り組みの違いが大きいことがわかる。

一方、プロトンは1990年代から海外で工場を設立するという海外戦略を展開した。1994年にフィリピンで工場設立、1995年に三菱自工と共同でベトナムで合弁企業設立、2004年にインドネシアで工場設立などの行動に出るが、いずれも成功しなかった。そもそも、フィリピンの合弁工場はラモス大統領の故郷に建設され、インドネシアの提携先はスハルト大統領の長女の率いる企業で、プロトン自身も含めて東南アジア特有のクローニー·キャピタリズムの産物ともいえる問題点を含んでいた[②]。

また、1980年代後半から始めた輸出も、芳しくない。国際競争力を持たないため、輸出金額は少ないにもかかわらず、輸出先はばらばらであり、表3-11のように、輸出先の数は50以上にのぼる。主要な輸出先は周辺のASEAN諸国のほかに、同じ右ハンドルで旧宗主国のイギリスや、イラン、シリア、エジプトなどイスラム国などのマイナー市場である。このことは、プロトンの輸出競争力の弱さを物語っている。また、2008年に中国が輸出先トップになった理由は、2007年7月に中国の自動車メーカー金華青年汽車に「ジェン一2」の完成車3万台を1年2ヶ月間で供給する契約を結んだためである[③]。中国ではロータスのブランドで発売され、将来は中国内で国産化する予定で輸入された[④]ため、プロトンの今後の完成車輸出にはつながらないであろう。

以上のような経営の行き詰まりを受けて、2012年1月にはプロトンの株式の43%を保有していた政府系投資ファンドが全持株を売却し、

① 『日経産業新聞』2004年3月10日。

② 『日経産業新聞』1996年6月13日。

③ 『日経産業新聞』2007年7月19日。

④ 『北京参考』2007年10月30日、『華夏日報』2008年8月23日。

プロトンは国営の重工業公社を前身とするDRB-HICOMの完全子会社となったが、HICOM自身も経営不振でプロトン再建の見通しは立っていない。

このように、1990年代以降のグローバル化への対応として、タイは自由化政策への転換で自動車産業の実力を強化し、インドネシアは遅れて2000年代から自由化政策に踏み切ってMPVの輸出拠点になったのに対して、マレーシアは依然として国民車プロトンを保護し、その自立化や海外輸出・進出に賭けたが、結局国際競争力を獲得できず、自動車産業においてタイとインドネシアに負けたのである。この点について、同じ三菱自工との提携から出発しながら、いまや欧米や日本のメーカーと並ぶ水準になった韓国の現代自動車と比較してみよう。

表3-11　マレーシア　1998～2008年乗用車(7321)輸出先上位10カ国

	1998	2000	2002	2004	2006	2008
輸出先数	66	49	45	57	58	54
1	United Kingdom	United Kingdom	Iraq	Iraq	United Kingdom	China
2	Turkey	Australia	United Kingdom	United Kingdom	Singapore	Iran
3	Australia	Singapore	Australia	Singapore	South Africa	Indonesia
4	China, Hong Kong SAR	Kuwait	Brunei Darussalam	Australia	Australia	Thailand
5	Germany	Indonesia	Lithuania	Syria	Iran	United Kingdom
6	Singapore	Germany	Kuwait	Egypt	Syria	Syria
7	Cyprus	China, Hong Kong SAR	United Arab Emirates	Brunei Darussalam	Egypt	Egypt
8	Belgium-Luxembourg	Egypt	Indonesia	Iran	Brunei Darussalam	Australia
9	Netherlands	Costa Rica	Syria	Kuwait	United Arab Emirates	Singapore
10	Slovenia	Brunei Darussalam	Singapore	Mexico	China	Saudi Arabia
合計	188(百万ドル)	92	88	100	151	198

出所：UN comtradeより作成。

④　韓国の自動車産業と現代自動車のグローバル化

現代自動車台頭の背景となる韓国の自動車生産は、1960 年代からKD 生産による輸入代替を図った時期、1976 年から韓国メーカーによる独自モデルの生産と輸出が行われた時期、1997 年経済危機を契機として現代-起亜グループによる寡占体制とグローバル化が進展した時期、の三段階に時期区分することができる[①]。

他の後発国と同様に、韓国の自動車生産も先進国企業のノックダウン(KD)生産からはじまった[②]。1962 年、セナラ(새나라)自動車は日産自動車と技術提携してブルーバードの KD 生産を開始した。その後も 1965 年にセナラが日産からトヨタに提携先を変更して設立した新進自動車、1972 年にトヨタが撤退してから GM と合弁で設立した GM コリア、1962 年からマツダと提携した起亜自動車、1965 年に創業して 76 年に起亜の傘下に入った亜細亜自動車、1976 年に GM コリアを韓国産業銀行が買収していすゞと提携したセハン(새한)自動車など、海外メーカーと提携した各社による KD 生産が続いた。

こうした中で、1976 年に初の「国産車」として発売されたのが、現代自動車のポニー(PONY)だった。現代自動車は 1967 年に創立され、それまではフォードの KD 生産を行っていた[③]。もっとも、ポニーは国産車とはいえ、エンジン(サターンエンジン)やプラットフォームは技術提携先の三菱ランサー(LANCER)の流用で、ボディーのデザインはイタリアのイタルデザイン・ジウジアーロ(Italdesign Giugiaro)に委託した。しかし、韓国固有モデルの乗用車が生産された意義は大きく、部品の国産化率は最終的には 9 割に達したといわれている。

ポニーは、1982 年に第二世代にモデルチェンジすると同時にイギリスへの輸出を開始し、さらに 1983 年からはカナダへ輸出されてベストセラーとなった。1985 年からポニーの後継車種として生産されたエク

① 韓国の自動車産業の動きについては、韓国自動車工業協会『한국의 자동차산업(韓国の自動車産業)』各年版を参照。

② グローバル化以前の時期については、水野[1996]を参照。

③ 以下、現代自動車の歴史については、現代自動車株式会社[1992]による。

セル(PONY EXCEL)も、エンジン(オリオンエンジン)やプラットフォームは三菱の2代目ミラージュ(MIRAGE)をベースにしていた。エクセルは、1986年からアメリカとカナダに本格的に輸出を拡大した。この時期、アメリカ市場では80年代前半の日米貿易摩擦による日本からの輸出自主規制を受けて、日本車が小型車から中・大型車への転換を図っており、しかも1985年のプラザ合意による円高で日本車の価格競争力も低下していた。この空白となった市場に、小型車のエクセルが参入できたのである。図3-23に示すように、この年を契機として乗用車の輸出台数は前年の12万台から30万台へと倍増し、当面のピークの1988年には56万台となって、世界市場における韓国車の地位を確立した。

図3-23　韓国の自動車生産・販売・輸出台数

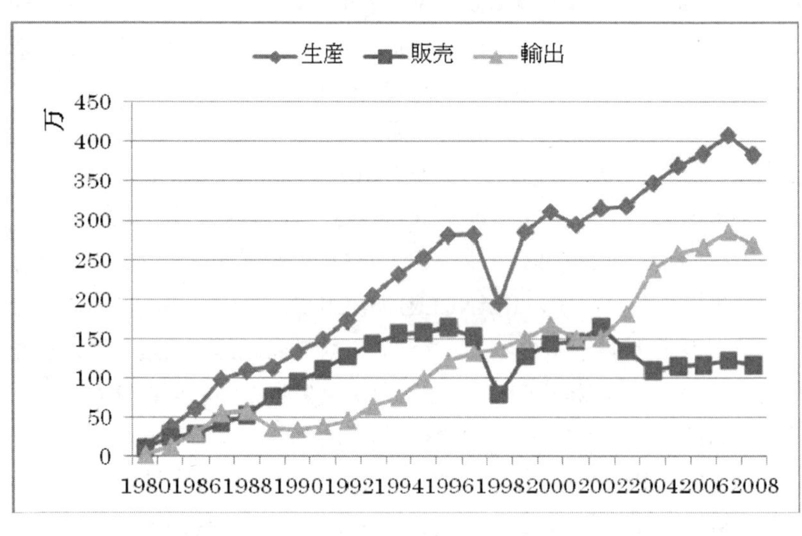

出所：生産台数は日本自動車工業会(JAMA)『世界自動車統計年報』2010, Vol.9、販売・輸出入台数は日刊自動車新聞社・日本自動車会議所共編『自動車年鑑 2009-2010年版』、FOURIN『アジア自動車産業』1995年版、2002年版、2008年版。原データはKAMA "Korean Automobile Industry"。

一方、技術供与した三菱自工も、この時期、三菱商事と組んで積極的な海外展開を図っていた。1982 年には、それまでの技術提携だけでなく、現代自動車に対して三菱商事と 2 社合わせて 10%資本参加することになった。前述のように、1983 年にはマレーシアのプロトンにも両社が資本参加している。また、現代エクセルやマレーシアのプロトン・サガのベースとなったミラージュは、三菱自工が初の世界戦略車として、自社生産だけでなくさまざまな形での量産効果をねらっていた車種である[①]。こうした動きは、のちに 90 年代以降目立つようになる日系メーカーのグローバル化の先駆けの一つとして注目すべきであろう。

このように、1982 年から三菱の資本参加を受けて 1985 年にミラージュ・ベースの新車種エクセルを発売した現代と、1983 年に三菱の資本参加で発足して 1985 年に同様のコンセプトの新車種サガを発売したプロトンは、まったく同じ地点から出発したといえる。

一方、韓国では現代自動車ばかりでなく、1986 年から起亜自動車がプライド(PRIDE)、大宇自動車がルマン(LE MANS)の対米輸出を開始した[②]。起亜プライドは日本のマツダが設計したフォード・フェスティバの韓国名で、日本ではマツダも生産し、アメリカ市場ではフォードが販売していた。また、大宇ルマンはドイツのオペルが設計したカデット(KADETT)で、アメリカ市場ではGMがポンティアック・ルマン(PONTIAC LE MANS)などのブランド名で販売した。このように、設計－生産－販売を同一資本系列にある各国のメーカーが分業するという体制も、のちのグローバル化へつながる動きとして重要である。

しかし、図 3-23 で明らかなように、1989 年には韓国車の輸出が急減し、その後も微増を続けたものの、90 年代半ばまでは 80 年代のピークを超えることができなかった。その原因は、ダンピング批判を受けるほどの低価格で輸出増加を実現したあと、とくに現代エクセルの

---

① 『日経産業新聞』1984 年 1 月 13 日。

② 以下、起亜自動車の歴史については起亜自動車株式会社[1994]による。

品質不良によって韓国車の市場での評価が急落したためである。外資メーカーからの技術導入で独自ブランドを立ち上げた後発国メーカーが、80年代に入って輸出を開始し、その後は品質問題で輸出が頭打ちとなるというパターンも、マレーシアのプロトンと似た展開である。しかし、プロトンと異なるのは、その後の輸出回復過程である。

現代自動車は輸出の減少期にも積極的な海外展開への意欲を失わず、1988年には初の中型車として三菱ギャランのプラットフォームにイタルデザインのボディーを乗せたソナタ（SONATA）を発売し、1989年に設立したカナダ工場での主力生産車種とした。この初めての海外生産は成功とはいえず、1993年にはカナダ工場が閉鎖されるが、その間に国内では技術向上への努力が続けられた。とくに、生産管理と技術力の強化によって不良品率の低下を図り、自動化によって価格競争力の強化を図ったことは重要である。韓国では、80年代に入ると民主化が急速に進展し、労働争議も頻発するようになり、強力な労働組合の拠点のひとつだった現代自動車では、労務管理上も省力化・自動化が不可欠だった。

このような現代自動車の 90 年代のカナダからの素早い撤退や国内生産体制の強化は、同じ時期にアジア各国へ展望のない進出を繰り返していたプロトンと対照的な動きである。

さらに1990年代後半に入ると、現代自動車は発展途上国を中心として、海外生産を積極的に拡大した[①]。現代も、はじめはアフリカ、中東、東南アジア、南米などの発展途上国で小規模なKD生産を行っていた点ではプロトンとよく似ている。しかし、90年代後半以降は、トルコ（1997年開始、生産規模6万台）、インド（1998年開始、同30万台）で本格的な大規模生産を開始し、やがて次に述べるような2000年代の世界各地での現地生産につながっていった。

このように、80年代末からの輸出不振を品質向上と海外生産拡大で挽回したことが、現代自動車とマレーシアのプロトンとのその後のパ

---

① 安熙錫[2007]。

フォーマンスの違いとなってあらわれていった。さらに、1997年の経済危機(いわゆる「IMF危機」)が、乱立状態だった韓国の自動車メーカーの再編につながった。

IMF危機が起こるまで、図3-24のように韓国の乗用車メーカーは韓国版ビッグスリーといわれた現代自動車・起亜自動車・大宇自動車のほか、双竜自動車・三星自動車を含む5社体制であった①。しかし、図3-23で明らかなように、1990年代半ばまで伸びてきた自動車の国内需要は、IMF危機による落ち込みを別にしても90年代後半から完全に頭打ちとなり、飽和状態となった。しかし、当面は輸出の伸びに支えられて、韓国自動車メーカーの本格的な再編は進まなかった。このままでは、グローバル市場で生き残れるメーカーが現れずに共倒れになる恐れもあった。

図3-24　韓国の乗用車企業一覧

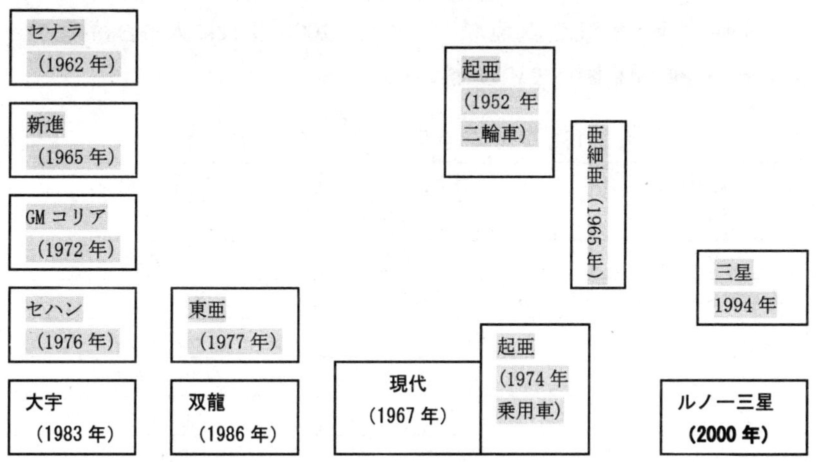

注：太字の会社は現存の会社であり、網掛けの会社は吸収合併されたものである。括弧の中は設立年である。

出所：各種資料より筆者作成。

---

① 金正一[2001]。

こうした中で、1997 年の IMF 危機のあと、金大中政権の下で財閥改革が進められ、自動車業界でも構造調整が進行した[①]。まず、現代自動車は 1999 年に起亜自動車(1997 年会社更生法適用)を買収して現代-起亜グループとなり、傘下の部品企業の現代サービスと現代精工の自動車部門を統合して、1999 年に現代モービスを設立した。

大宇自動車は、1998 年に双竜自動車を買収し、1999 年に大宇国民車(大宇重工業の国民車部門)を吸収合併するなど構造調整を進めたが、母体の大宇財閥自体が完全に解体されるなど再建が困難となり、2002 年にGMの傘下に入った。双竜自動車は、大宇に買収されたあと 99 年に再び分離され、前述のように上海汽車の買収交渉も決裂した。三星自動車は 2000 年にルノーに買収されてルノー三星自動車となった。このほか、三星商用車は 2000 年に市場から撤退し、大宇商用車は 2003 年にインドの TATA グループに買収された。

このような 1997 年 IMF 危機後の変動の中で事実上唯一の韓国資本として生き残った現代-起亜グループは、2000 年代に入ると積極的なグローバル展開を図っていった。

表 3-12　現代-起亜グループの海外生産拠点

工場所在地	工場数	年間生産能力
韓国	現代 3　起亜 3	310 万台
中国	現代 3　起亜 1	130 万台
アメリカ	現代 1　起亜 1	60 万台
インド	現代 1	60 万台
チェコ	現代 1	30 万台
スロバキア	起亜 1	30 万台
トルコ	現代 1	10 万台
ブラジル	現代 1	10 万台

出所：各種資料より作成。

① IMF 危機後の経済改革について日本語で概説したものとして、金奉吉・井川一宏[2003]、奥田[2007]、高龍秀[2009]を参照されたい。

表3-12は、現代-起亜グループの海外生産拠点を示したものである。これをみるとわかるように、その生産能力は、すでに国内と海外が半々になっている。しかも、進出先は日本企業とも重なり、明確に2000年代のグローバル市場を意識した配置になっている。具体的には、初期に輸出の主力だったアメリカよりも、21世紀に世界最大の市場として成長しつつある中国での生産能力を2倍以上に拡大した。2006年には北京に研究開発センターを設置し、当面は中国市場向け車種の開発拠点とするほか、将来はハイブリッド車などエコカーの開発も視野に入れている①。

インドやブラジル(2011年操業予定)のような新興国市場への目配りも怠りなく、すでにインドではTATAと並んで、スズキに次ぐ生産台数第2位を争う規模となった②。また、インドでは国内向けの低価格小型車のほか、2007年から生産開始した800－1200ccのi10や、2008年から生産開始した1200－1400ccのi20を、欧州規格に合わせた車種として輸出向けに生産していた③。しかし、その後インド国内市場が急拡大するのに伴い、i20の生産をトルコ工場に移管し、トルコからの輸出に切り替えた④。

また、欧州市場向けには、近年大手メーカーの進出が相次いで「欧州のデトロイト」とも呼ばれるチェコとスロバキアに進出し、現代と起亜の車種の棲み分けを意識しながら生産を拡大している。

このような積極的なグローバル戦略の結果、2009年の生産台数世界シェアでは、現代自動車グループが、トヨタ・GM・VW・ルノー-日産に次いで世界5位に上昇した。売上高や利益率ではまだ課題が残るものの、生産規模や市場をめぐっては、すでにトヨタの将来のライバ

---

① 徐和誼董事長の談話。『日経産業新聞』2006年6月12日。

②『日経産業新聞』2009年9月28日。

③ Hyundai India公式Webサイト。http://www.hyundai.com/in/en/Showroom/Flash/SRFOVERVIEW/DF_IN_SR_EK_080313114302.html、http://www.hyundai.com/in/en/ Showroom/Flash/SRFOVERVIEW/DF_IN_SR_BJ_080313131438.html

④『日本経済新聞』2010年2月24日。

ルともいわれている。さらに、以前は問題とされていた品質面でも、米調査会社J・D・パワーが発表した新車の初期品質調査(2010年)では、サブコンパクトカー部門の第1位に現代アクセント(ACCENT)、コンパクトカー部門の第3位にエラントラ(ELANTRA)が入るなど、近年は信頼性が向上している①。

このように、グローバル化への対応に出遅れて停滞しているマレーシアのプロトンとは対照的に、韓国の現代-起亜はグローバル市場をめざして米日の大手メーカーと並ぶ地位を確立したのである。

3. 部品産業のグローバル拠点化と各国の棲み分け

① 2000年代の部品産業のグローバル化

完成車に続いて、2000年代の東南アジアにおける自動車部品の生産と貿易構造を通じて、この分野のグローバル化への対応を見てみよう。

2000年代には、部品産業も完成車と同様に本格的なグローバル化の時代に入った。これまで述べたように、1970年代からBBCスキームまで続いてきた部品の域内相互補完体制は、産業集積を志向する自動車産業の性質に反しており、効率的ではなかった。1996年にAICOが発効するまで、部品の域内調達はあまり増えず、バランスのとれた部品相互補完体制の構築は失敗した。

しかし、WTO体制の発足、AICO－AFTAのCEPTへの移行による域内自由化の進展、域外諸国とのFTA締結など、グローバル化のなかでASEAN4は完成車の生産と輸出を拡大し、これに伴って部品の生産と輸出も増加してきた。具体的には、タイとインドネシアでは1990年代にアジア戦略車としての乗用車生産が開始されたが、2000年代に入ると商用車やMPVの世界戦略車の生産が始まり、輸出志向がいっそう強められた。これらのグローバル戦略車は、開発から生産・販売まで一貫して東南アジアで行われる方針が取られたため、必然的に部品の国内・域内調達も推進された。このため、1990年代の日系部品メ

① http://www.jdpower.com/autos/articles/2010-Initial-Quality-Study-Results/page-27

ーカーの進出ラッシュに続いて、2000 年代に再び進出ラッシュが起こった。

さらに、タイを中心として域内外の部品の流通を統括する機構が形成され、東南アジアが外資系メーカーのグローバル戦略の一つの拠点として重視されるようになった。その結果、部品の域内貿易の拡大と並行して、域外輸出の拡大と多角化も進展することになった。そして、完成車と同様に、部品生産でも各国がそれぞれ優位を持つ分野に特化する棲み分けが見られるようになった。

完成車のグローバル拠点になれなかったフィリピンでも、部品分野では外資系メーカーのグローバル戦略に組み込まれ、部品の輸出を顕著に拡大しつつある。マレーシアだけは、部品産業がまだ貧弱なため、完成車生産の拡大につれて部品の輸入が増加している。

以上のことを貿易統計で確認してみよう。図 3-25 は ASEAN4 カ国の部品輸出額を示している。この図から、どの国も 1990 年代から部品の輸出額が大幅に増えており、とくにタイとフィリピンの増加額が一番目立つことがわかる。また、タイは 2003 年からフィリピンを超え、域内最大の部品輸出国になった。

図 3-25　ASEAN4 カ国の部品輸出額　（単位：百万米ドル）

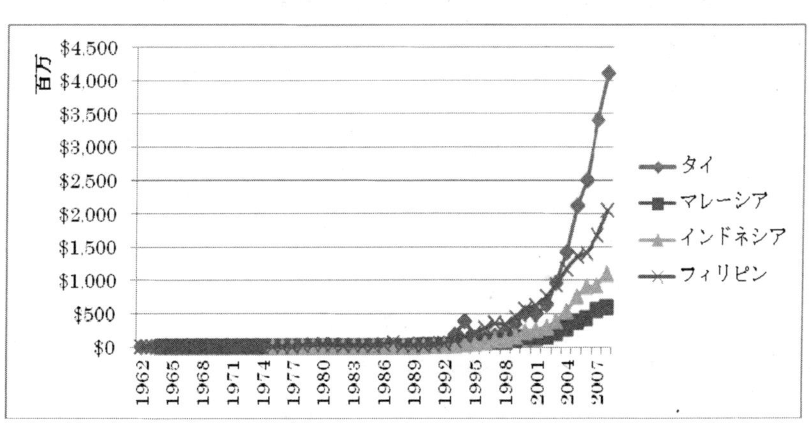

出所：UN comtrade より作成。

次に、図 3-26-a～d で各国別に部品の輸出入額を比較すると、フィリピンは 1990 年代半ばから一貫して部品の純輸出国であり、タイは 2006 年から純輸出国になり、インドネシアも 2007 年を除けば純輸出国への着実な歩みを見せている。つまり、以前にあった日本からの部品輸入への依存という構造が、大きく変化したのである。しかし、ここでもマレーシアだけが一貫して輸入超過となっており、部品産業の脆弱性を示している。

3-26-a　タイの部品輸出入額(単位：百万ドル)

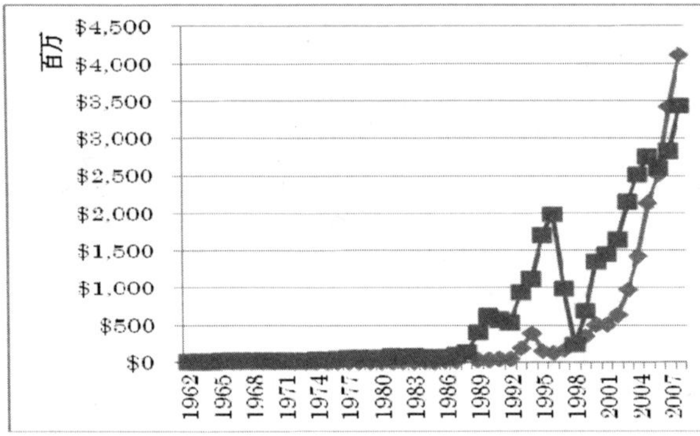

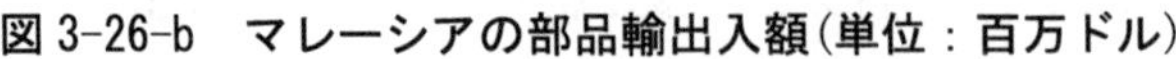

図 3-26-b　マレーシアの部品輸出入額(単位：百万ドル)

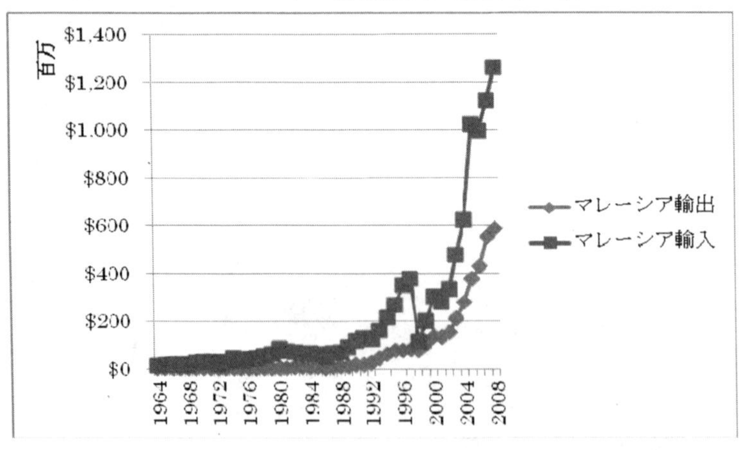

図 3-26-c　インドネシアの部品輸出入額(単位：百万ドル)

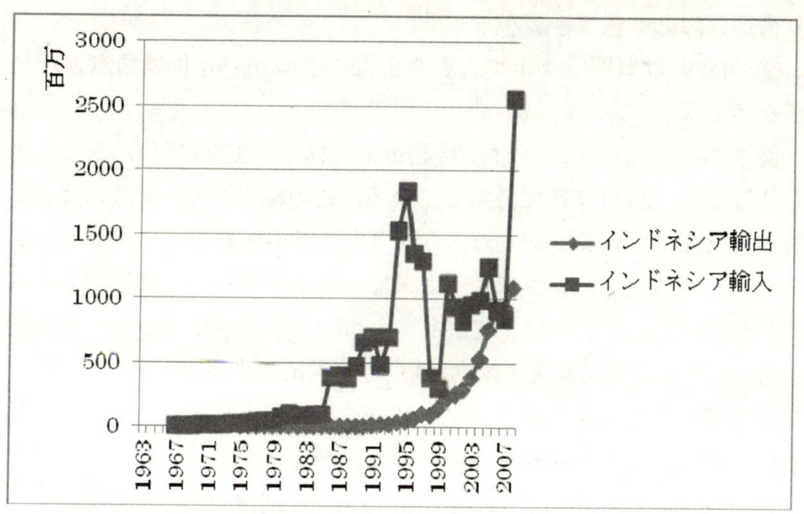

図 3-26-d　フィリピンの部品輸出入額(単位：百万ドル)

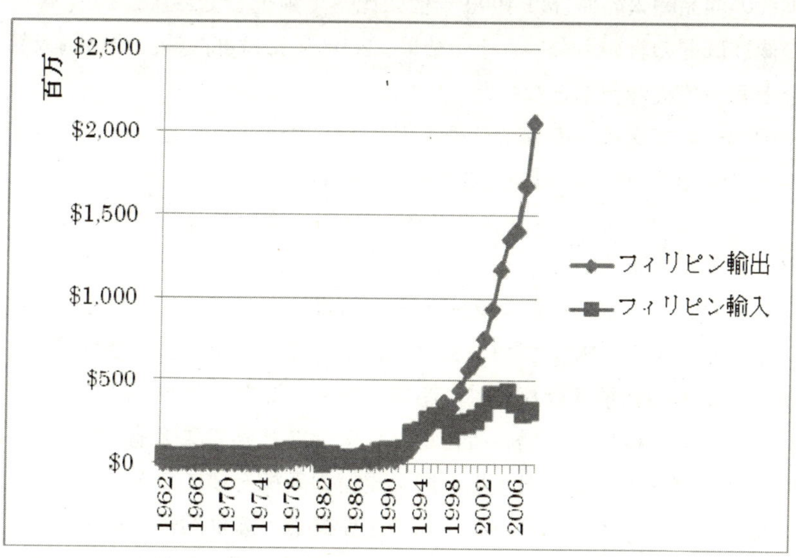

出所：UN comtrade より作成。

以上のような全体の動向を前提としながら、国別に部品の生産と貿易構造を詳しく見てみよう。

② IMV プロジェクトで自動車部品のグローバル供給拠点となったタイ

図 3-26-a のように、タイの自動車部品輸出は 1990 年代に入ってから伸び始め、2000 年代に急増している。この輸出拡大の背景には、トヨタの IMV プロジェクトのような各社の世界戦略車の生産開始があった。後述のように完成車メーカーはコストダウンのために部品の現地生産を促し、これに応えて部品メーカーの新規進出ラッシュや増産が起き、タイの部品産業の国内·域内への供給能力が充実し、さらに大規模生産による価格競争力強化で域外への輸出も拡大し、タイは自動車部品のグローバル供給拠点になった。一方、部品輸入は完成車生産の伸び始めた 1980 年代から増加し、1997 年危機でいったん急減するが、その後 2000 年代に入って再び増加を続けている。しかし、2000 年代の部品輸入の伸びは 1990 年代に比べて鈍化しており、また、輸出の伸びほどの勢いもない。その結果、2007 年には部品輸出額が輸入額を上回って純輸出国となった。

図 3-14 でタイへの日系自動車部品メーカー進出数をみると、1990 年代の進出ラッシュのあと、2000～2004 年にもう一つのピークがあらわれている。これは、トヨタの IMV プロジェクトで各部品メーカーがタイに進出したためである。2000 年代に入ると表 3-13-a のように、シロキなどトヨタ系の部品メーカーが新規進出している。すでに進出していた企業も、IMV プロジェクトに対応するために、生産ラインの新設や工場の新規建設などで生産能力を拡大した。たとえば、2003 年にアイシン精機は旧工場の所在地プラチンブリ県で隣接地を購入して 8 億バーツを投資し、旧工場と同じ規模の新棟を建て、タイばかりでなくインドネシアにあるトヨタ系の生産拠点への供給体制を整えた。また生産品目もブレーキ部品、エンジン用ポンプ、ドアガラスの枠か

ら、アンチロックブレーキシステム(ABS)センサーまで広げた[①]。愛知製鋼もタイで新工場を建てた[②]。デンソーは2003年にタイを東南アジア地域の中核拠点として位置付け、生産能力を大幅に増強した。カーエアコンのラインの増設やディーゼルエンジン用部品の新工場も建てた[③]。さらに、2006年に前述のようにトヨタはタイでアジア生産統括会社を設立し、ASEAN 域内の部品調達の窓口を一本化し、原価低減と現地調達率の向上を目指した[④]。

表 3-13-a　タイ 2000～2004 年　トヨタ系列部品企業の進出一覧

現地法人	設立/操業年	業務内容	出資	立地
SEBT Ltd.	2000	自動車用ブレーキパッド	アイシン化工75%、アイシン精機%	ラヨン
Toyoda Gosei Rubber (Thailand)Co.,Ltd.	2000	自動車用ボディシーリング製品、機能部品	豊田合成70%	サムトサカーン
Aisin Takaoka Foundry Bangpakong Co.,Ltd.	2001	自動車用鋳鉄鋳造部品	アイシン高岡70.1%、Cementhai Holding C	チョンブリ
Aichi International (Thailand)Co.,Ltd.	2002	自動車用部品	愛知製鋼90%、トヨタ通商10%	チョンブリ
AISIN AI(Thailand)Co.,Ltd.	2002	MT、歯車など自動車部品	アイシン・エーアイ	チャチョエンサオ
IHI Turbo(Thailand) Co.,Ltd.	2002	ピックアップトラック用ターボチャージャー	IHI80%、トヨタ自動車10%、IHIターボ10%	チョンブリ
Koyo Joint(Thailand) Co.,Ltd.	2002	自動車部品（インターミディエイトシャフト）	光洋機械工業61. 8%、ジェイテクト38.2%	チャチョエンサオ
Siam DENSO Manufacturing Co.,Ltd.	2002	燃焼噴射システム製品（ポンプ、インジェクタ）	デンソー90%	チョンブリ
Thai Nam-Kyowa Co.,Ltd.	2002	自動車内装用成形表皮材の製造・販売	共和レザー50%	サムトサカーン
CNK Manufacturing (Thailand)Co.,Ltd.	2003	PS用ラックシャフトの製造、熱処理加工	CNK100%	ラヨン
GKN Driveline Toyoda Manufacturing Ltd.	2003	等速ジョイントの加工・組み付け、鍛造部品	ジェイテクト49%、GKN Driveline51%	ラヨン
Toyota Boshoku Filtration System (Thailand) Co.,Ltd.	2003	オイルフィルタ	豊田紡織60%、デンソー40%	ラヨン
ARST(Thailand)Co.,Ltd.	2004	自動車用シート機能部品	豊田紡織87・1%	チョンブリ

出所：表 9-a と同じ。

① 『日経産業新聞』2003 年 9 月 1 日。
② 『日経産業新聞』2004 年 3 月 12 日。
③ 『日経産業新聞』2003 年 9 月 18 日。
④ 『日本経済新聞』2006 年 8 月 17 日。

表 3-13-b　タイ 2000～2004 年　ホンダ系列部品企業の進出一覧

現地法人	設立/操業年	業務内容	出資	立地
YS Tech(Thailand) Co.,Ltd.	2003	自動車部品	ユタカ技研 82.2%、新日工業 17.8%	プラチンブリ

出所：表 9-a と同じ。

トヨタのほか、ホンダも 2004 年にタイを車体用金型のグローバル供給拠点として位置付け、日米欧とアジアの各拠点に供給するようになった①。表 3-13-b にホンダ系列部品企業の新規進出は 1 社しか示していないが、それは 1994～1998 年にすでにほとんどの企業が進出していたためである。これらの進出企業は、2000 年代に入るとみな生産規模を拡大している。

このように、タイは域内だけでなく、世界向けの部品供給拠点になった。図 3-27-a はタイの自動車部品(HS92 8708)輸出の 1989 年、1996 年、2002 年、2008 年の変化を示している。各年の図をみると、輸出先の数は年を追って増えており、1989 年の 67 カ国から 2008 年の 171 カ国へと増加し、全世界に向けた部品のグローバル供給拠点になっていることがわかる。こうした輸出額の増加と輸出先の多角化には、タイが積極的に FTA を締結したことも奏功している②。グローバル供給拠点になると同時に、域内 3 カ国への輸出も 1996 年から常に部品輸出総額の 4 分の 1 前後をキープし、しかも、域内輸出の比重は少しずつ拡大している。域内輸出の拡大には、AICO そして AFTA の発効により域内部品関税が 5%になったことが背景にある。つまり、域内外とも、輸出増加の背景としてグローバル化時代の自由貿易体制拡大があった。

---

① 『日経産業新聞』2004 年 8 月 29 日。

② 『日本経済新聞』2006 年 8 月 17 日。

図 3-27-a　タイ　自動車部品(HS92　8708)の輸出先の変化

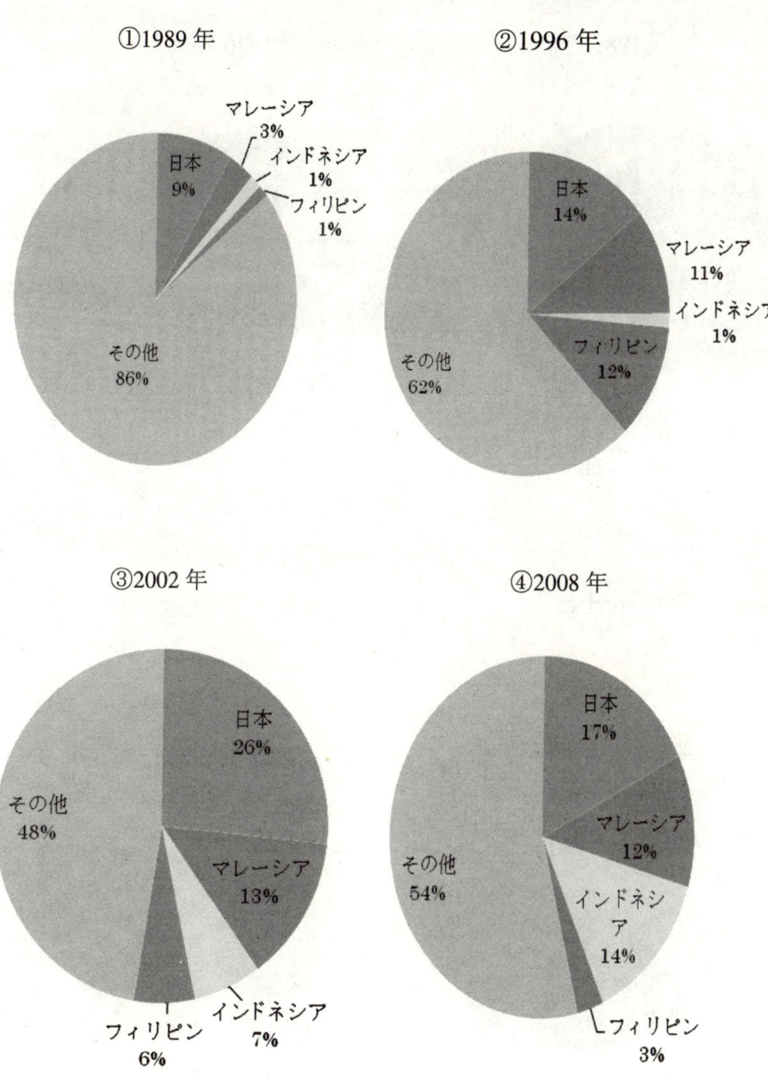

出所：UN comtrade より作成。

図 3-27-b　インドネシア　自動車部品(HS92　8708)の輸出先の変化

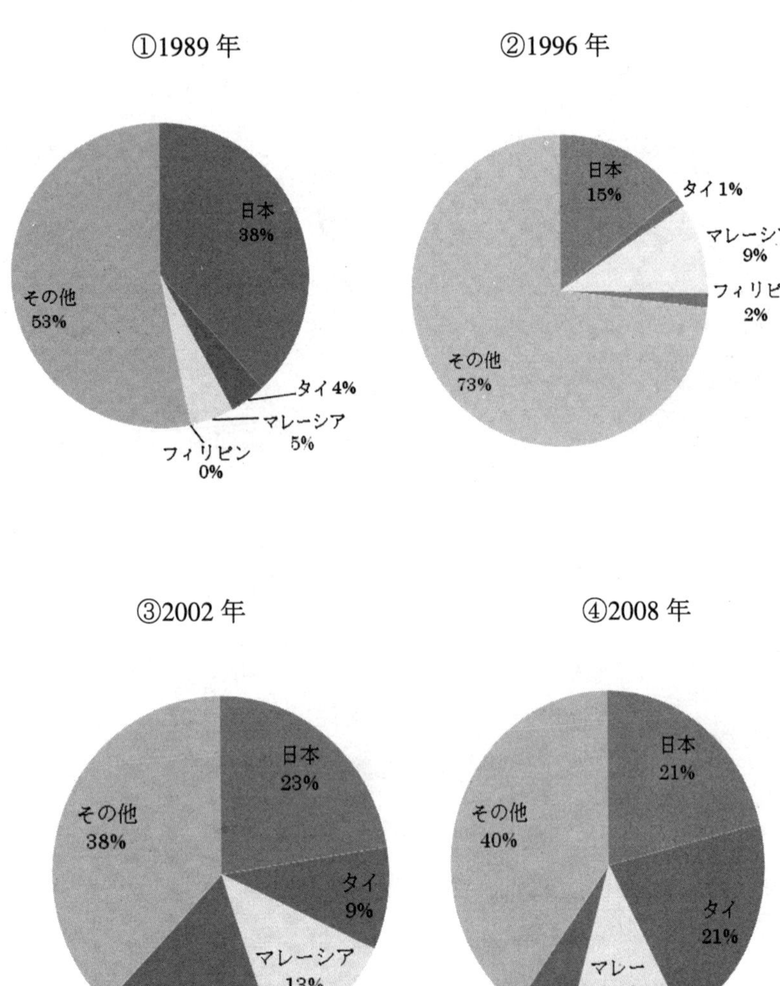

出所：図 26-a と同じ。

図 3-27-c　マレーシア　自動車部品(HS92　8708)の輸出先の変化

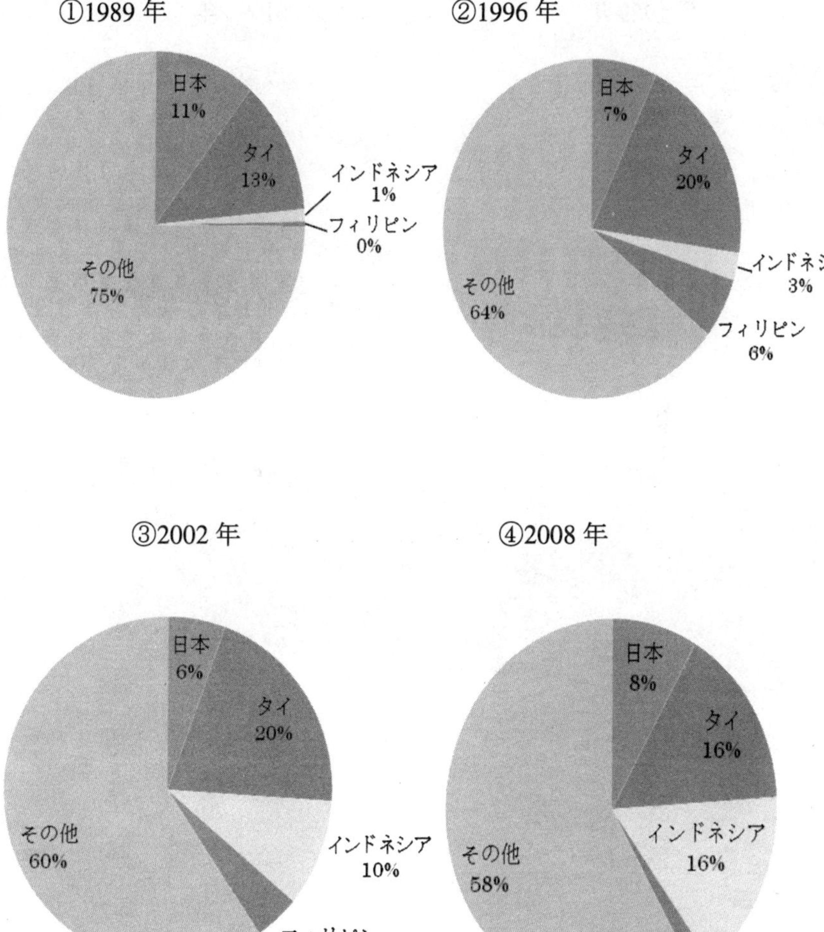

出所：図 26-a と同じ。

図 3-27-d　フィリピン　自動車部品（HS92　8708）の輸出先の変化

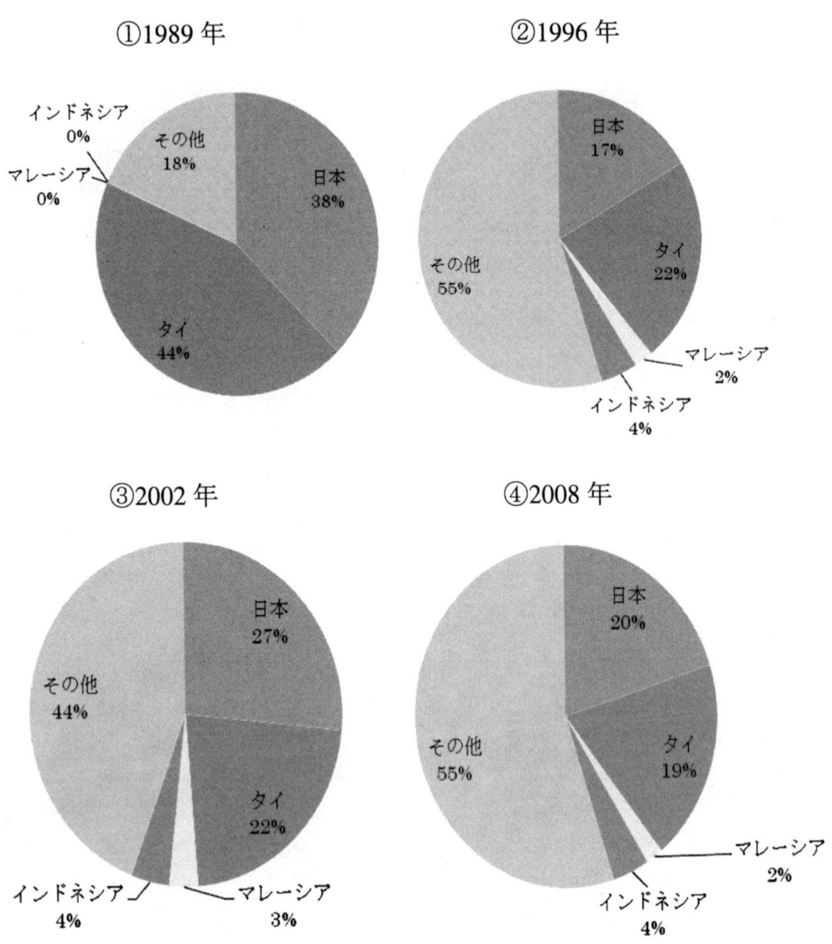

出所：図 26-a と同じ。

次に、HS コード 6 桁レベルでタイの自動車部品の貿易構造を具体的にみてみよう。

表 3-14 には 2008 年のタイの輸出上位品目を示している。タイの

輸出上位5品目は、「その他部品」(HS8708のうち特定の品目名が示されていない部品の合計)、ガソリンエンジン・部品、カーオーディオ、圧縮機(カーエアコン用)、ディーゼルエンジン・部品である。ASEAN4の中の3カ国へは、主に「その他部品」やガソリンエンジン・部品、ディーゼルエンジン・部品を輸出している。エンジンについては、BBCスキームの時から、各社がタイをディーゼルエンジンの生産・輸出拠点として位置付けていたが、その後1997年通貨危機をきっかけにタイが完成車のグローバル生産・輸出拠点に転換すると、ガソリンエンジン・部品も増産されて輸出する余力ができ、輸出実績はディーゼルエンジン・部品を上回るようになった。タイから域内3カ国への輸出品目は、エンジン以外にも自動車の核心部品が目立ち、ASEAN地域で自動車産業の実力トップという地位を背景として域内の部品供給拠点となっていることを示している。

域外の日本に対しては、主に車体、「その他部品」、ディーゼルエンジン・部品、圧縮機(カーエアコン用)、ワイヤーハーネスを輸出している。ディーゼルエンジン・部品以外、車体やワイヤーハーネスは労働集約的な部品である。タイと日本との間には、日本がコストを削減するために、労働集約的な部品をタイから輸入しているという貿易構造を読み取ることができる。

これら上位品目の増加開始の時期を確認するために1989年からの輸出金額の推移を示した図3-28-aを見てみよう。この図から、ワイヤーハーネスはすでに1980年代から一定の輸出額を持っていたが、それ以外の上位品目は1997年の通貨危機で増加しはじめ、さらに2002年から急増したことがわかる。急増の背景には、AFTAのCEPT発効や、その間の外資部品メーカーの進出(図3-14日系自動車部品企業の進出数を参照)でタイの自動車部品生産能力が増加したことなどの要因があると思われる。

表 3-14　2008 年 ASEAN4 と日本の間の部品輸出入上位品目のマトリックス（HS コード 6 桁ベース）

	タイ	マレーシア	インドネシア	フィリピン	日本
タイ	その他部品（2,239）	その他部品(333)	その他部品(390)	その他部品(83)	車体（263）
	ガソリンエンジン・部品(934)	ガソリンエンジン・部品(139)	ガソリンエンジン・部品(206)	ガソリンエンジン・部品(50)	その他部品（240）
	カーオーディオ(847)	ディーゼルエンジン・部品(64)	ディーゼルエンジン・部品(67)	DE(27)	ディーゼルエンジン・部品（209）
	圧縮機(816)	ステアリング（36）	ステアリング(34)	車体(8)	圧縮機（186）
	ディーゼルエンジン・部品(750)	車体(32)	ブレーキ(24)	ステアリング(6)	ワイヤーハーネス（178）
マレーシア	バンパー（42）	カーオーディオ（870）	ステアリング（61）	その他部品（7）	カーオーディオ（240）
	圧縮機（37）	その他部品（223）	ディーゼルエンジン・部品（37）	ワイヤー（3）	ステアリング（21）
	その他部品（25）	ステアリング（152）	ガソリンエンジン・部品（9）	カーオーディオ（3）	可聴周波増幅器自動車用（15）
	ステアリング（11）	圧縮機(136)	その他部品（9）	圧縮機（3）	その他部品（13）
	カーオーディオ（8）	——	駆動軸（7）	ガソリンエンジン・部品（3）	駆動軸（11）
インドネシア	ギアボックス（117）	車体（41）	ワイヤーハーネス（484）	スターター（37）	ワイヤーハーネス（274）
	その他（79）	スターター（37）	カーオーディオ（350）	その他部品（33）	車輸（141）
	ディーゼルエンジン・部品（54）	ガソリンエンジン・部品（45）	ギアボックス（270）	ディーゼルエンジン・部品（14）	ディーゼルエンジン・部品（24）
	圧縮機（42）	その他部品（33）	鉛蓄電池（231）	車体（13）	駆動軸（23）
	ガソリンエンジン・部品（19）	ギアボックス（21）	車輪（224）	駆動軸（6）	ガソリンエンジン（19）
フィリピン	その他部品（223）	その他部品（35）	その他部品（60）	その他部品（954）	ワイヤーハーネス（384）
	ギアボックス（156）	バンパー（19）	ギアボックス（20）	ワイヤーハーネス（902）	その他部品（307）
	車体（7）	ギアボックス（1）	ワイヤハーネス（3）	ブレーキ（725）	車体（64）
	——	——	——	ギアボックス（241）	ギアボックス（29）
	——	——	——	車体（103）	カーオディオ（23）
日本	ギアボックス（792）	ギアボックス（341）	その他部品（280）	その他部品（112）	ギアボックス（11,423）
	ガソリンエンジン・部品（987）	その他部品（246）	ガソリンエンジン・部品（288）	ギアボックス（96）	ガソリンエンジン・部品（8296）
	ディーゼルエンジン・部品（487）	ガソリンエンジン・部品（155）	ディーゼルエンジン・部品（285）	ガソリンエンジン・部品（66）	その他部品（6734）
	その他部品（477）	車体（56）	ギアボックス（215）	ディーゼルエンジン・部品（55）	車体（3558）
	ブレーキ（219）	ブレーキ（43）	車体（89）	車体（40）	ディーゼルエンジン・部品（3377）

注：①その他部品は 870899；

ガソリンエンジン・部品は 840991 と 840734 の合計；

ディーゼルエンジン・部品は 840820 と 840999 の合計；

カーオーディオは 852721（自動車用ラジオで音声の記録用又は再生用の機器と結合してあるもの（外部電源によらなければ作動しないものに限定））と 852729（その他の自動車用ラジオ（外部電源によらなければ作動しないものに限定））、852719（自動車に使用する種類ラジオ放送用受信機（外部電源によならければ作動しない））の合計；

圧縮機は 841430（圧縮機、自動車エアコン用）（日本自動車部品工業会 HP より）；

鉛蓄電池（850710）の全称は「ピストンエンジン始動用鉛蓄電池（自動車用と特定され

ていない)」。

②縦は輸出国である。

③各国の自国と交差する欄は、その国の輸出上位品目である。

出所：UN comtrade データベースより、日本自動車部品工業会 HP の輸出入統計にある品目の HS コード 6 桁で抽出した結果より作成。

図 3-28-a　タイの輸出部品上位品目(単位：百万米ドル)

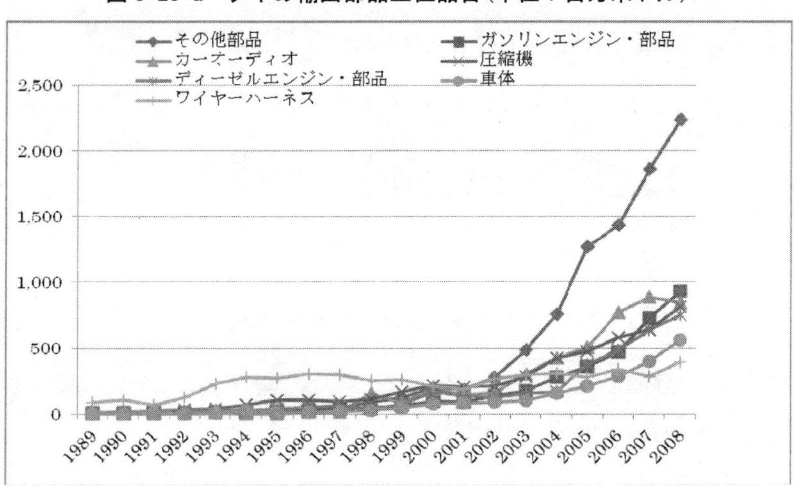

図 3-28-b　マレーシアの輸出部品上位品目(単位：百万米ドル)

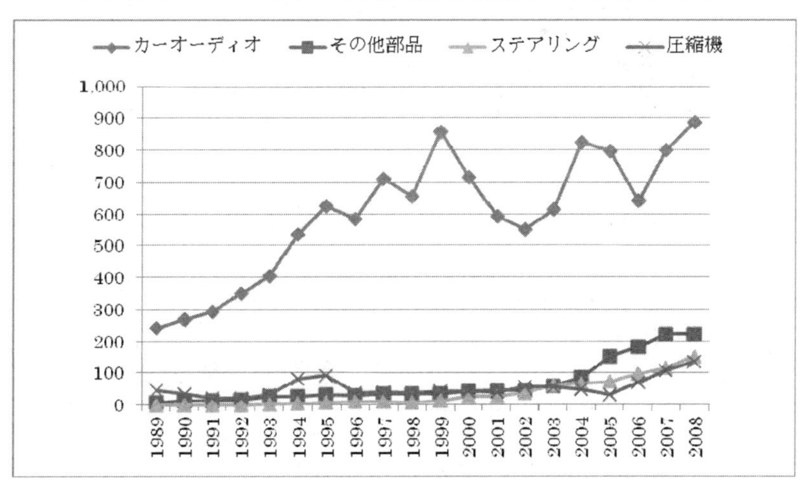

図 3-28-c インドネシアの輸出部品上位品目(単位：百万米ドル)

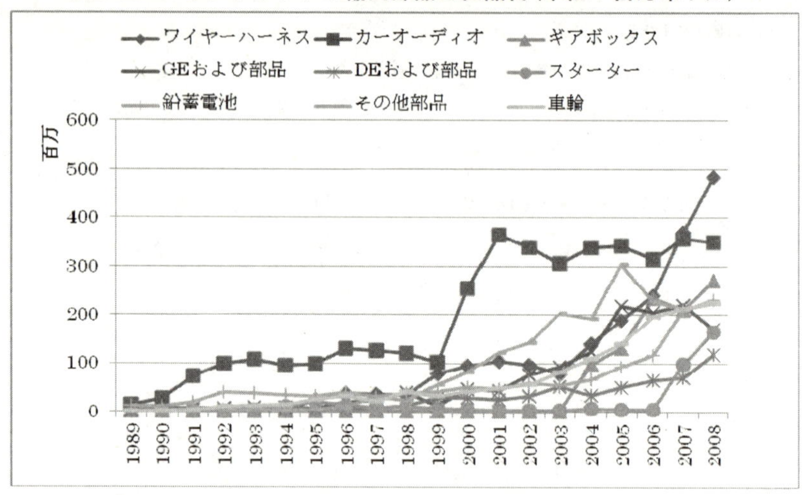

図 3-28-d フィリピンの輸出部品上位品目(単位：百万米ドル)

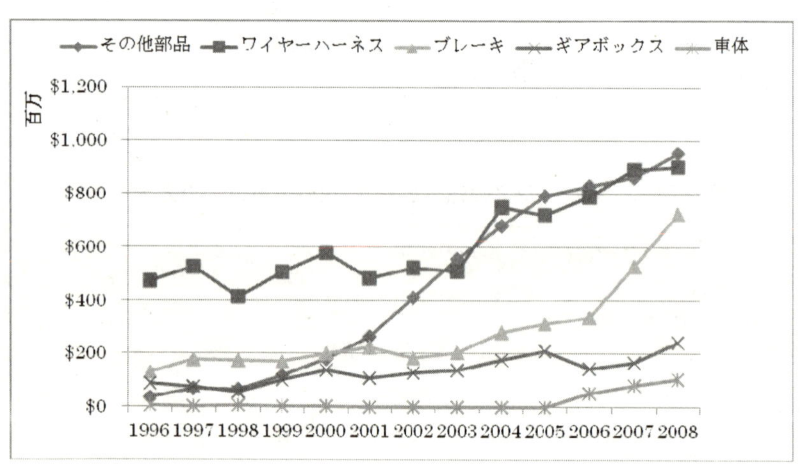

出所：UN comtrade より作成。

また、日本のタイヤメーカーも、タイを世界市場に向けた輸出拠点として位置付けるようになった①。ブリヂストンはバンコク北東のノ

① 『日本経済新聞』2010 年 7 月 22 日。

ンケー工場を彦根工場に次ぐ生産規模に拡大し、主に乗用車とピックアップ向けのタイヤを生産して、タイ国内のほか欧米や中近東、オセアニアに輸出する。これに連動して、ブリヂストンは豪州とニュージーランドの工場を閉鎖して、タイへの集約を図る。住友ゴム工業は、バンコク南東ラヨーン県の工場を最終的にはブリジストン彦根工場の2倍以上の1日あたり10万本以上の規模とし、世界最大級の工場とする[①]。横浜ゴムもラヨーン県の工場の生産能力を2012年までに約5割増にしてグループ中で最大規模の工場とする計画である。

③ MPV関連部品などでグローバル拠点となったインドネシア

前述のように、1990年代前半から外資系部品メーカーの進出によってインドネシアの自動車部品産業の基盤が強くなり、一部の部品では輸出の余力も出てきたため、図3-26-cのように、1990年代後半から部品輸出が増え始めた。この事情は、タイと同様である。さらに2000年代に入り、トヨタのIMVプロジェクトをはじめとする各社のグローバル戦略の中で、タイと並んでインドネシアも部品生産の拠点として位置付けられたため、関連部品メーカーの進出はさらに増加した。その結果、完成車の輸出と同様に、部品輸出も急速に増加してきた。

同じ図でインドネシアの部品輸入をみると、増えたり減ったり、一見複雑な動きを示しているように見える。しかし、図3-13-cと合わせてみると、同国の部品輸入は国内完成車生産の動向と大体一致していることが分かる。つまり、1990年代前半の国内生産の増加につれて部品輸入も増加し、その後1997年危機で国内生産が落ち込むと、部品輸入も急速に減少した。しかし、2000年代に入って完成車生産が回復すると部品輸入も増加し、2006年に燃料価格急騰の影響で国内販売が減少し生産も落ちたため、部品輸入も減った。

部品輸出入全体のバランスでは、インドネシアは2007年を除くと、一貫して部品輸入超過国である。ただし、近年になって輸出が増加し、純輸出国へと近づいている。輸入超過の背景は、1990年代から部品産

---

① 『日本経済新聞』2011年8月9日。

業の実力は強まったものの、部品産業の集積はまだ不十分で、一部の部品について輸入が必要とされたためである。しかし、日本との関係をみると、図 3-13-c のように、1990 年代いっぱいまでは日本への依存度が高かったが、2000 年代に入ると依存度が低くなってきた。それは 2000 年代に ASEAN 地域の部品産業の基盤が整えられたので、各メーカーはコストダウンのため、従来日本から調達していた部品を ASEAN 域内調達に切り替え、ASEAN で調達しづらい部品だけ日本から調達するように方針を変えたからである。インドネシアの部品輸入のうち、日本のシェアは 1996 年の 82%から、2002 年の 70%、2008 年に 52%へと低下してきたのに対し、ASEAN3 のシェアは 1996 年の 1%から、2002 年に 9%、2008 年に 32%へと上昇してきた。特に域内部品集積が一番進んでいるタイからの輸入が多く、2008 年は 28%を占めている。したがって、輸入超過といっても、その調達先は大きく変化していることがわかる。

一方、輸入だけでなく国内における部品生産も増加してきた。インドネシアは MPV のグローバル拠点として位置付けられているため、タイと同様、2000 年代に入って日系部品企業進出の新たなピークを迎えた(図 3-15 を参照)。新規進出の企業には、表 3-15a～b のように、トヨタ系とホンダ系が目立つ。それは、2004 年トヨタの世界戦略車 IMV の第 2 弾、MPV のキジャン・イノーバ(インドネシアでの部品調達率は 74%)①の生産を前に、トヨタ系列の部品メーカーがインドネシアでの工場の新設や増強を行ったためである。たとえば、豊田合成は、2002 年にハンドル生産の合弁会社を設立した②。愛知製鋼は 2004 年にエンジンや変速機の部品を生産する新工場を稼働した③。また、MV プロジェクトでは、インドネシアはガソリンエンジンの世界供給拠点と

① 『日経産業新聞』2004 年 9 月 2 日。

② 『日経産業新聞』2002 年 9 月 30 日。

③ 『日経産業新聞』2004 年 3 月 12 日、「トヨタトップギアの海外戦略 (7) 東南ア・南米に IMV」。

位置付けられた[①]。日本ピストンリングと帝国ピストンリングは 2006 年から総額 7 億円を投じて設備を増強、ビストンリングの生産能力を引き上げた[②]。

表 3-15-a　インドネシア 2000～2004 年　トヨタ系列部品企業の進出一覧

現地法人	設立/操業年	業務内容	出資	立地
P Central Motor Wheel I	2002	自動車用ホイール	中央精機 61.1%、トヨタ通商 22.1%	Pasuruan
P Aichi Forging Indonesia	2003	クランクシャフトなど鍛造品	愛知製鋼 100%	Jakurta
P Toyoda Gosei Safcty Systems I	2003	自動車用セーフティシステム製品	豊田合成 80%	Jakarta—Bogor
P Inoac TG I	2004	自動車用ゴムシーリング部材の設計・開発・販売	イノアックコーポレーション 51%、豊田合成 49%	Jakarta

表 3-15-b　インドネシア 2000～2004 年　ホンダ系列部品企業の進出一覧

現地法人	設立/操業年	業務内容	出資	立地
P Honda Lock I	2001	二輪車・四輪車用部品	ホンダ 51%	Jakarta
P I　Nippon Seiki	2001	自動車・二輪車用計器類	日本精機 70%、ホンダ海外 20%	Provinsi Banten
P I Stanley Electric	2001	二輪車・四輪車用部品の製造	スタンレー電 60%、ホンダ海外 20%	Banten
P Mitshuba I	2001	自動車部品、金型製作	ミツバ 70%、ホンダ海外 20%	Banten
P Honda Precision Parts M	2002	オートマチックトランスミッション	ホンダ 100%	Jakarta
P Toyo Denso I	2002	二輪車・四輪車用部品	東洋電装 70%、ホンダ海外 30%	Bekasi
P Aichikiki Autoparts Indonesia	2003	自動車用トランスミッションギア	アイキテッ 51%、ホンダ 49%	Jawa Barat

出所：東洋経済新報社『海外進出企業総覧 2009』より作成。

① 『日本経済新聞』2004 年 8 月 26 日。

② 『日経産業新聞』2006 年 9 月 22 日。

一方、ホンダ系列部品企業の進出の背景は、ホンダがインドネシアをミニバンのストリームの生産拠点と位置付けたためである。すでに2002年から、ホンダは同車のタイなどへの輸出を始めた[①]。

また、スズキの世界戦略車APVのため、車体の開発や金型の製作を担当する富士テクニカは、6億円をかけて部品工場の生産能力を倍増した[②]。日産もインドネシア市場をアジアでの主戦場としている。また部品大手のデンソーは自動車エアコン用コンプレッサーの生産をインドネシアに、熱交換器をタイに集約し、マレーシアの拠点を電子部品の生産に特化していく方針である[③]。

このように、インドネシアは2000年代にMPV関連部品の域内と域外の生産・輸出拠点になった。また、独立系の部品専業メーカーも、インドネシアをグローバル拠点のひとつとして位置づけた。表3-16-bをみると、インドネシアの部品輸出先は、1996年の52カ国から2008年の115カ国に増え、世界向けに輸出の範囲を広げた。しかし、域外の輸出先を拡大したと同時に、ASEAN 域内向けのシェアも堅実に高まってきており、1996年の12%から2008年の39%となった。このほか、興味深い動きとして、曙ブレーキはインドネシアの合弁先アストラ・オートパーツと共同でベトナムに進出し、インドネシアから輸出した部品を使ってブレーキの組立てを行っている。このようなASEAN域内の多様な展開が今後も続くと思われる[④]。

次に、インドネシアの部品貿易構造をみてみよう。

表3-14のマトリクスをみると、インドネシアの自動車部品輸出上位品目は、ワイヤーハーネス、カーオーディオ、ギアボックス、鉛蓄電池と車輪である。

そのうち、域内向けの品目はギアボックスである。2008年、ギアボックスの半分近くはタイへ輸出し、マレーシアにも10%弱輸出してい

---

① 『日経産業新聞』2002年10月23日。

② 『日本経済新聞』2003年10月6日、2004年7月17日。

③ 『日本経済新聞』2004年7月17日。

④ 『日本経済新聞』2011年8月6日。

表 3-16-a タイ　部品輸出額・輸出先数と域内向けのシェア

	輸出総額（百万ドル）	輸出先数（個）	ASEAN4 域内向けのシェア（%）
1989 年	29	67	5.6%
1996 年	123	99	23.6%
2002 年	628	140	26.0%
2008 年	4,095	171	28.6%

表 3-16-b インドネシア　部品輸出額・輸出先数と域内向けのシェア

	輸出総額（百万ドル）	輸出先数（個）	ASEAN4 域内向けのシェア（%）
1989 年	5	19	8.8%
1996 年	59	52	12.3%
2002 年	288	83	39.6%
2008 年	1088	115	38.9%

表 3-16-c マレーシア　部品輸出額・輸出先数と域内向けのシェア

	輸出総額（百万ドル）	輸出先数（個）	ASEAN4 域内向けのシェア（%）
1989 年	11	39	14.3%
1996 年	73	73	28.7%
2002 年	151	97	34.9%
2008 年	577	121	33.3%

表 3-16-d フィリピン　部品輸出額・輸出先数と域内向けのシェア

	輸出総額（百万ドル）	輸出先数（個）	ASEAN4 域内向けのシェア（%）
1989 年	19	23	44.2%
1996 年	281	41	28.8%
2002 年	755	57	29.3%
2008 年	2,052	61	24.9%

出所：UN comtrade より作成。

る。また、インドネシアの輸出品目 5 位以内に入らないが、域内 4 カ国向けの上位輸出品目には、ディーゼルエンジン・部品、ガソリンエンジン・部品、スターター、「その他部品」、自動車エアコン用圧縮機がある。これは自動車企業各社の ASEAN 域内各国での部品分業がその背景にある。たとえば、前述のようにトヨタのIMVプロジェクトでは、インドネシアはガソリンエンジンの供給拠点であり、デンソーは自動車エアコン用圧縮機の生産をインドネシアに集約した[①]。ホンダは 2002 年にジャカルタ近郊に自動車用変速機部品の生産子会社を設立し、現地需要を満たしたうえで、ASEAN 域内各国とインド、中国、欧州諸国などに輸出している[②]。

域外の主な輸出先である日本には、ワイヤーハーネスと車輪の半分以上を輸出している。ワイヤーハーネスは労賃が製造コストの 3 割を占める労働集約型製品であるため[③]、人件費の安いインドネシアからの逆輸入で日本でのコスト競争力を高めることが目的である。たとえば、矢崎総業、住友電工は 2000 年代にそれぞれインドネシアからの逆輸入を拡大した[④]。

インドネシアが強い国際競争力を持つこれらの品目の輸出が、いつから伸び始めたのかを見てみよう。図 3-28-c はインドネシアの主要輸出品目の 1989 年からの輸出金額の推移を示している。この図をみると、ワイヤーハーネスは、1997 年から伸びはじめ、2002 年に一旦落ち込んだが、翌年から前より速いスピードで増加し、今では一番金額の多い輸出品目になっている。カーオーディオは 1990 年代初頭に一時輸出拡大したが、その後落ち込んだままで、2005 年から急速に伸び、2006 年に頭打ちになっている。「その他部品」は、1995 年から伸び初め、1997 年に少し落ち込み、その直後勢いよくのび、2005 年がピークで、その後少し下がった。ギアボックスは、2003 年から急速に拡大した。タイ向けの輸出がその背景にある。スターターは、2006 年から急に伸びた。主にマレーシアとフィリピンへの輸出である。ガソリンエンジン・部品は、1995 年から伸びはじめ、1997 年に一旦落ち込み、その後回復し、2002 年から急速に伸びた。それは、域内のタイなどへの輸出

① 『日本経済新聞』2004 年 7 月 17 日。
② 『日経産業新聞』2002 年 7 月 18 日。
③ 『日経産業新聞』1986 年 5 月 28 日。
④ 『日経産業新聞』2004 年 6 月 9 日、『日本経済新聞』2005 年 10 月 20 日。

が牽引したためだと思われる。しかし、2005年に伸び悩み、その後少し下がった。それは、タイのガソリンエンジンの生産能力が強化されたためだと思われる。ディーゼルエンジン、鉛蓄電池、車輪はほぼ同じような動きで1989年から伸びはじめたが、大きな増加や落ち込みもなく、1998年あたりから急速に伸びてきた。全体として、どの部品も域内諸国と日本への輸出を中心としながら、2000年代に入って順調な伸びを示していることがわかる。

④ 部品生産に特化したフィリピン

前述のように、フィリピンは域内の完成車生産拠点にならなかったが、自動車部品の供給国の位置を固めた。この点で、完成車生産と部品生産が並行して伸びてきたタイやインドネシアと対照的である。図3-26-dをみると、早くも1990年代半ばにフィリピンは自動車部品の純輸出国となった。その後、フィリピンの完成車国内生産が横ばいであるため、部品輸入はあまり増えなかったのに対して、輸出は順調に拡大してきた。2008年の輸出金額は20億ドルで、ASEAN地域ではタイに次ぐ規模である。

表3-16-dをみると、フィリピンの輸出先は1996年の41カ国から2008年の61カ国へと増えたが、ASEAN4カ国のうちでは一番少ない。輸出先が絞られているのは、ほかの3カ国と違う特徴である。これは、フィリピンが早くからギアボックスのような国際競争力を持つ部品の生産拠点となり、輸出先も特定されていたである。また、ワイヤーハーネスのように、外資系メーカーが世界の何カ所かに生産拠点を集約し、輸出先も意識的な棲み分けを図ってきた部品もある。したがって、ASEAN域内向けのシェアも、他の3カ国はいずれも上昇したのに対し、フィリピンだけは1989年の44%から2008年の25%へ、むしろ低下してきた。

次にHSコード6桁レベルでフィリピンの自動車部品の貿易構造を見てみよう。

表3-14のマトリクスをみると、フィリピンの輸出上位品目には、

「その他部品」、ワイヤーハーネス、ブレーキ、トランスミッション(ギアボックス)がある。

「その他部品」は、域外の日本と域内のタイへの輸出が半分を占める。またマレーシアとインドネシアにも一定の輸出が見られる。

ワイヤーハーネスについて、業界大手の矢崎総業は1980年代から、住友電工は1990年代からフィリピンを米国、日本向けの輸出拠点にしたため、早くから輸出品目の主力となっていた①。表3-17のように、フィリピンのワイヤーハーネスの輸出に占める日本とアメリカ2カ国のシェアは、すでに1991年に99.6%にのぼっていた。その後、輸出先が増えたため、日米の合計シェアは少し落ちたが、2008年にまだ8割弱と高いシェアを持つ。一方、前述のように、矢崎総業など大手企業はタイ、インドネシアにも生産・輸出拠点を置いたため、この品目のASEAN域内向け輸出はきわめて少なく、1991年の0.1%から2008年の0.3%へと低いままで推移している。

トランスミッションは域内向けが多い品目で、特にタイへの輸出が多く、2008年に7割弱をタイへ輸出している。これは、各社のASEAN分業計画の中で、フィリピンをトランスミッションの生産拠点と位置付けたためである。たとえば、三菱、トヨタはBBCスキームのときからすでにフィリピンをトランスミッションの域内生産拠点として位置付け、さらに1990年代にトヨタはフィリピンから日本へギアボックスを逆輸入しはじめた。ギアボックスは労働集約的部品であり、しかもオートマチック車が主流になってマニュアルトランスミッションの需要が減少する中で、低賃金のフィリピンにその生産を集約して規模の経済を維持しながら各地へ輸出するという方針を見ることができる。

図3-28-dは、フィリピンの輸出部品上位品目の1996年からの輸出金額の推移を示している。ワイヤーハーネスは早くからグローバ

---

① 『日経産業新聞』1986年5月28日、1991年10月18日。

ル生産拠点になっていたため、1996 年にすでに大きな輸出金額となっていた。「その他部品」は、1996 年から伸びはじめ、2000 年代にさらに急速にのび、2007 年にワイヤーハーネスと逆転し、フィリピンの一番多い輸出品目になった。ギアボックスも、1996 年から伸びはじめ、2000 年代に一段と伸びた。車体は 1996 年から少量の輸出があり、2004 年から伸びが目立つようになった。それは主に日本への輸出である。域内のタイにも輸出している。

図 3-29　フィリピンのワイヤーハーネス(HS92 854430)輸出

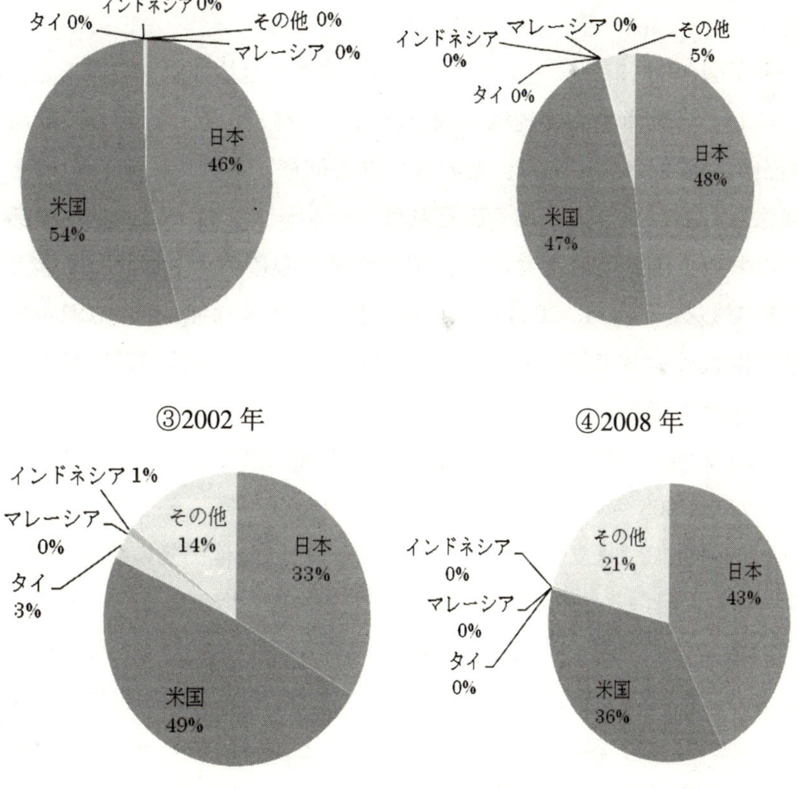

表 3-17　フィリピンのワイヤーハーネスの輸出先と域内外のシェア

	輸出総額（百万ドル）	輸出先数（個）	ASEAN4 のシェア（%）	日米のシェア（%）
1991 年	179	11	0.1%	99.6%
1996 年	473	18	0.2%	95.1%
2002 年	523	35	3.9%	81.9%
2008 年	902	31	0.3%	78.8%

注：1991 年のデータは、HS92 コードでは取得できないため、SITC（Ver.3）コード 77313 で抽出したデータを使っている。

出所：UN comtrade より作成。

⑤　電子部品の輸出拠点となったマレーシア

まず図 3-26-b からマレーシアの部品輸出入全体の状況をみると、一貫して自動車部品の純輸入国であることがわかる。しかし、部品輸出の動向だけをいえば、他の 3 カ国と同様、1997 年の通貨危機と関係なく伸びる一方である。それは、マレーシアは一部の自動車部品において国際競争力を持ち、域外市場中心に輸出を拡大してきたためである。さらに 2000 年代の部品輸出の急速な伸びは、AFTA の域内関税の低減で域内向け、とくにインドネシア向けの輸出が多くなったためである。

図 3-27-c で輸出先をみると、域内向け輸出のシェアは 1989 年の 14%から 2008 年の 33%へと上昇した。そのうち特にタイとインドネシアへの増加が目立つ。その一方で、域外を含む輸出先の数は、1989 年の 39 カ国から 2008 年の 121 カ国へと大きく増加した。これは、国民車プロトンの 1980 年代後半からの輸出努力と関連し、部品輸出にも力を入れてきたためである。しかし、2008 年の輸出総額はわずか 6 億ドルで、輸出先も分散していることから、マレーシアの自動車部品産業は完成車と同様に国際競争力が弱いことが推察される。

一方、図 3-13-b でマレーシアの部品輸入をみると、2000 年代初頭までは完成車の国内生産の動向と一致していた。つまり、1980 年代までは横ばいで、1990 年代から急増し、通貨危機の時いったん減少し、2000 年代に入ると急速に増えた。ただし、2003 年から部品輸入は生産拡大を上回るペースで増加している。これも AFTA の発効で域内からの部品輸入が増えたためだと思われる。図 3-30 をみると、2000 年代に ASEAN 域内、とくにタイからの部品調達の増加が目立つようになった。その代わり日本からの輸入のシェアが顕著に縮小した。

図 3-30　マレーシアの部品(HS8708)輸入相手国の変化

①1996 年

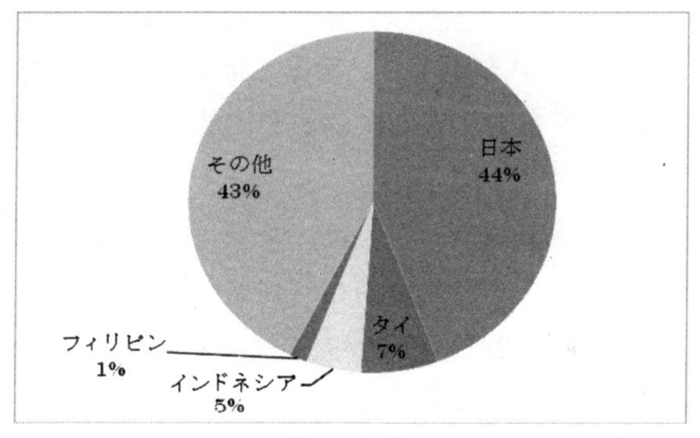

②2002 年

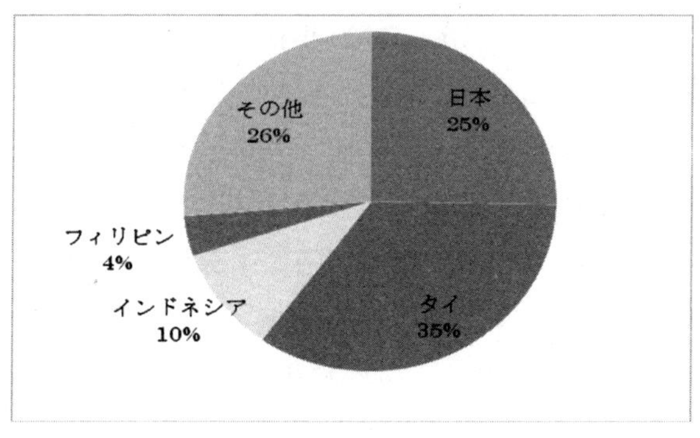

③2008 年

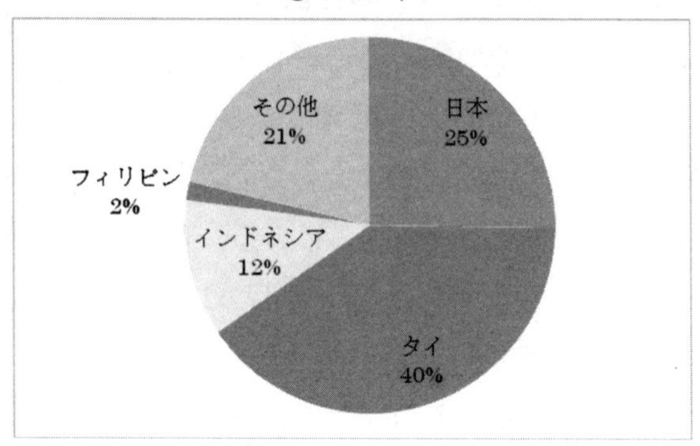

出所：UN comtrade より作成。

次に、HS コード 6 桁レベルでマレーシアの自動車部品の貿易構造を見てみよう。

表 3–14 のマトリクスをみると、輸出上位部品では、カーオーディオ部品が群を抜いて多い。その次は「その他部品」とステアリングである。

カーオーディオ輸出が多いことは、マレーシアの電子産業の強さの反映だが、逆にみれば、一般的な自動車部品産業の弱さのあらわれともいえよう。図 3–28–b は 1989 年以降のカーオーディオの輸出の動向を示している。この図から、マレーシアのカーオーディオ製品の輸出は 1990 年代から伸び始め、その後 1997 年の通貨危機の影響を受けずに順調に伸びたが、2000 年代に入ると 2002 年と 2006 年に 2 回の落ち込みを見せている。そして、2007 年から再び回復する方向に向かった。このようにマレーシアのカーオーディオ輸出は早くから増加していたが、2000 年代に入るとむしろ頭打ちになっている。これは、1980 年代以来の輸出志向型工業化の成功と、2000 年代に入ってライバルとしてタイが登場したことが関連している。

マレーシアのカーオーディオの輸出先について見てみよう。表 3–18 はカーオーディオ製品 3 品目の 1989 年、1996 年、2002 年、2008

年の上位輸出先を示している。年によって順番の入れ替わりがあるが、ドイツ、アメリカ、日本の 3 カ国向けの合計は 3 品目の輸出総額の半分以上を占めている。つまり、マレーシアのカーオーディオの主要輸出先は域外の欧州、アメリカと日本である。これはカーオーディオの輸出が 1997 年のアジア通貨危機の影響を受けなかったことの理由でもある。域外輸出の背景は、1980 年代後半から、プラザ合意による円高で日系企業がマレーシアに進出し、日本･欧米向けの輸出拠点としたためである。たとえば、1987 年から、クラリオンはマレーシアでの生産力を増強し、従来の欧州のほか、新規に北米、オーストラリアへの輸出を始めた①。1990 年代に入ると、日本への逆輸入も始まり、たとえば 1994 年にケンウッドは日本国内の人件費上昇や円高などの要因から、マレーシアとシンガポールの工場での生産比率を高め、CD チェンジャーコントロール機能付きカセットデッキなどのカーオーディオをマレーシアの生産拠点から調達するようになった②。さらに 1995 年から、同じ欧州輸出向け拠点のシンガポールの通貨高でコストが上昇したことを受け、ケンウッドや三菱電機などはカーオーディオの生産をシンガポールからマレーシアに移転した③。これらの要因によって、1980 年代後半から 1990 年代にかけて、マレーシアのカーオーディオ生産は輸出産業として確立した。

しかし、2000 年代に入ると、マレーシアのカーオーディオの輸出は落ち込みを見せている。図 3-31 と図 3-32 はそれぞれタイとマレーシアのカーオーディオ製品の品目別と 3 品目合計の 1989 年以来の輸出動向を示している。この二つの図から、タイは 1990 年代後半からカーオーディオの輸出が増え始め、2006 年にマレーシアを上回るようになったことがわかる。

---

① 『日経産業新聞』1987 年 8 月 8 日。

② 『日本経済新聞』1994 年 3 月 1 日、5 月 20 日。

③ 『日経産業新聞』1995 年 3 月 7 日。

これは、タイの自動車産業の増強に伴ってカーオーディオに対する需要も高まり、富士通テン、パイオニア、クラリオン、松下傘下のパナソニック・オートモーティブ・システムズ・タイランド、船井グループの大翔エレクトロニクスがタイに進出したが、その後生産能力の増強により輸出も拡大するようになったためである①。つまりカーオーディオ分野において、タイは 2000 年代にマレーシアと並んで ASEAN 地域の輸出拠点になったのである。図 3-32 のように、タイからの輸出増加で、マレーシアの輸出は頭打ちになった。このため近年になって、マレーシアは新興市場インドへの輸出の本格化によって、カーオーディオ輸出の巻き返しを図ろうとしている②。

カーオーディオに次ぐ輸出品目は、「その他部品」、ステアリングとカーエアコン用圧縮機である。表 3-14 からわかるように、この 3 品目とも ASEAN 域内 3 カ国向けの主要品目である。特にステアリングの輸出ではインドネシア向けが 40%を占めており、カーエアコン用圧縮機でもタイが 25%を占めている。図 3-28-b はマレーシアの輸出上位品目の 1989 年からの動向を示している。ステアリングとその他部品は 2003 年から輸出増加のスピードが速まった。ステアリングは従来から日系企業がマレーシアを東南アジアにおける生産拠点と位置付けていたが、2003 年からの増加の背景には、AFTA 発効後域内関税が 5%に低減したことがあるだろう。カーエアコン用圧縮機は 1993～1995 年の間輸出が多かったが、その後は低迷し、全体的には横ばいである。

---

① 『日経産業新聞』2002 年 7 月 1 日、2003 年 7 月 8 日、2006 年 11 月 29 日、2007 年 2 月 27 日、2008 年 8 月 1 日。

② 『日経産業新聞』2010 年 1 月 28 日。

表 3-18　マレーシアのカーオーディオ製品の輸出先

自動車に使用する種類ラジオ放送用受信機（HS852719）		自動車用ラジオ（録音再生装置付き）（HS852721）		自動車用ラジオ（録音再生装置なし）（HS852729）	
1989年（82）＊	シンガポール（56）	1989年（114）	ドイツ（60）	1989年（2.6）	ドイツ（1.5）
	アメリカ（9）		フランス（19）		アメリカ（0.4）
	ドイツ（7）		アメリカ（7）		イギリス（0.2）
1996年（185）	日本（49）	1996年（363）	ドイツ（109）	1996年（90）	アメリカ（51）
	アメリカ（36）		シンガポール（55）		シンガポール（15）
	シンガポール（27）		アメリカ（51）		イギリス（12）
2002年（284）	日本（105）	2002年（209）	アメリカ（50）	2002年（8）	アメリカ（2）
	アメリカ（85）		シンガポール（37）		ドイツ（2）
	シンガポール（29）		日本（27）		韓国（1.4）
2008年（177）	日本（47）	2008年（573）	アメリカ（181）	2008年（121）	アメリカ（40）
	アメリカ（35）		日本（178）		日本（15）
	イギリス（18）		ドイツ（41）		シンガポール（14）

出所：UN comtrade より作成。

図 3-31　マレーシアとタイのカーオーディオ品目別輸出（単位：百万ドル）

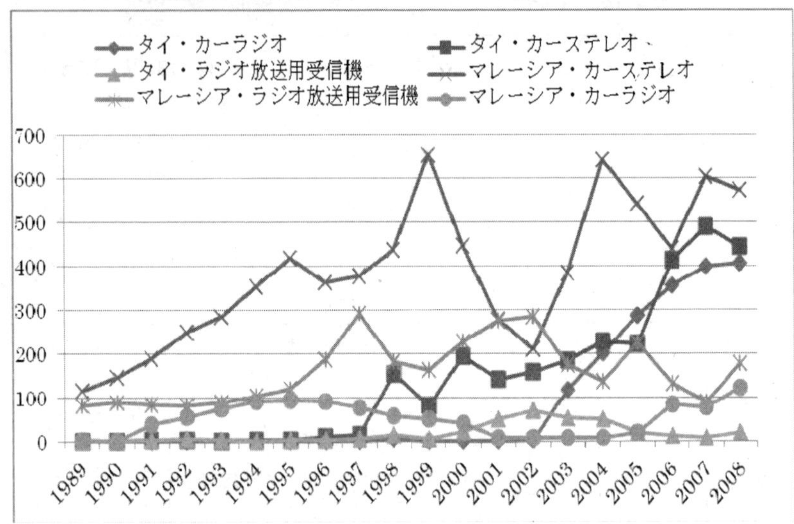

出所：UN comtrade より作成。

図 3-32　マレーシアとタイのカーオーディオ 3 品目の輸出合計

（単位：百万ドル）

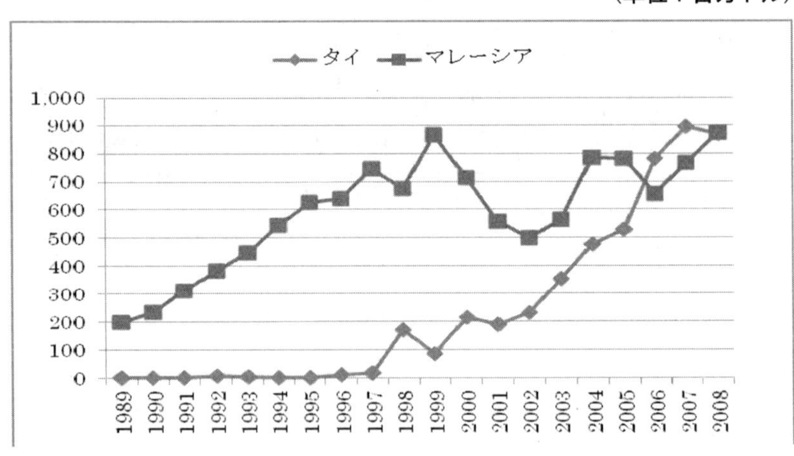

出所：UN comtrade より作成。

第 4 節　結論——グローバル時代の東南アジア自動車産業の特徴

第 3 章では、1990 年代以降のグローバル化に、東南アジアの自動車産業がどのように対応したかについて、それ以前の時代と比較しながら検討した。

第二次大戦後、経済自立と工業化を目指した東南アジア各国は、当初は KD 生産による自動車の輸入代替工業化を進めた。その後、自動車産業の発展という目標と国内市場の狭隘性との矛盾に悩まされ、自国産業を保護しながら、生産規模を拡大するために地域連携策を進めた。しかし、保護主義的な政策の下では、政府主導の地域連携計画も、米系メーカー主導のアジアカー計画も、日系メーカー主導の域内部品相互補完計画（BBC スキーム）も、いずれも失敗に終わった。その原因は、規模の経済と産業集積の形成を進められなかったためである。そして、何よりも、一国市場や、東南アジア域内市場のみを対象とした自動車生産が、限界を抱えていたのである。

したがって、東南アジア自動車産業の本格的な発展は、1990 年代以降のグローバル化の時代を待たなければならなかった。グローバル化とともに起こった第一の変化は、1980 年代後半から始まった ASEAN4 の家電産業などの輸出志向型工業化の進展によって、国民の所得水準が上昇し、自動車に対する需要が増加したことである。第二の変化は、WTO や AFTA の下で貿易自由化が進展し、完成車も部品も国内市場のみならず、域内相互貿易や世界市場向け供給拠点としての新たな可能性が開けたことである。第三の変化は、日系メーカーを中心として、タイやインドネシアを新興国向け世界戦略車の本格的な生産拠点として位置づける動きが始まり、これに伴って部品生産も一段と拡大したことである。

このような変化によって、ASEAN4 の国内自動車販売は 1990 年代に急速に増加し、1997 年のアジア通貨危機でいったん急減したものの、回復は早かった。こうした環境の下で、1980年代から発足していた域内自動車部品相互補完計画は、その後部品企業だけでなくその他の産業にも広げられ、AICO、CEPTへと発展しながらASEAN地域の貿易自由化を推進した。こうした貿易自由化の下で、完成車も部品も一番メリットのある国に集約されるようになり、東南アジア各国の棲み分けと相互貿易が形成された。

各国別にまとめると、一番早く保護主義政策を捨てて開放政策に転じたタイには、1990年代から外資系完成車メーカー、部品メーカーが集中的に進出し、自動車産業の集積を形成した。そして1997年の通貨危機をきっかけに、その打開策を輸出拡大に求め、タイは外資系メーカーのグローバル戦略に組み込まれ、新興国市場向けの世界戦略車とその部品のグローバル供給拠点となった。「今や東南アジア最大の自動車市場となったインドネシアでもタイと同様の動きが始まり、2000年代に入ってからMPV及び同部品のグローバル供給拠点となった。

また、1980年代後半からの経済発展に乗り遅れたフィリピンは、完成車の生産拠点になれなかったが、部品生産の分野で世界向けにはワイヤーハーネス、域内他国向けにはトランスミッションの供給拠点となった。

一方、マレーシアは国民車企業プロトンに対する保護政策に固執した。そして、三菱自工から欧州メーカーへの提携先拡大や、新たな輸出先や海外生産の開拓によって、グローバル化への対応を図ろうとした。しかし、保護主義政策の下で競争原理が作用せず、技術吸収力やコスト意識の不足によって、いまだに国際競争力を持つ企業には育っていない。むしろ、積極的に外資に依存した後発の国策企業プロドゥアにも、遅れをとっている状況である。かろうじて、電子産業の性質が強い自動車部品であるカーオーディオにおいて、世界向けの輸出優位を持っているにすぎない。

もし、現代の自動車産業においても雁行形態的発展の可能性が残されているなら、マレーシアのように保護主義政策の下で、国を挙げて輸入代替(KD→部品国産化)→輸出→海外生産という発展の道をめざすことが成功に結びついたかもしれない。しかし、グローバル化された世界では、外資との合弁や直接投資の受け入れなどを通じて、何らかの形でグローバル分業の一翼を担う可能性を追求しなければ、生き残りを図ることはできない。結局、それが自国産業の競争力強化と、ある種の自立につながっていくのである。このことは、第2章で述べたように、外資導入から始まって独自技術や独自ブランドで世界進出を図る段階まで達した中国の事例を見ても、明らかであろう。グローバルな競争の下で、発展途上国は、フルセットの工業化を目指すのではなく、自国の賦存資源に基づき、産業の選択と集中を行うことによって、国際競争力を持つ産業の育成につながる可能性が拡大しているといえよう。

第 2 部　ICT 産業のグローバル分業

第 2 部の分析対象

第 1 部では、東アジア地域における自動車産業のグローバル化への対応とその結果としてあらわれたグローバル分業の実態、すなわち車種間棲み分けという分業パターンを明らかにしてきた。第 2 部では、自動車産業と対照的な分業パターンを示している ICT 産業について分析する。

1980 年代半ば以降、東アジア地域の ICT 産業を含む電機・電子産業は、それまでの輸入代替産業から輸出志向産業へ転換を遂げた。この転換をきっかけに、東アジア地域では ICT 産業の輸出主導のグローバルな生産・流通ネットワークが出来上がった。その生産・流通ネットワークの大きな特徴は、部品や中間財などの各ユニット単位で、各国間の分業体制が形成されたことである。パソコンを例にあげると、基本ソフト(OS)および中央演算装置(CPU)は米国、メモリーは韓国、ハードディスクドライブ(HDD)はシンガポール・マレーシア・タイ・フィリピン、液晶パネル(TFT–LCD)は韓国・台湾地域、マザーボードやマウス、キーボード、そして完成品の組立などは中国大陸、というように、生産拠点は東アジア各国に分散し、これらを結ぶ生産・流通ネットワークの上に各部品ユニットを組み合わせて完成品が製造されていく分業構造が出来上がっている。

ICT 機器の特質とグローバル分業

第 2 部第 4 章では、ICT 機器を分析する。パソコンをはじめとする

ICT 機器の第 1 の特質は、技術進歩のスピードが著しく速く、製品のライフサイクルが短いことである。そのため、注文から出荷までの迅速さが勝負になる。したがって、生産を行ううえでブランド企業と組立企業や部品企業との緊密な連携と迅速な調達が重要である。逆に言うと、下手に在庫を持つと、在庫を持っている間に製品の世代更新がおき、「陳腐化」するリスクがある。DELL の BOT(Built to order)と呼ばれる直販方式は、「陳腐化」リスクを回避する一つの方法である。

技術革新の早さは、製造工程のアウトソーシングを促す要因でもある。自社で製造工程を抱えると、常に設備を更新するための投資を行う必要が生じてしまうためである。アウトソーシングすることによって、莫大な設備投資を節約できる。

第 2 の特質は、製品を生産する上で各部品が標準化されモジュール化されていることである。すなわち、製品を構成する各部品相互の関係が構造的にあらかじめパターン化されており、個々の部品を別々の企業が生産・開発することが可能である。

モジュール化とは、「全体システムをいくつかの比較的独立した塊——モジュールに分けて、そのモジュール間の役割分担と連携のルール(インターフェース)を決めた上で、各モジュールの設計には比較的高い自由度を与える」ことである①。とくに、ICT 機器はモジュール化されているものが多く、その意味では、モジュール化された部品を独自に開発・生産する部品メーカーと、それを組み合わせて最終製品を生産する完成品メーカーとの企業間関係が一つの典型的な生産・流通パターンとしてクローズアップされる。

たとえば、ICT 機器の代表格であるパソコンは、そのハード・ソフト両面の構成要素技術として OS、CPU、メモリー、HDD、モニターなどを組み合わせて生産されるが、それぞれの技術、部品は規格が標準化されており、標準化された部品や周辺装置はそれを生産する専業企

---

① 国領[2003]を参照。また、モジュール化についての詳しい内容は、青木・安藤[2002]を参照されたい。

業が各メーカーに供給している。つまり、パソコンの完成品メーカーにとっては、必要な部品や周辺装置を自ら生産するのではなく、それらを生産する専業企業から調達するのが一般的である。したがって、垂直統合的な分業体制を構築する必要がなく、外部調達が一般的となる。

ICT 機器の第 1 の特質が製造工程のアウトソーシングの必要性を生み出したとするならば、第 2 の特質はアウトソーシングの実現可能性を提供したといえよう。同時に、ハードウェアの実質的な製品差別化は困難になった。

さらに、ICT 機器の第 3 の特質は、ソフトウェアやシステムの重要性である。ICT 機器の使用にあたってソフトウェアが不可欠であるが、その開発と販売はハードウェアから分離され、別の企業によって行われることが多い。たとえば、パソコンや携帯端末などの ICT 機器はハードウェアだけでは使うことができず、その機器本体と OS、さらに応用ソフトはそれぞれ異なる企業が供給している。さらに、モジュール化でハードウェアの差別化が難しくなったため、グローバル競争で勝ち抜くためには、ハードウェア自体よりソフトウェアや機器周辺のシステムで独自性を追求することが必要になった。たとえば、アップルの iPod がソニーのウォークマンに勝ったのは、ハードウェアの技術優位ではなく、タッチパネルを使った操作性などを生むソフトウェアと、インターネットから音楽をダウンロードできるネットショップなどのシステム構築の成果である。そして、携帯端末やパソコンでも、そのハードウェアで応用できるアプリケーションソフトの数やそれによって得られるサービスによって、製品の差別化が図られている。一方、ハードウェアの製造過程で利益を上げるのはますます難しくなっており、パソコンの生みの親である米 IBM をはじめ、初期のパソコン製造大手がハードの分野からソフト分野へ転身した事例も少なくない。

したがって、付加価値の小さくなったハードウェアの製造過程を、東アジアに移転する動きが進められた。

第一、第二の特質から生じるアウトソーシングの必要性と、第三の特質から生じるハードウェア製造過程の分離が合わさって、アメリカを中心とする先進国と東アジア諸国との間で、グローバル分業が必然化されることになったのである。これを象徴する方式が、EMS (Electronics Manufacturing Service、電子製品受託製造サービス) である。

ブランド企業と製造企業の分離——EMS (電子製品受託製造サービス)

グローバル時代のICT産業の国際分業は、このような製造過程のアウトソーシングとソフト・ハードの分離を前提として生み出された。HPやデルのパソコンやノキアの携帯電話端末、アップルのiPodは、アメリカなどのブランド企業が製品を企画設計し、これを台湾地域のメーカーが受託生産し、完成品を納品して世界中の市場で売られている。つまり、ICT機器のブランドはアメリカなど東アジア域外で形成され、機器の生産は東アジアで行うという分業が一般的に見られる。EMSに代表されるように、アメリカと東アジアの間に、ブランドー設計開発ーマーケティングと、製造工程の分業体制が構築されているのである。

EMSは1960年代に大手エレクトロニクス・メーカーの生産能力不足を補う下請けとして始まったが、飛躍的に発展したのは、1980年代に電子回路の組み立てにSMT (表面実装技術) とよばれる新しい生産技術が採用されたことと、IBMの初代パソコン開発チームがアウトソーシングを進めたためである①。そして本格的に発展を遂げたのは、1990年代のグローバル化が加速した時期である。グローバル化によりEMS企業は世界中の最適な場所に生産拠点を置くことができるよう

① EMSは最初はアメリカで盛んになった。2001年ソニーは自社の米国工場を米系EMSメーカーに売却したことをきっかけに、日本で注目されるようになった。EMSの歴史やアメリカでの展開のプロセスについて、詳しくは稲垣[2001]を参照されたい。また、2000年までの日本企業のEMSについての動向もあわせて分析した参考資料として、原田[2001]を参照されたい。

になった。また同時に起きたインターネットの飛躍的な成長は、パソコンなどのICT機器に対する需要を急拡大させた。こうした環境の下で、EMS企業は高成長とグローバル展開を実現し、メガ製造メーカーとなっていった。さらに、1990年代に生産拠点の東アジアへのシフトに伴って、台湾地域のEMS企業が台頭し、欧米のEMS企業を上回る規模となった。たとえば、後に詳しく分析する鴻海精密工業は、2000年代にICT機器生産で世界のトップEMS企業に成長したのである。

EMSはパソコンや携帯端末機器などのICT機器に限らず、今日ではアパレル産業や食品産業など多くの産業分野でも行われている[①]。本書第2部の第5章で分析する半導体産業においても、台湾地域のファウンドリーメーカーは実質的に半導体のEMS企業とみてよかろう。

半導体の特質とグローバル分業

続く第2部第5章では、グローバル時代の東アジアの半導体産業について分析する。

半導体産業でも、ロジック回路などのノンメモリー分野では、前述のICT機器のブランド企業とEMS企業の分業のように、ファブレス(設計)とファウンドリー(生産)の分業が形成されている。その背景としても、技術革新の早さやモジュール化などアウトソーシングの必然性と、付加価値の高い設計・販売に特化したいというファブレスの戦略が見られる。そして、ここでも東アジアが生産過程を分担し、ファウンドリーのトップシェアは競争力の強い中国台湾企業が維持している。

一方、半導体のもう一つの主要分野であるDRAMやフラッシュメモリーなどのメモリーの生産では、これとは異なるグローバル分業体制が構築されている。すなわち、シリコンウエハーなどの素材や、ウエハープロセス処理・組立・テストなどを行う各種半導体製造装置の生産

---

① アパレル産業や食品産業に起きているEMS型生産の事例について、立石[2004]を参照されたい。

はそれぞれの分野で専業メーカーが行っており、これらを使用しながらデバイスメーカーがメモリーを生産している。そして、この分野の関連企業は日本·韓国·台湾地域に集中しており、その中で東アジア域内分業が行われている。

第2部では、このように二つの異なる形態をとりながら、ともにグローバル化に対応した生産拠点としての役割を強めてきた東アジアのICT産業について分析する。

第 4 章　ICT 機器のグローバル水平分業——パソコンを中心に

第 1 節　第 4 章の課題

第 4 章は、グローバル時代の東アジアの ICT 機器の生産について論じる。

第 2 節では、ICT 機器の代表的な製品であるコンピュータを中心に、グローバルな分業体制の構築と生産拠点の移転の実態を、貿易データなどをもとにして明らかにする。

第 3 節では、パソコン生産はなぜ水平分業できるのか、製品の性質とグローバル化の関係を検討し、1990 年代と 2000 年代のパソコン生産の主要な担い手である中国大陸と台湾地域のそれぞれの生産優位性の変化と産業の実態を貿易データ、貿易特化係数、新聞記事による企業の動きなどで明らかにする。

まず、貿易データを使って 1990 年代以降の台湾地域パソコン産業の輸出入構造の推移を確認し、半導体産業の優位性との相違を念頭に置きながら、台湾地域パソコン産業の優位性の形成と喪失を確認し、このことによって中国大陸との分業がどのように形成されてきたのかを明らかにしたい。

次に、中国大陸のパソコン産業についても、貿易データを使って 1990 年代からの中国大陸のパソコン産業の輸出入構造とその推移を確認し、今日の世界のパソコン製造における中国の位置付けを明らかにする。そして、中国華南地域と華東地域のパソコン製造の集積地の形成過程を検討することによって、中国大陸のパソコン製造における企業などの役割を明らかにしたい。

このように、パソコンの組立に圧倒的な強みを持つようになった中国大陸と台湾地域では、世界的に有名なブランド会社が出現している。その発展の原動力は何なのか、その発展はパソコンのグローバル分業にどんな影響を与えるものなのかという点について、レノボ、エイサー、アスースという代表的な3社について検討する。

第4節ではパソコン以外のICT機器の事例として、アップルのiPodなどの生産実態を分析し、世界の EMS 企業の最大手である鴻海精密工業グループを事例としてとりあげて、パソコン以外のICT機器のブランド企業と EMS 企業の間の分業体制を明らかにする。さらに、その分業の要因をアップルの iPod や iPhone の原価構成の分析から解明し、最後にグローバル化とICT製品生産の水平分業の特徴についてまとめる。

第2節　データからみたコンピュータ生産拠点の移転

図 4-1 は、一般に貿易統計の分析に使われる国連統計(comtrade)を使って、1976年から2009年までのコンピュータおよび周辺機器の輸出動向を集計したものである。この図では、2002 年に中国がアメリカと逆転するまで、1987年と1988年に日本がアメリカを上回った以外、アメリカはずっとこの分野の世界輸出のトップだったことが示されている。しかし、1990 年代からコンピュータの世界生産の主役となった台湾地域のデータは国連のデータベースから除外されているため、図 4-1 は貿易の実態を示していない。しかし、後述のように台湾地域の統計を組み込むことができるのは 1989 年以降なので、1980 年代以前に遡って趨勢をつかむには、この図のデータが必要である。

図 4-1　主要国のコンピュータおよび周辺機器(SITC752)の輸出

（単位：米ドル）

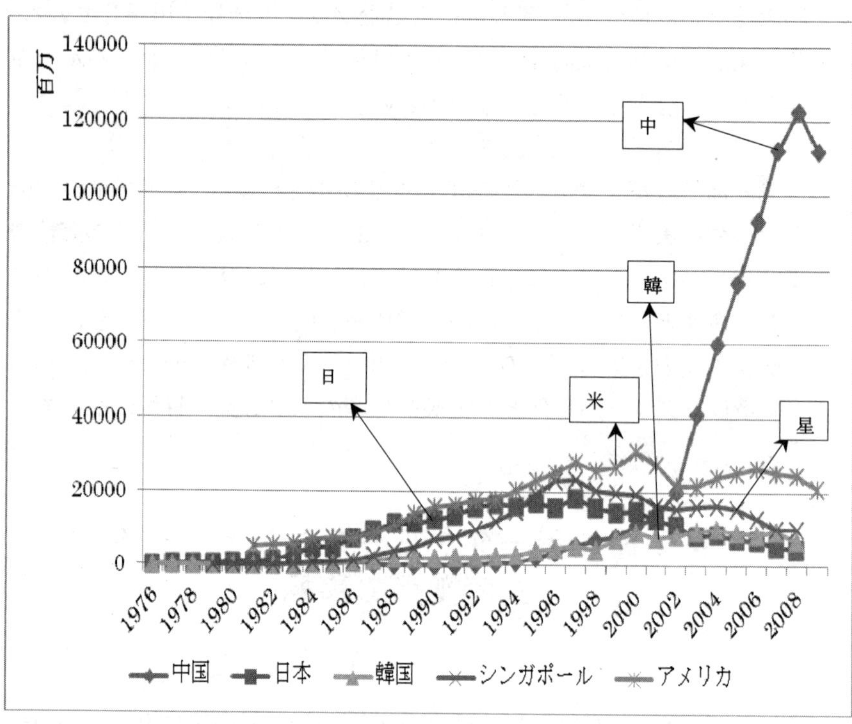

注：国連貿易統計(UN comtrade)http://comtrade.un.org/db/_dqQuickQuery.aspx より SITC V.2 の 752「Automatic data processing machines and units thereof」(コンピュータ及び関連機器)を抽出したデータである。出所：UN comtrade より作成。

図 4-2 は台湾地域のデータも合わせて示した図である。中国台湾地域進出口貿易統計データベース(http://cus93. trade.gov.tw/FSCI/)から HS コードで集計したもので、HS コードは SITC コードと比べ、より具体的な分類で商品品目を特定できる。しかし HS コードは 1989 年までしか遡れないため、図 4-2 の開始時期は 1989 年になっている。

図 4-2　主要 6 カ国・地域のコンピュータ輸出（単位：米ドル）

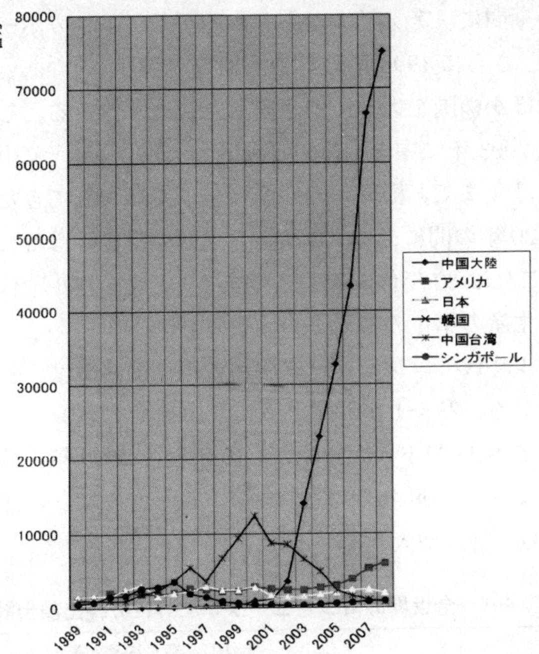

注：①中国大陸、アメリカ、日本、韓国、中国台湾、シンガポールは国連貿易統計(UN comtrade)より HS92 の 847120「Digital computer with cpu and input-output units.」のデータを抽出した。

②台湾地域のデータは中国台湾地域進出口貿易統計データベース(http://cus93.trade.gov.tw/FSCI/)より、1989～1996 年までは HS847120 のデータである。1996 年に HS コードの大幅な改訂があり、国連のデータベースでは、改訂後の年でも古いバージョンのコードで自動的に換算されたデータをとれるが、台湾のデータベースではそうはいかなくて、ほかの国のデータとの統一性を図るため、1997～2008 年は HS92 の 847120 に相当するいくつかの品目、すなわち、HS96 の 847130「Portable automatic data processing machines, weighing notmore than 10 kg, consisting of at least a central processing unit, a keyboard and a display」(携帯用のデジタル式自動データ処理機器、重量 10kg 以下)、847141「Comprising in the same housing at least a central processing unit and an input and output unit, whether or not combined」(デジタル式コンピュータ)、847149「Other, presented in the form of systems」(システム携帯のデジタル式コンピュータ)、847150「Processing units other than those of subheadings 8471.41 or8471.49, whether or not containing in the same housing one or two of the following types of unit; storage units, input units, output units」(デジタル式データ処理装置、中央処理・入出力装置同一ハウジング収納を問わない)の合計である。

出所：UN comtrade、中国台湾地域の国際貿易局進出口貿易統計より作成。

図 4-2 から、コンピュータの輸出のトップは、1989 年から 1995 年までの短い期間に、アメリカから日本、そしてシンガポールへという交代を見せ、さらに 1996 年から台湾地域へ移り、そのあと輸出金額で台湾地域はほかの国を大きく引き離したことがわかる。しかし台湾地域の首位は 2003 年に中国大陸に逆転されて終了し、その後、中国大陸からの輸出は今までと桁違いの猛スピードで拡大してきた。このように、わずか 20 年の間に、コンピュータ生産の担い手は目まぐるしく交代したが、これは 80 年代末期から始まる、グローバル時代におけるコンピュータ生産の第 1 の特徴といえよう。

グローバル時代のコンピュータ生産の第 2 の特徴は、生産額の桁違いの増加である。表 4-1 が示すように、1989 年のコンピュータ輸出の合計額はわずか 31 億ドルだったが、10 年後の 1999 年には 181 億ドルと一桁多くなり、2008 年には 1148 億ドルとさらに一桁多くなって、1989 年の約 40 倍に増大している。

表 4-1　全世界のコンピュータ（HS847120）輸出額合計

年	輸出総額（米ドル）
1989	3,140,409,535
1994	9,901,134,127
1999	18,139,264,303
2004	54,923,812,021
2008	114,852,731,807

出所：UN comtrade より作成。

このような著しい増加は、コンピュータがオフィス用の大型汎用機からパーソナルコンピュータの時代に移り、さらに技術の発展や価格の下落でパソコンの普及へと市場拡大が進んだ結果である。これらの増加要因については後に詳しく検討し、さらにグローバル時代のパソコン生産における国際分業の実態を明らかにしていく。

第3節　グローバル時代における パソコン生産の水平分業

I　グローバル時代のパソコン産業——コモディティー化とEMS企業

1. パーソナルコンピュータの登場

コンピュータ生産が1つの産業として成立したのは1951年だといわれている[①]。第2次世界大戦後のアメリカで、軍需を中心とする政府調達の下でコンピュータ産業が育成され、1960年代から民需によって一層発展し、長い期間世界市場においてアメリカが圧倒的な優位を保ってきた。とくにその代表企業であるIBMは他社より優れた技術力、資本力、マーケティングをもって、1970年代末には全世界で設置されていたコンピュータの7割はIBM製だといわれたほど市場を制覇していた。

1970年代までのコンピュータは、現在の個人用コンピュータではなく、事務用を主に科学技術計算用を加えたデジタル型汎用機が中心だった。しかし1971年にマイクロプロセッサ(MPU)が発明され、コンピュータ市場に革命をもたらした。MPUは汎用性に優れ、体積もきわめて小さく格安なうえに、一人前のコンピュータとしての能力も備えていた。さらに1975年にメモリーチップや周辺チップと組み合わせたパーソナルコンピュータ(パソコン、PC)が誕生した[②]。1977年にはア

① コンピュータ産業の成立、アメリカと日本のコンピュータ産業の発展については、新井[1996]を参照されたい。

② コンピュータのうち、個人向けのパソコンのほか、産業・ビジネス用コンピュータとして、メインフレーム、ミッドレンジコンピュータやワークステーションがあるが、その出荷台数と金額はパソコンと比べては非常に少ないため、以下、本稿ではパソコンについて分析する。

ップル・コンピュータが誰にでも容易に使いこなせるソフトウェアを搭載した画期的なパソコンを発表した。

さらに1981年からIBMがアメリカ市場で初めて16ビットパソコンのIBM PCを発売し、先行メーカーであるアップルの市場支配を突き崩すため従来の内部調達主義を大きく転換した。IBMはMPUをインテル(Intel)から調達、OSはマイクロソフトのMS−DOSを採用する方針をとった。同時に、外部メーカーによる周辺機器生産を促進することをねらい、パソコンの回路図と基本出入力システム(BIOS)を公開した。こうして、今日のような高度なモジュール型の性質をもつパソコンの技術体系が確立された。

一方、パソコンの登場はコンピュータのユーザーを初めて一般大衆にまで拡大し、大量生産・大量販売の時代を切り開いた。続いて1984年にIBM　PC/ATの発売によってIBM規格がパソコンの事実上の標準としての地位を固めると、IBM互換機の生産が一挙に増加した。製品と周辺機器・プログラムの供給拡大によって、表4-2に示すように1985年から1990年にかけて、世界のパソコン生産台数は年平均28.4%という高い伸びを示していた。

表4-2　パソコンの世界生産台数

	パソコン生産台数(千台)	対前年増加率(%)
1985年	10655	——
1990年	25784	28.4%
1995年	60171	26.7%
2000年	134738	24.8%
2005年	208586	11.0%
2007年	269140	14.5%

出所:『日経産業新聞』2006年7月24日、2008年7月22日、米IDC発表より作成。

2. パソコンの低価格化とEMSの台頭

第2部の冒頭に述べたように、ICT製品は3つの特質をもっている。

ICT の代表格であるパソコンもこの 3 つの特質、すなわち、技術革新のスピードが速く製品のライフサイクルが短いこと、部品の標準化とモジュール化が確立していること、製品のハードウェアとソフトウェアが分離していること、という特質を備えている。さらに、この 3 つの特質のほかに、パソコンはもう一つの重要な特徴を持っている。それは、パソコンのデファクト・スタンダードがウインテル(Wintel)によって決定されていることである①。すなわち、OS(operation system)のウインドウズ・シリーズを供給するマイクロソフトと、CPU を供給するインテルが、今日のパソコンの標準規格を決定している。ウインドウズを用いないアップル社のパソコンも生産されているが、ごく少数である。また、インテルではなく、AMD(Advanced Micro Devices)製の CPU を用いる場合もあるが、今までのところ大勢を占めたことはない。

以上のような特質を持つパソコンの生産にあたって、本稿で分析する 1990 年代以降のグローバル化の時代に、2 つの大きな変化があらわれた。すなわち、パソコンの価格下落に伴うコモディティー化と、生産の OEM/ODM 化＝EMS(受託製造サービス)化である。

まず、パソコン価格の下落と市場の拡大に関しては、表 4-4 で日本の 1996 年以降のパソコンの出荷単価を見てみよう。この表から、パソコンの出荷単価は 1996 年の 23 万円台から年々下がり、2009 年には 9 万円台と半分以下になったことがわかる。出荷単価と反比例するように、日本国内の出荷台数は 1990 年の 200 万台②から 2009 年の 950 万台まで増加した。表 4-3 のように、米調査会社 eTForecasts のデータによると、世界販売台数は 1990 年の 2400 万台から 2007 年の 2 億台に増加している。

---

① Borrus and Zysman[1997]と Borrus[2000]を参照。

② 社団法人電子情報技術産業協会（JEITA）の統計資料(http://www.jeita.or.jp/japanese/stat/)による。

表 4-3　パソコンの世界販売台数

	パソコン販売台数（千台）	対前年増加率（%）
1990 年	24,175	——
1995 年	57,985	28.0%
2000 年	129,670	24.7%
2002 年	133,920	1.6%
2004 年	158,790	9.3%
2007 年	206,690	10.1%

出所：日経 BPnet 記事 2002 年 5 月 9 日（http://itpro.nikkeibp.co.jp/free/ITPro/USNEWS/20020508/11/）より作成（原資料は米調査会社 eTForecasts 社）。

表 4-4　日本のパソコン出荷単価の下落

	台数（千台、a）	金額（億円、b）	PC 単価（円、a/b）
1996	8,604	20,416	237,285
1997	8,095	18,725	231,316
1998	8,111	16,983	209,382
1999	10,533	20,326	192,974
2000	12,776	21,974	171,994
2001	11,202	17,947	160,212
2002	10,255	16,320	159,142
2003	11,359	16,317	143,648
2004	12,725	17,435	137,014
2005	13,971	17,477	125,095
2006	13,193	15,863	120,238
2007	—	—	—
2008	8,792	9,758	110,987
2009	9,518	8,858	93,066

注：2007 年のデータは NA。1996 年～2006 年は国内出荷と輸出の合計であり、2008 年と 2009 年は国内出荷のみである。

出所：JEITA（社団法人電子情報技術産業協会）統計資料（http://www.jeita.or.jp/japanese/stat/）より作成。

このように、パソコンは価格の下落とともにコモディティー化して急速に普及し、市場が拡大してきた。市場の拡大に伴い、メーカー間の価格競争は一層激しくなり、パソコンの製造工程の付加価値はますます小さくなっていった。このため、従来のパソコンメーカーは製造工程を切り離してブランド企業となり、生産はEMS企業へ委託するという方式が一般的になった。EMSには2種類あり、製造のみを受託する場合をOEM(original equipment manufacturing:相手先ブランドによる生産)、製品開発と製造を受託する場合をODM(own development and manufacture:相手先ブランドによる設計・生産)という。この流れの中で、台湾地域のEMS企業はパソコンのOEMから始まり、後にODMまで担いながら世界舞台に躍り出た。現在、デル(Dell Inc.)やHP(Hewlett-Packard Development Company)のようなブランド企業は、大部分の製品をOEM/ODM生産に頼っている①。さらに、後述のIBM(2004年)や、日本の日立(2007年)、シャープ(2010年)のように、ブランドも捨ててパソコン生産から完全に撤退する企業も続出している②。

EMS企業の誕生は、グローバル化と前述のパソコンの特質を前提にしている。いうまでもなく、1990年代に加速したグローバル化は、自由貿易体制を構築し、インターネットを通じたアメリカ企業から台湾地域企業への迅速な発注や、航空機を使ったパソコン部品や製品の国際的な移動を可能にして、パソコン生産の国際分業を進展させた。一方、パソコンの第一の特質である技術革新の速さとライフサイクルの短さは、ブランド企業に目まぐるしく変化する市場のニーズをつかむことに資源を集中することを促し、製造は外注することを必然化させた。さらに、モジュール化という特質はパソコン製造の技術参入障壁を低め、台湾地域の企業などの後発メーカーがEMS企業として国際的に通用する水準のパソコンを製造することを可能にした。

---

① 稲垣[2001]、Sturgeon & Lee[2005]を参照。

② 『日本経済新聞』2010年10月22日。

3. デスクトップ型パソコンとノートブック型パソコン

パソコン生産の拠点としてのEMS企業は台湾地域で発展したが、やがて実際の生産拠点は中国大陸に集約されていった。このように東アジアにEMSが発達した技術的要因として、デスクトップ型パソコンからノートブック型パソコンへの転換を指摘することができる。デスクトップとノートブックは組み立て技術が異なり、サプライチェーンの管理方式にも相違がある。ノートブック型は、生産拠点をエンドユーザーの近くに置いても効率的でないため、消費地のアメリカから遠く離れた東アジアで生産することを可能にしたのである。

前述のように、パソコンは典型的なモジュラー型製品であり、とくにデスクトップ型パソコンにおいてモジュール化の特質は顕著である。図4-3のように、初めに基本的なモジュールとして、ベアボーン(ケース・パワーサプライ・マザーボード・フロッピーディスク、ケースとパワーサプライのみをベアボーンと呼ぶ場合もある)が作られる。台湾地域の EMS 企業は、こうしたベアボーンの組み立ての受注から出発した。CDドライブやDVDドライブは台湾地域で組み込まれる場合と、別に最終組立工程で組み込まれる場合がある。その後の工程が次第に中国大陸で行われるようになったのは、コスト、とくに賃金が低かったからである。そのために必要な部品の多くは、台湾地域以外の国・地域から調達された。

デスクトップ型パソコンの場合、かつてはエンドユーザーの近くで最終組み立てが行われ、そこで CPU、DRAM、ハードディスクドライブが装填されることが多かった。その理由はこれらの部品がパソコンのコストのうちの大きな比重を占めるとともに、急速かつ持続的に進行する技術革新のため陳腐化が進みやすく、価格変動も激しかったからである。いいかえれば、これらの部品の在庫を持つことのコストとリスクは非常に大きかった①。そのた

① Curry & Kenny[1999]。

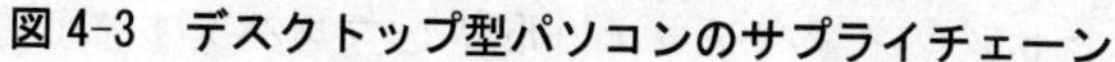
図 4-3　デスクトップ型パソコンのサプライチェーン

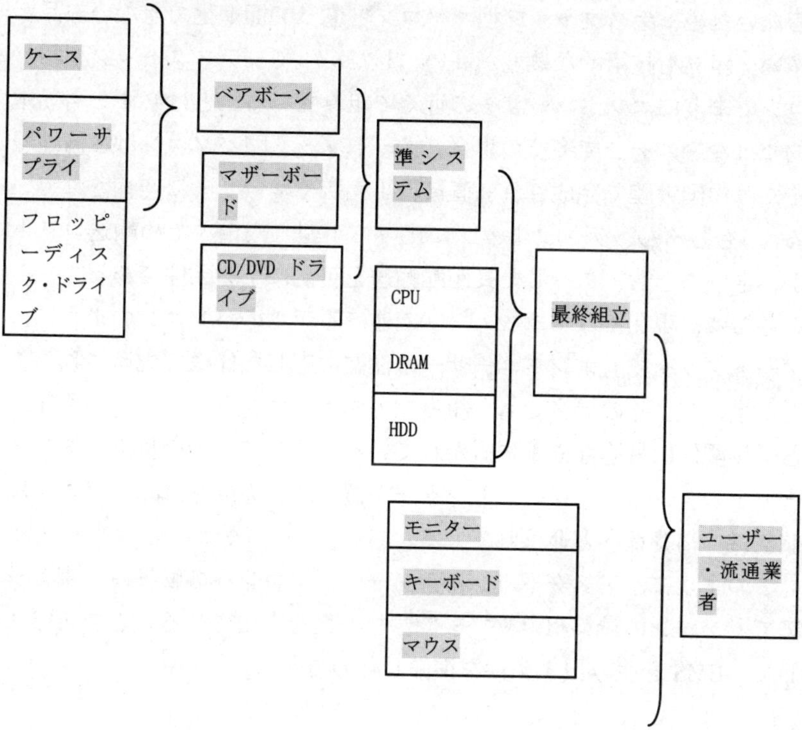

注：編みかけされた部分は中国台湾企業が主たるサプライヤーになっている。
出所：佐藤[2007]，185 頁。

め、注文生産（BTO/CTO①）が優位性を持ち、パソコン企業は受注してから CPU などを組み付けること
で部品在庫を持つことを極力避けようとしたので、受注から出荷までの時間を短縮するためにはエンドユーザーの近くに最終組立工程を設ける必要があった。

---

① BTO は build to order の略、顧客の注文を受けてから、規制のモデルを製造する方式であり、CTO は configure to order の略、あらかじめ標準的な準システムを製造し、最終組立地点を用意しておき、個々の部品やモジュールについては顧客の要求に合わせて組み立てる方式。

一方、ノートブック型パソコンは形状をコンパクトにしなければならないため、デスクトップ型パソコンと違って標準化できない部品が多い。組立も技術的な難度が高い。したがって、デスクトップ型パソコンのようにエンドユーザーの近くで組み立てることは必ずしも効率的ではない。そこで多くの場合、ノートブック型パソコンは台湾地域または中国大陸で完成され、直接、小売店やユーザーに空輸されている①。もちろん、デスクトップに比べて小型・軽量なため輸送コストが小さいことも、こうした長距離輸送を可能にする条件である。

さらに、現在では本章 2-Ⅰ-③で述べるデルのパソコンのように、ノートブックでもエンドユーザーの注文に応じた仕様で生産されることが多いが、その場合でも、組み立て拠点はエンドユーザーの所在地とは無関係に最適な立地に置かれている。そして、その付近に部品メーカーのロジスティクス・センターが置かれ、完成されたパソコンは航空機で消費地へと運ばれている。

このように、デスクトップからノートパソコンへの転換は、東アジアでパソコンの最終組み立てまで含む工程を完結させることを可能にして、EMS を生み出す条件を準備したのである。

Ⅱ　グローバル時代の東アジアのパソコン産業と EMS

先に述べたように、主要国の 1989 年からのコンピュータ輸出額の推移を示した図 4-2 からわかるように、1996 年に台湾地域はコンピュータ輸出で世界 1 位になり、その後しばらくは輸出金額でほかの国と差を広げながら 1 位の座を守り続けた。しかし、2003 年に中国大陸が台湾地域にかわって 1 位となり、その後も中国大陸は輸出を急速に拡大させて、圧倒的な優位性を持ち続けてきた。

このような動向の背景として、まず 1990 年代の台湾地域の輸出拡大の要因を明らかにしなければならない。同時に、2000 年代に入ると台湾地域の優位性は失われ、輸出拠点は中国大陸へ移転するが、その具

① 佐藤[2007]、187 頁。

体的な要因も検討する。

一つの要因は、台湾地域のパソコン部品産業の動向である。表 4-5 に示されているように、パソコンの主要部品における中国台湾企業の世界シェアは2000年代に入っても伸びる一方であり、デスクトップを構成するマザーボードとモニター、そしてノートパソコン部品の過半数のシェアを占め、圧倒的な優位を示している。このことが、中国大陸におけるパソコン輸出の伸びを支えている。

表 4-5　中国台湾パソコン企業の対世界生産量シェア、OEM・ODM 比率（単位：%）

		ノート PC	マザーボード	モニター	デスクトップ PC
対世界生産量シェア	1995 年	27	65	57	--
	2000 年	53	70	54	25
	2003 年	67	79	65	27
OEM・ODM の比率	1995 年	79	--	66	37
	2000 年	89	36	--	82
	2003 年	96	48	81	--

出所：川上[2004]、50 頁。

もう一つの要因は、パソコンの主流が前述のようにデスクトップ型からノートブック型へ変化したことである。1990 年代の中国台湾から 2000 年代の中国大陸への製造拠点の移転は、このことと関連する。

さらに、2000 年代の新しい動向として東アジア独自ブランドの台頭をあげることができる。表 4-6 のように、1990 年代から現在までパソコンの世界トップ 5 はほとんど米・欧・日のブランド企業だったが、2000 年代になって、東アジアのブランド、つまり中国大陸のレノボ・グループ、台湾地域のエイサーもトップ 5 に名を連ね、アスースがそれを追いかけている。

以下、中国台湾と中国大陸のパソコン産業のそれぞれの発展と優位性の推移を明らかにしていこう。

表 4-6　パソコンブランドの出荷台数世界シェア

年	順位	ブランド
1994年	1位	コンパック
	2位	IBM
	3位	HP
	4位	デル
	5位	—
1995年	1位	コンパック
	2位	IBM
	3位	HP
	4位	デル
	5位	—
1996年	1位	コンパック
	2位	IBM
	3位	デル
	4位	HP
	5位	—
1997年	1位	コンパック (12.7%)
	2位	IBM (9%)
	3位	デル (5.9%)
	4位	HP (5.6%)
	5位	パッカードベルNEC (5.2%)
1998年	1位	コンパック
	2位	IBM
	3位	デル
	4位	HP
	5位	—
1999年	1位	コンパック (13.9%)
	2位	デル (10.5%)
	3位	IBM (8.2%)
	4位	HP (6.7%)
	5位	富士通・シーメンス (5.5%)
2000年＊ (134,740千台)	1位	コンパック (12.8%)
	2位	デル (10.8%)
	3位	HP (7.6%)
	4位	—
	5位	—
2001年＊	1位	デル (13.1%)
	2位	コンパック (11.2%)
	3位	IBM (7.0%)
	4位	HP (6.8%)
	5位	NEC (4.1%)
2002年＊ (136,540千台)	1位	HP (16.0%)
	2位	デル (15.1%)
	3位	IBM (5.9%)
	4位	富士通シーメンス (4.3%)
	5位	NEC (3.3%)
2003年 (154,510千台)	1位	デル (16.7%)
	2位	HP (16.2%)
	3位	IBM (5.8%)
	4位	富士通・シーメンス (4.1%)
	5位	東芝 (3.3%)
2004年 (178,819千台)	1位	デル (17.8%)
	2位	HP (15.7%)
	3位	レノボ・グループ (IBMを含む) (5.9%)
	4位	富士通・シーメンス (5.8%)
	5位	エイサー (3.6%)
2005年 (208,588千台)	1位	デル(18.1%)
	2位	HP (15.8%)
	3位	レノボ・グループ (6.2%)
	4位	エイサー (4.7%)
	5位	富士通・シーメンス (4.1%)
2006年 (228,583千台)	1位	デル (17.1%)
	2位	HP (17.0%)
	3位	レノボ・グループ (7.3%)
	4位	エイサー (5.9%)
	5位	東芝 (4.0%)
2007年 (269,140千台)	1位	HP (18.8%)
	2位	デル (14.9%)
	3位	エイサー (7.8%)
	4位	レノボ・グループ (7.5%)
	5位	東芝 (4.1%)
2008年 (290,797千台)	1位	HP (18.2%)
	2位	デル (14.1%)
	3位	エイサー (10.6%)
	4位	レノボ・グループ (7.5%)
	5位	東芝 (4.6%)
2009年 (305,872千台)	1位	HP (19.3%)
	2位	エイサー (13.0%)
	3位	デル (12.2%)
	4位	レノボ・グループ (8.1%)
	5位	東芝 (5.1%)

注：①2000 年＊(ガートナーのデータクエストの速報ベース)日経産業新聞2001 年 1 月 24 日。

②2001 年＊は 4－6 月期データ。

③2002 年、2002 年 5 月に合併手続きを完了した米ヒューレット・パッカード(HP)がデルコンピュータを逆転し、首位を獲得した。ただ合併前の旧コンパック・コンピューターと旧 HP の合計に比べると新生 HP のシェアは低下している。

④2008 年、2009 年は米ガートナー2010 年 1 月 13 日発表による。

出所：米 IDC、米ガートナー・データクエストの各年発表より作成。

1. 台湾地域のパソコン産業

①台湾地域パソコン産業の輸出入構造と貿易特化係数の推移

まず、パソコン産業の製品・部品の貿易データと貿易特化係数[①]を使って、台湾パソコン産業の各部門の 1990 年代以降における変化を確認しよう。ただし、一般に先行研究ではこのような事例の分析に貿易特化係数を重視する場合が多いが、貿易特化係数は雁行形態的な経年変化を分析する場合や、同じ国の一時点での産業間の優位・劣位を分析する場合に有効な概念である。したがって、本書で主題とする ICT 産業のように従来の産業発展と異なる展開をみせている場合、貿易特化係数を機械的に当てはめて優位・劣位を論じると実態と離れた印象を生む恐れがある。この点にも留意しながら分析を進めていきたい。

まず、HS4 桁レベルで各品目の分析を行おう。図 4-4 は台湾地域の「コンピュータ及び周辺機器(HS8471)」の輸出入額と貿易特化係数を示している。この図から、台湾地域のコンピュータ及び周辺機器の輸出額は 1989 年から拡大し始め、1990 年代後半に加速し、2000 年に頂

---

① 貿易特化係数は、(輸出－輸入) / (輸出＋輸入) で、貿易上の比較優位・劣位を示すことができる指標である。ここでは日本の『通商白書』の基準により、貿易特化係数を「最劣位」から「最優位」まで以下のように区分する。—0.6 未満は最劣位、—0.6 以上—0.2 未満は劣位、—0.2 以上 0.2 未満は中位、0.2 以上 0.6 未満は優位、0.6 以上は最優位である。

点に達してから、その後は急速に減少してきたことがわかる。そして、2007年に、この分野の輸入が初めて輸出を上回った。

図4-4　台湾地域のコンピュータ及び周辺機器(HS8471)の輸出入額と貿易特化係数(左軸単位：米ドル、貿易特化係数は右軸)

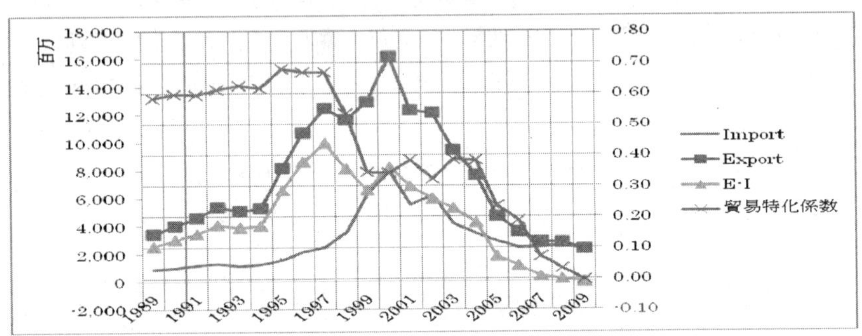

出所：中国台湾の国際貿易局進出口貿易統計より作成。

この分野の貿易特化係数をみると、1989年にすでに最優位にあり、1997年まで優位性を緩やかに増しつつあった。しかし、1997年からは優位性を失う一方であり、2006年に中位の区間に入り、その後も下がり続けてきた。ただし、ここで注意しなければならないのは、輸出入額がほぼ同じ趨勢を示して増減しているということである。つまり、この場合は一つの商品の自給から輸出、そして後発国からの輸入へという雁行形態的な優位性の変化を表わしているのではなく、輸出は製品のパソコン、輸入はその生産に必要な関連機器という異なる商品の輸出入の組み合わせだと考えられる。したがって、異なる商品の間で貿易特化指数を分析しても無意味であり、重要な転機は台湾地域がパソコン輸出で優位性を失う2000年以降の動向だということになる。

コンピュータ及び周辺機器の輸出が、2000年を頂点に減少を続けてきたことは、この分野の中国台湾から中国大陸への生産移転を反映しており、後に述べるような中国大陸から世界市場への輸出の急増と合致している。

同じHS4桁レベルで見ると、コンピュータ及び周辺機器の輸出減少と対照的に、CPUやDRAMなど基幹的な部品を含む集積回路の輸出は増加を続けてきた。図4-5に示すように、台湾地域の集積回路は輸入超過から始まり、輸出入ともに伸びながら、ついに2003年には輸出が輸入を上回るようになったことがわかる。その後も、輸出超過額は一貫して拡大していった。同じ図で、貿易特化係数を使って輸出優位性を確認すると、1989年から1992年までは劣位だったが、1992年から上がる一方であり、1996年に中位の区間に入り、つい2009年に優位となった。

図4-5　台湾地域の集積回路(HS8542)の輸出入額と貿易特化係数
(左軸単位：米ドル、貿易特化係数は右軸)

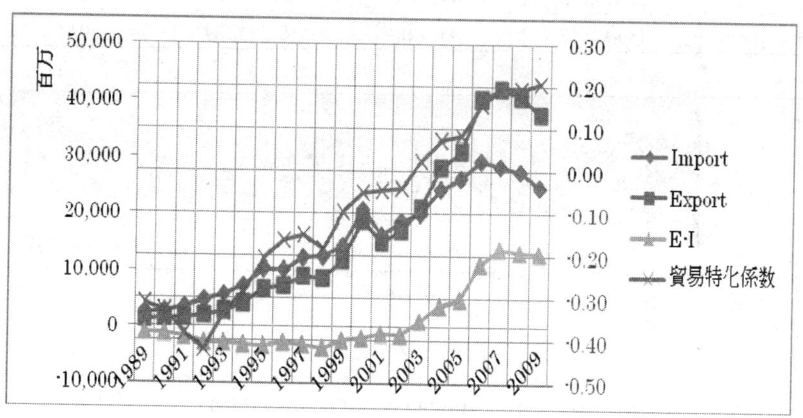

出所：中国台湾の国際貿易局進出口貿易統計より作成。

以上のHSコード4桁レベルの分析から、台湾地域におけるコンピュータ及び周辺機器の生産と輸出は、2000年代に入ると優位性を失って大陸へ拠点が移転したが、その基幹的な部品を提供する半導体部門は強化され、逆に輸出優位性を持つようになった、という産業高度化の過程が明らかになった。そこで、次に、HSコード6桁レベルで、コンピュータ及び周辺機器の各製品・部品の貿易特化係数の変化をさらに詳細に見てみよう。1996 年にコードの大幅な改定があったため、1989～1996 年と 1996～2009 年に分けて分析する。

表 4-7　台湾地域 1989～1996 年コンピュータ及び周辺機器各製品の輸出入推移

	847110 アナログ式またはハイブリッド式の自動データ処理機械			
	Import	Export	E-I	貿易特化係数
1989	17,439,831	195,642,359	178,202,528	0.84
1990	27,687,525	264,841,771	237,154,246	0.81
1991	21,734,804	458,646,481	436,911,677	0.91
1992	25,064,835	469,238,198	444,173,363	0.90
1993	37,170,220	35,811,089	−1,359,131	−0.02
1994	20,477,737	682,088	−19,795,649	−0.94
1995	11,785,829	197,524	−11,588,305	−0.97
1996	18,817,957	456,818	−18,361,139	−0.95

	847120　コンピュータ			
	Import	Export	E-I	貿易特化係数
1989	200,967,249	968,960,315	767,993,066	0.66
1990	182,542,625	1,016,422,691	833,880,066	0.70
1991	206,221,776	945,919,136	739,697,360	0.64
1992	200,609,844	955,032,914	754,423,070	0.65
1993	162,360,697	1,891,376,558	1,729,015,861	0.84
1994	132,073,262	2,321,423,626	2,189,350,364	0.89
1995	128,141,754	3,568,169,377	3,440,027,623	0.93
1996	128,656,479	5,448,687,875	5,320,031,396	0.95

	847191　コンピュータ部分装置			
	Import	Export	E−I	貿易特化係数
1989	76,101,153	127,255,243	51,154,090	0.25
1990	32,991,850	81,003,839	48,011,989	0.42
1991	42,748,225	63,645,666	20,897,441	0.20
1992	49,545,416	60,089,372	10,543,956	0.10
1993	56,346,862	10,868,128	−45,478,734	−0.68
1994	70,478,003	7,162,449	−63,315,554	−0.82
1995	74,005,772	14,470,233	−59,535,539	−0.67
1996	95,646,952	22,932,365	−72,714,587	−0.61

	847192　入出力装置			
	Import	Export	E−I	貿易特化係数
1989	145,088,283	1,357,814,552	1,212,726,269	0.81
1990	172,692,165	1,854,668,971	1,681,976,806	0.83
1991	189,245,925	2,187,425,013	1,998,179,088	0.84
1992	216,726,429	2,925,123,397	2,708,396,968	0.86
1993	203,961,829	2,631,168,544	2,427,206,715	0.86
1994	215,401,579	2,433,951,461	2,218,549,882	0.84
1995	294,532,751	3,679,241,779	3,384,709,028	0.85
1996	419,494,429	4,199,789,026	3,780,294,597	0.82

	847193　記憶装置			
	Import	Export	E−I	貿易特化係数
1989	413,589,761	552,719,239	139,129,478	0.14
1990	550,552,385	601,630,197	51,077,812	0.04
1991	662,619,785	614,380,113	−48,239,672	−0.04
1992	769,732,096	610,573,675	−159,158,421	−0.12
1993	672,685,560	212,945,519	−459,740,041	−0.52
1994	775,435,123	175,984,395	−599,450,728	−0.63
1995	980,721,202	381,046,318	−599,674,884	−0.44
1996	1,427,266,058	519,385,032	−907,881,026	−0.47

	847199　自動データ処理機械の上記以外の装置			
	Import	Export	E-I	貿易特化係数
1989	57,214,779	261,096,275	203,881,496	0.64
1990	50,680,712	202,746,644	152,065,932	0.60
1991	46,503,579	326,490,993	279,987,414	0.75
1992	35,937,204	365,760,512	329,823,308	0.82
1993	34,346,267	274,677,233	240,330,966	0.78
1994	36,481,104	314,606,406	278,125,302	0.79
1995	71,017,131	497,356,272	426,339,141	0.75
1996	48,682,685	526,670,834	477,988,149	0.83

出所：中国台湾の国際貿易局進出口貿易統計より作成。

まず、表4-7で1996年までの動向をみると、以下のことを読み取ることができる。台湾地域の輸出超過の品目は3品目、すなわち、「コンピュータ(847120)」、「入出力装置(847192)」、「自動データ処理機械の上記以外の装置(847199)」であり、いずれも最優位の貿易特化係数を維持してきた。これは前述のように、1990年代にパソコンの世界市場が拡大し、アメリカ企業からの委託生産が拡大したことによるものだと考えられる。

「コンピュータ部分装置(847191)」は1993年から輸入超過になっているが、1990年代初頭から台湾地域の企業が中国大陸の華南地域へ進出し、これによって生産・輸出拠点が大陸へ移転すると同時に、台湾地域のパソコン生産のために輸入が増加したのが理由だと考えられる。「記憶装置(847193)」も1991年から輸入超過になっているが、これも同じ理由によるものだと考えられる。

このように、1990年代前半に、台湾企業はパソコンの世界市場拡大とアメリカ企業からの委託生産を受けて、パソコン生産の分野で輸出優位性を増してきた。一方、これと並行して、労働集約的なコンピュータ部分装置や記憶装置などの部品の生産を中国大陸へと移転させたため、台湾地域からの輸出が減少して逆に輸入が増加してきた。前述の4桁レベルの輸出入動向の示す意味、つまり「コンピュータ及び周辺機器」の輸出入が同じ趨勢を示している理由がこれで明らかになった。

次に表 4-8 は、コードの改訂された 1997 年以降のコンピュータ及び周辺機器の輸出入と貿易特化係数を示している。この表から、以下のことがわかる。

表 4-8　台湾地域 1997～2009 年コンピュータ及び周辺機器各製品の輸出入

	847110　アナログ式またはハイブリッド式の自動データ処理機械			
	Import	Export	E-I	貿易特化係数
1997	20,096,674	334,211	−19,762,463	−0.97
1998	12,277,647	173,510	−12,104,137	−0.97
1999	6,570,231	1,349,493	−5,220,738	−0.66
2000	9,304,040	531,768	−8,772,272	−0.89
2001	8,799,546	125,208	−8,674,338	−0.97
2002	810,729	64,097	−746,632	−0.85
2003	2,485,905	94,031	−2,391,874	−0.93
2004	1,541,810	1,009,491	−532,319	−0.21
2005	972,186	56,874	−915,312	−0.89
2006	1,324,668	921,402	−403,266	−0.18
2007	733,691	776,142	42,451	0.03
2008	376,673	295,354	−81,319	−0.12

	847130 携帯用のデジタル式自動車データ処理機械（重量 10KG 以下） 優位から劣位へ			
	Import	Export	E-I	貿易特化係数
1997	10,839,230	2,997,891,941	2,987,052,711	0.99
1998	26,192,948	5,909,873,244	5,883,680,296	0.99
1999	60,667,227	8,654,011,110	8,593,343,883	0.99
2000	101,008,517	11,278,216,568	11,177,208,051	0.98
2001	151,698,407	8,066,164,912	7,914,466,505	0.96
2002	255,345,577	7,447,485,559	7,192,139,982	0.93
2003	272,126,272	5,806,207,488	5,534,081,216	0.91
2004	320,585,844	4,362,605,079	4,042,019,235	0.86
2005	452,468,415	1,874,639,500	1,422,171,085	0.61
2006	425,473,821	1,232,558,315	807,084,494	0.49
2007	619,723,606	650,114,783	30,391,177	0.02
2008	726,572,906	382,387,843	−344,185,063	−0.31
2009	699,009,000	210,796,936	−488,212,064	−0.54

	847141　デジタル式コンピュータ			
	Import	Export	E-I	貿易特化係数
1997	83,906,794	438,535,993	354,629,199	0.68
1998	86,043,192	642,591,376	556,548,184	0.76
1999	141,502,046	603,846,162	462,344,116	0.62
2000	157,432,011	904,145,963	746,713,952	0.70
2001	115,215,286	456,066,360	340,851,074	0.60
2002	110,013,851	831,532,519	721,518,668	0.77
2003	126,239,636	418,547,027	292,307,391	0.54
2004	110,673,236	226,131,302	115,458,066	0.34
2005	221,689,472	106,059,030	−115,630,442	−0.35
2006	91,129,708	136,882,412	45,752,704	0.20
2007	62,417,180	125,292,990	62,875,810	0.33
2008	64,000,850	160,316,024	96,315,174	0.43
2009	89,631,546	166,610,221	76,978,675	0.30

	847149　システム形態のデジタル式コンピュータ			
	Import	Export	E-I	貿易特化係数
1997	44,468,760	110,038,786	65,570,026	0.42
1998	61,953,992	162,414,796	100,460,804	0.45
1999	68,720,476	112,415,033	43,694,557	0.24
2000	99,213,989	174,516,852	75,302,863	0.28
2001	76,620,058	151,674,476	75,054,418	0.33
2002	82,207,431	247,492,822	165,285,391	0.50
2003	77,127,885	190,302,050	113,174,165	0.42
2004	83,949,376	152,628,587	68,679,211	0.29
2005	112,670,250	109,352,358	−3,317,892	−0.01
2006	57,981,322	90,584,047	32,602,725	0.22
2007	75,340,472	135,819,431	60,478,959	0.29
2008	79,459,811	153,072,437	73,612,626	0.32
2009	69,619,588	160,893,106	91,273,518	0.40

	847150　デジタル式データ処理装置			
	Import	Export	E-I	貿易特化係数
1997	30,066,522	6,384,087	−23,682,435	−0.65
1998	59,930,360	20,070,105	−39,860,255	−0.50
1999	74,177,312	20,188,187	−53,989,125	−0.57
2000	124,040,288	18,997,195	−105,043,093	−0.73
2001	138,802,309	28,708,401	−110,093,908	−0.66
2002	98,001,364	30,100,751	−67,900,613	−0.53
2003	187,822,656	110,456,593	−77,366,063	−0.26
2004	194,449,627	161,297,992	−33,151,635	−0.09
2005	197,905,246	203,274,804	5,369,558	0.01
2006	202,636,499	145,781,537	−56,854,962	−0.16
2007	235,078,270	111,269,763	−123,808,507	−0.36
2008	227,730,408	74,200,899	−153,529,509	−0.51
2009	179,524,867	61,468,062	−118,056,805	−0.49

	847160　入出力装置			
	Import	Export	E-I	貿易特化係数
1997	264,346,861	2,880,497,518	2,616,150,657	0.83
1998	1,565,669,375	4,010,878,715	2,445,209,340	0.44
1999	3,717,487,840	2,755,200,722	−962,287,118	−0.15
2000	4,480,224,876	2,870,149,801	−1,610,075,075	−0.22
2001	2,633,266,025	2,879,621,319	246,355,294	0.04
2002	3,080,242,023	3,007,133,639	−73,108,384	−0.01
2003	1,247,115,517	2,172,732,894	925,617,377	0.27
2004	825,675,628	2,025,929,708	1,200,254,080	0.42
2005	587,342,738	1,635,314,358	1,047,971,620	0.47
2006	491,123,384	1,129,947,317	638,823,933	0.39
2007	487,157,100	784,708,910	297,551,810	0.23
2008	413,076,143	601,830,486	188,754,343	0.19
2009	75,223,319	317,301,046	242,077,727	0.62

	847170　記憶装置			
	Import	Export	E-I	貿易特化係数
1997	943,722,161	515,113,055	−428,609,106	−0.29
1998	1,681,959,531	732,786,918	−949,172,613	−0.39
1999	2,167,633,544	565,347,158	−1,602,286,386	−0.59
2000	2,900,705,730	723,391,932	−2,177,313,798	−0.60
2001	2,333,107,364	623,697,851	−1,709,409,513	−0.58
2002	2,548,682,809	484,251,384	−2,064,431,425	−0.68
2003	2,242,659,972	497,534,529	−1,745,125,443	−0.64
2004	1,838,906,134	540,465,503	−1,298,440,631	−0.55
2005	1,275,060,543	524,010,363	−751,050,180	−0.42
2006	1,090,210,662	531,254,739	−558,955,923	−0.34
2007	926,780,323	739,264,936	−187,515,387	−0.11
2008	1,035,018,709	879,792,124	−155,226,585	−0.08
2009	1,156,374,527	1,092,538,971	−63,835,556	−0.03

	847180　自動データ処理機械のその他の装置			
	Import	Export	E-I	貿易特化係数
1997	1,413,385	3,054,652	1,641,267	0.37
1998	12,646,472	11,281,251	−1,365,221	−0.06
1999	19,389,078	38,526,905	19,137,827	0.33
2000	18,260,330	27,824,892	9,564,562	0.21
2001	11,018,393	9,169,898	−1,848,495	−0.09
2002	26,780,891	19,177,507	−7,603,384	−0.17
2003	15,272,941	54,028,436	38,755,495	0.56
2004	32,767,312	75,910,061	43,142,749	0.40
2005	43,018,924	76,694,415	33,675,491	0.28
2006	55,079,847	125,306,878	70,227,031	0.39
2007	56,529,834	168,567,909	112,038,075	0.50
2008	80,415,027	433,400,790	352,985,763	0.69
2009	54,931,477	173,251,549	118,320,072	0.52

	847190 その他磁気式ないし光学式の、データ読み取り・記憶・伝送・処理装置			
	Import	Export	E-I	貿易特化係数
1997	18,280,896	127,375,351	109,094,455	0.75
1998	37,866,653	165,318,315	127,451,662	0.63
1999	45,542,562	133,439,625	87,897,063	0.49
2000	45,401,419	159,691,103	114,289,684	0.56
2001	27,029,562	123,523,186	96,493,624	0.64
2002	15,370,860	89,601,836	74,230,976	0.71
2003	12,743,433	184,534,815	171,791,382	0.87
2004	19,250,260	147,615,435	128,365,175	0.77
2005	19,386,249	176,259,063	156,872,814	0.80
2006	23,181,439	177,282,659	154,101,220	0.77
2007	23,227,771	150,790,818	127,563,047	0.73
2008	23,646,889	145,742,961	122,096,072	0.72
2009	21,371,995	148,897,437	127,525,442	0.75

出所：中国台湾の国際貿易局進出口貿易統計より作成。

2000年代に輸出が急減した分野は、ノートパソコンをあらわす「携帯用のデジタル式自動データ処理機械－重量10kg以下(847130)」である。この品目は2006年に貿易特化係数が最優位から優位の区間に下がり、次の2007年に中位になり、さらに2008年の劣位へと急速に悪化している。これは、後に詳しく述べる台湾地域のノートパソコンメーカーの中国大陸華東地域への生産・輸出拠点の移転を反映している。台湾地域のノートパソコンの輸入のうち、大陸からの輸入比について、台湾地域のノートパソコンメーカーの中国大陸での本格稼働が始まった2003年に、大陸からの輸入は前年の20%から60%へ急増し、最近では 90%を超えている。台湾地域のメーカーがノートパソコンの受注・開発だけを台湾地域のに残し、生産を本格的に大陸に移して輸入するという構図があらわれている。

表 4-9　台湾地域パソコン産業の創業年代別の企業数—1991、2001 年末—

（単位：社）

1991 年末の分布	総計	創業年						
		～1950	1951~60	1961~70	1971~75	1976~80	1981~85	1986~91
コンピュータ・周辺機器製造業	951	1	7	17	36	68	217	605
コンピュータ製造業	146	1	0	2	9	13	44	77
コンピュータターミナル製造業	80		3	8	4	8	16	41
コンピュータ周辺機器製造業	204		1	2	7	17	49	128
コンピュータ部品製造業	340		3	1	12	17	68	239
その他コンピュータ機器製造業	181		0	4	4	13	40	120

2001 年末の分布	総計	創業年								
		～1950	1951~60	1961~70	1971~75	1976~80	1981~85	1986~90	1991~95	1996~2001
コンピュータ・周辺機器製造業	1617	3	0	5	20	59	126	418	427	559
コンピュータ製造業	185	1			4	8	17	42	37	76
コンピュータターミナル製造業	87				1	8	9	16	23	30
コンピュータ周辺機器製造業	435	1		2	7	17	27	113	105	163
コンピュータ部品製造業	643	1		2	5	15	43	174	190	213
その他コンピュータ機器製造業	267			1	3	11	30	73	72	77

出所：川上[2005]，44 頁。

一方、ハードディスクドライブ(HDD)、光ディスクドライブなどを含む「記憶装置(847170)」の貿易特化係数をみると、2000 年代初めまでは前の時期に続いて優位性が低下して最劣位まで悪化したが、その後は劣位から中位へと優位性を取り戻している。この場合は、貿易特化係数が実態を反映している。すなわち、前述のように 2000 年代にノートパソコンが主流となるにしたがって、HDD や光ディスクの容量の拡大と小型化、軽量化という技術革新が必要とされたため、これに対応できた台湾地域のメーカーが中国大陸に対する優位性を取り戻したと解釈できるであろう。

このほかにも、台湾地域の輸出超過品目は5品目あり、それぞれ、「デジタル式コンピュータ(847141)」、「システム形態のデジタル式コンピュータ(847149)」、「入出力装置(847160)」、「自動データ処理機械のその他の装置(847180)」、「その他磁気式ないし光学式のデータ読み取り・記憶・伝送・処理装置で(847190)」である。この5品目の貿易特化係数は優位または最優位にあるが、貿易額が1990年代と比べて桁違いに減少しており、この貿易特化係数の変化には大きな意味はないと思われる。

②中国台湾パソコン産業の発展経路——中小企業からの出発

次に、以上のような貿易動向の背景となる中国台湾のパソコン産業の発展過程をみよう。

今日では、パソコン産業と半導体産業はともに中国台湾経済を牽引する部門であり、世界市場で中国台湾が重要な位置を占めるハイテク産業である。しかし、この二つの部門の発展の経路や時期には相違が見られる。その一つが、政府世紀主導で発展した半導体産業に対し、パソコン産業の大きな特徴は民間主導で中小企業から出発したということである。以下では中国台湾パソコン産業の発展経路を概観しよう。

中国台湾パソコン産業の発展の起点は、1980年前後にさかのぼることができるが、その基盤になったのは外資系企業によるエレクトロニクス産業の発展であった。初期の中国台湾パソコン産業は、そこで育成された技術系の人材による企業設立や、他分野からの中小企業の参入によって発展を開始した。

中国台湾の電機・電子産業の発展の過程を簡単にたどってみると、1960年代の白黒テレビとトランジスタラジオの組立加工、1970年代のカラーテレビ・テープレコーダ・電卓の組立加工を経て、輸出を志向しながら受注が急速に拡大し、この基盤のうえに1980年代には従来の産業に加えて電子部品・半導体の生産が強化され、さらに情報処理機器に関連した部品開発にも乗り出した。

こうした 1960、1770 年代のエレクトロニクス産業の発展をうけ、1980 年代には、米系企業や地場の大手電機メーカーがターミナル、モニター、パソコンなどの生産を開始し、またこれと前後して、電子ゲーム機器などを製造していた地場の中小メーカーが、アップル・コンピュータの模造品や IBM 互換機の製造を開始した。宏碁電脳(Acer Inc.:エイサー、1976 年設立)や神通電脳(Mitac International Corp.、1975 年設立)等がマイクロコンピュータを開発したのもこの時期であった。当時、パソコンは約 30%~40%という高利潤の製品であったため、宏碁電脳の呼びかけで、多くの中小企業は潜在力のあるパソコン部品や周辺機器の組立分野に参入した。たとえば、当時、金型業者であった鴻海精密(1974 年設立)と英誌(1982 年設立)は事業を転換し、それぞれ世界最大規模のコネクターとケースの生産企業となった。テレビのコイルを扱っていた台達電子(1971 年設立)はパワーサプライの台湾地域最大手となり、電卓やコンデンサを生産していた耀文電子(1974 年設立)はプリント基板で台湾地域の第 6 位メーカーとなった。その他、キーボードの生産を行う群光電子(1983 年設立)は、1998 年には出荷量が 1757 万台と世界トップとなった。また、モニターを生産していた台湾地域の WYSE(1982 年設立)は、1991 年の出荷量で IBM を超え、世界最大のモニター企業になった[①]。

このように、1970 年代に設立された電機・電子分野の地場中小企業が、1980 年代にパソコン関連部品や周辺機器に本格的に参入し、1990 年代になると世界的なシェアを占める企業も現れてきた。これと対照的に、1980 年代を通じて、パソコン生産に占める外資系メーカーや大手電機メーカーの比重は少しずつ低下していった。

表 4-9 は、台湾地域の製造業センサスをもとに、1991 年末及び 2001 年末のパソコン関連企業の操業時期別の分布を整理したものだが、ここから、1980 年代後半にパソコン産業への参入が急増したこと、中でもコンピュータ部品製造企業の参入が活発であったことがわかる。ま

① 楊・伊藤[2004]、6 頁。

た、1980 年代後半から 2000 年代までのパソコン製造業の売上高上位会社 20 社ランキングでは、1986 年の時点では外資系メーカーが 6 社あり、しかも 1 位から 3 位までは全部外資系が占めていたが、1995 年には外資系がわずか 1 社になり、また 2000 年代に入ると皆無になった。このように成長の主役は、外資系企業から台湾地域の企業に移ったことがわかる[①]。

③台湾地域パソコン産業の優位性——OEM/ODM への特化と中国大陸への生産移転

1990 年代から、台湾地域のパソコン産業は世界のパソコン生産において非常に重要な位置を占めるようになり、2000 年代までに、台湾地域は世界最大のコンピュータ及び周辺機器の輸出拠点となった。その過程で注目しなければならないのは、これが先進国企業の直接投資によって進められた動きではなく、台湾地域の地場企業によって生産され、しかもその大部分は OEM や ODM といった受託生産方式によるものであったという点である。一番典型的な例はノートブック型パソコンである(表 4-5 と表 4-10 を参照)。また図 4-1 のように、2000 年代に世界最大の輸出拠点は中国大陸に移転したが、その移転も台湾地域の企業の主導によるものであった。以下では、まず 1990 年代台湾地域の輸出拠点化を検討して、それから台湾地域の企業の高い世界シェアをもたらした二つの要因である OEM/ODM と大陸への生産移転について詳しく分析しよう。

まず 1990 年代の台湾地域のパソコン産業のパフォーマンスを確認したい。図 4-4 のように、台湾地域のパソコン産業は 1990 年代から急速に輸出を拡大してきた。とくに 1990 年代後半の伸びは顕著である。生産額も 1990 年～1994 年の年平均成長率は 11.8%であり、1995 年～2000 年には 34%へと加速したという[②]。図 4-4 と表 4-5 が示すように、台湾地域は 1990 年代後半にパソコン生産・輸出の世界的な拠点となったのである。

---

① 川上[2004]、45 頁。

② 川上[2004]、47 頁。

表 4-10　世界のノート PC 生産台数と中国台湾企業の生産台数・比率の推移

	台湾企業生産量（千台）	その他地域（千台）	全世界生産台数（千台）	台湾企業生産比率（%）
2001 年	14,161	11,586	25,747	55.0%
2002 年	18,380	11,950	30,330	60.6%
2003 年	25,238	12,619	37,857	66.7%
2004 年	33,406	12,732	46,138	72.4%
2005 年	49,008	10,427	59,435	82.5%
2006 年	63,459	10,196	73,655	86.2%
2007 年	90,165	7,027	97,192	92.8%

出所：中国台湾資訊工業策進会 MIC；『IT 市場ナビゲーター2009』NRI，347 頁より作成。

それでは、1990 年代における台湾地域のパソコン産業の急成長をもたらした要因とは何であろうか。第一にあげることができるのが、1990 年代前半から進展した、世界市場におけるパソコンのコモディティー化による付加価値の減少である。前述のように、1980 年代後半にコンピュータが小型化してパソコンが登場し、大量生産・販売の時代を切り開いてから、価格は下落し続けてきた。1992 年にアメリカのコンパックが自社のパソコン製品の価格を大幅に引き下げたことがきっかけとなって、パソコンメーカー間に激しい価格競争が起きた。当時、インターネットの普及やマルチメディアの発展を追い風にパソコンの需要が世界的に拡大する一方、パソコン価格の下落は市場の需要を一層刺激し、出荷量の急速な拡大をもたらし、さらに価格の下落を誘った。パソコン単価の下落とパソコンメーカー間の激しい競争の下で、パソコンの製造工程の利益はますます薄くなってきた。後述する ICT 家電の問題も含めて、先端技術、ハイテク産業が高い付加価値を生むという「常識」は、ある時期から通用しなくなってしまったのである。

その結果、二つ目の要因として、アメリカを主とする先進国の製品調達戦略の変化がもたらされることになった。パソコンの製造工程の利益は減少し、アメリカのパソコンメーカーは外部委託によるコスト削減を進めざるをえなくなった。その中で、台湾地域の企業が委託先に選ばれ、前述のような1990年代後半におけるパソコン製品の生産額と輸出額の急速な拡大がもたらされたのである。一方、台湾地域のメーカーの中には、1980年代に自社ブランド路線で一定の成功をおさめた旭青・詮脳・佳佳等のメーカーがあったが、1990年前後の世界的なパソコン市況の低迷のあおりを受けて、これらの自社ブランド企業は次々と経営破綻に陥った。自社ブランドとEMSの両方の路線を追求したエイサーも、1990年代末に自社ブランド路線がいったん失敗した。結局生き残ったのは、神通・英業達・広達・仁宝などEMSに特化した企業だけで、これらの企業は大きな成長を遂げてきた。

さらに、なぜ他の国・地域ではなく中国台湾がEMSで優位性を持つことができたのだろうか。当時、米日欧のブランド企業が生産委託をする候補は、台湾地域の企業だけではなく、韓国・シンガポール・アメリカのEMS企業という選択肢もあった。たとえば当初のコンパック社の委託先は、中国台湾の英業達・華宇のほかに、第3位はシンガポール企業であったという①。また、シェアは少ないが、韓国の三星電子やLG電子や、アメリカの大手EMS企業も、IBMやデル向けの受託生産を行っていた②。

それでは、なぜ台湾地域の企業はほかの競争相手に勝ち、パソコンのEMSにおける圧倒的な優位性を築いたのか。その理由は競争相手側と台湾地域の企業自身の両方から説明できる。

まず競争相手だった他国の企業にとって、パソコンのEMSは必ずしも魅力的な事業ではなかった。韓国の三星電子やLG電子は自社ブランドでさまざまな商品を展開し、半導体や携帯端末といった花形製品に大規模な投資を行っていた。これに比べて、薄利多売で市場の変化が激しいパソコンのEMSはさほど重視すべき分野ではなかった。

---

① 陳・王[1999]、156頁。

② 蕭[2004]によると、デルは一時期、ノートパソコンを自社生産するかたわら、米系EMS企業にも生産委託をしていたが、その後、ノートパソコンのベアボーンについてはほぼ全面的に中国台湾・韓国企業に委託するようになったという頁。

一方、シンガポールやアメリカの EMS 企業は自社ブランド製品を持つことがなく、受託生産に集中していたが、生産品目は多岐にわたる電子機器・部品で、台湾地域の企業のようにパソコンに特化したものではなかった。こういう競争相手の EMS 企業の事情は、台湾地域の企業に優位性をもたらした外的な要因だといえよう。

次に台湾地域の企業側の積極的な要因をみると、二つのことがあげられる。一つは台湾地域の EMS 企業がアメリカのブランド企業と密接な連携を組んでグローバル・サプライチェーンを形成する能力を持っていること、もう一つは組み立て拠点である中国大陸との分業体制を構築する上で優位性を持っていることである。

台湾地域の企業が世界生産の 9 割を占めるノートパソコンを事例として、グローバル・サプライチェーンの実態をみてみよう。これについては、T・フリードマン(Thomas L. Friedman)が 2004 年 4 月に実際に自分のノートパソコンをデルに注文してから手元に届くまでの過程を、詳細に取材して紹介している①。

これによると、デルはこのとき世界で 6 か所(アメリカ 2・中国・マレーシア・アイルランド・ブラジル)に工場を持っていたが、フリードマンの注文は、電子メールでマレーシアのペナン工場に送られ、付近の部品メーカーのロジスティクス・センターから部品を取り寄せて組み立てられ、完成されたパソコンは航空機でアメリカに送られた。この事例では部品不足が発生したため注文からパソコンが届くまで 13 日かかったが、通常なら 4 日で済むという。こうしたサプライチェーンに関わる企業は主要なもので 30 社、末端まで含めれば 400 社にのぼる。

---

① Friedman[2006], pp. 333-340。

表 4-11　緯創資通の海外ハブ所在地

	2004 年	2010 年
アメリカ	10	2
メキシコ	2	1
中国大陸	3	3
日本	2	1
マレーシア	2	
シンガポール		1
フィリピン		1
インド		1
オランダ	2	2
アイルランド	2	
イギリス	2	
ハンガリー	2	
チェコ		1

出所：同社 Web サイト。ただし、2004 年は川上(2004)より引用。

デルの場合、最終組み立ては自社工場で行う方式をとっているが、一般的には EMS 企業が組み立てまで担当するため、グローバル・サプライチェーンのためのハブをEMS企業自身が展開している。表4-11に示すように、緯創資通の場合、2004 年には欧米が 20 に対してアジアは7だったが、2010 年には欧米 6 に対してアジア 7 とアジアへの集約化が進んでいる。前述のように、消費地の近くで組み立てるデスクトップ時代の方式から、アジアで組み立てまで完了して世界に向けて出荷する体制への変化を見ることができる。いずれにしても、このようなグローバル・サプライチェーンの展開を台湾地域の EMS 企業が主導して行ってきたのである。

また、組み立てを自社で行うデルの場合でも、マザーボードや筐体の基本設計は、中国台湾の EMS 企業が ODM で受注している。デルはマーケティングの結果などを反映したシステムデザインに協力し、両社の技術者が中国台湾とアメリカを往来しながら 24 時間体制で開発を続ける。こうした EMS 企業とブランド企業の密接な連携によって、ほぼ1年ごとに基本設計をまったく新しく作り直すことができるとフリードマンは紹介している。ほかの事例を見ると、ブランド企業が自ら新製品の開発を行う場合、大量生産に至るまで約9カ月かかるところを、EMS企業は7か月にまで短縮し、製品リフレッシュの場合はブランド企業が4.5カ月かかるところ、EMS企業は4カ月でこなせるという報告もある①。いずれにしても、EMS企業によって、製品の製造期間だけでなく、開発期間も相当に短縮されていることがわかる。

以上の特徴と重なる面もあるが、台湾地域のパソコン企業のもう一つの強みは、本社機能を台湾地域に残し、生産工程を土地や賃金などコストの低い中国大陸に移転するという分業体制の構築に成功したことである。中国大陸で事業をおこす場合、言語・文化の共通性は、台湾地域の企業をおいてほかの国や地域の企業にあり得ないメリットである。そして、前述の時間管理の面でも、こうした言語・文化の共通性の持つ強みを発揮することができる。

中国大陸への部品生産の移転は、1990年代前半からコスト引き下げのために進んでいたが、1990年代半ば以降、この動きはマザーボードやパソコン組立にも波及した。2001年には、中国台湾当局によるノートパソコンの対大陸投資禁止措置が緩和され、これを機に、台湾地域のパソコン産業の主力製品であるノートパソコンの組立拠点も急速に中国大陸へ移転した。

一方、図4-4のように2000年ころをピークに台湾地域のパソコンの生産・輸出額が減少に転じた反面、表4-8のように一部のコンピュータ部品やIC、LCDパネルの生産は、2000年以降も中国大陸向け輸出の伸びを原動力として引き続き拡大している。台湾地域のパソコン産業は、完成品の製造・輸出拠点からキーパーツ・半製品の供給拠点へと、その役割を転換しつつある。またノートブックのEMS企業については、製品の設計開発を台湾地域に、生産を大陸の華東地域にという分業体制を敷き、コストを最小限に抑えている。2000年代に入って

① 川上[2004]、66頁。

も台湾地域の企業が世界のパソコン生産で大きな存在感を示しているのは、中国大陸での製品生産比率の上昇と切り離せないのである。大陸への生産移転については次節でまた検討する。

最後に、台湾地域のパソコン EMS 企業の今後の動向として言及しておきたいのは、その製品多角化の動きである。ノートパソコンや LCD のほか、1990 年代末から、広達電脳、仁宝電脳、英業達、華宇電脳などの上位 EMS 企業が、次々と携帯端末の製造に参入してきている。たとえば、広達電脳の 2008 年営業収入のうち、パソコン製品が 84%であるのに対し、携帯端末やウェブ PDA、サーバー、LCD などの割合は 16%に達している①。このような多角化の動きはパソコン EMS 企業に限るものではなく、後で述べるように、鴻海のような ICT 機器の EMS 企業にも見られ、新たな動きとして注目すべきであろう。

2. 中国大陸のパソコン産業

①中国大陸のパソコン産業の輸出入構造と貿易特化係数の推移

まず、パソコン産業の各製品の貿易データと貿易特化係数を使って、中国のパソコン産業の各部門の 1990 年代以来の変化を確認しよう。

図 4-6 は 1992 年から 2009 年における、中国大陸のコンピュータ及び周辺機器の輸出入額と貿易特化係数の変化を示している。この図から、中国大陸のコンピュータ製品の輸出は 1990 年代初頭から伸び始め、2002 年から急速に拡大したことがわかる。これは前に述べたような 2000 年代におけるパソコンの世界市場拡大や、台湾地域の企業によるノートパソコンの生産移転などの要因によるものである。一方、輸入は徐々に伸びているものの、輸出をはるかに下回っている。現在、中国大陸はコンピュータ製品の純輸出国である。

---

① 同社 2008 年年報 http://www.quantatw.com/News_Core/program/news/UploadedFiles/NEWS000864/QCI_FY2008_Annual_Report_C.pdf。

図 4-6　中国大陸コンピュータ及び周辺機器(HS8471)の輸出入額と貿易特化係数

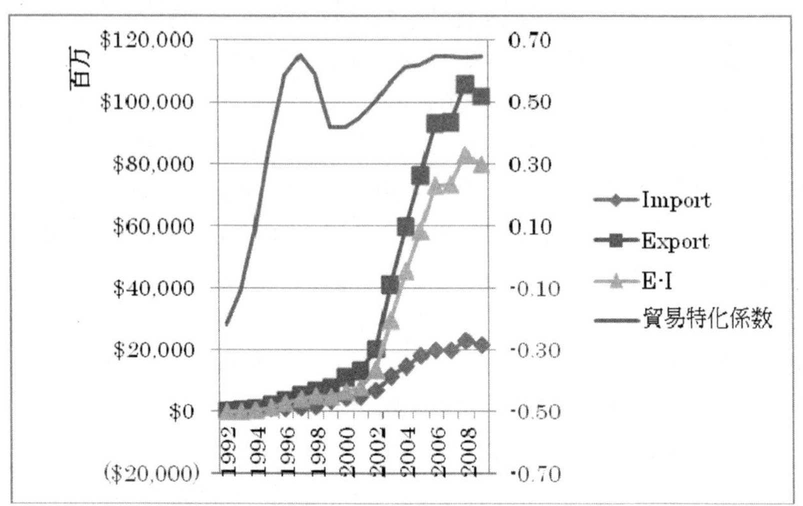

出所：UN comtrade より作成。

貿易特化係数の推移をみると、1992 年は劣位だったが、その後急上昇し、翌年から中位区間に入り、1995 年から優位になって 1997 年には最優位となり、その後は少し下がって優位の区間に戻った。その後また上昇し、2005 年から最優位が復活した。

一方、CPU など基幹的な部品を含む集積回路の輸出入データはコンピュータ製品とちょうど逆の動きを見せている。

図 4-7 をみると、中国大陸は 1992 年から集積回路の純輸入国であり、輸入超過額は年を追って拡大していった。とくにコンピュータ製品の輸出が急拡大した 2002 年以降、集積回路の輸入も急拡大している。パソコン生産のための半導体部品は高度な技術力がいるため、中国大陸の生産でまかなうことが大陸できず、輸入に頼っていることがうかがわれる。部品を輸入し、中国大陸で組み立てて、コンピュータ製品として輸出されているという構図である。

貿易特化係数をみれば、中国大陸の集積回路はほぼずっと最劣位の区間にある。

図 4-7　中国大陸の集積回路(HS8542)の輸出入額と貿易特化係数

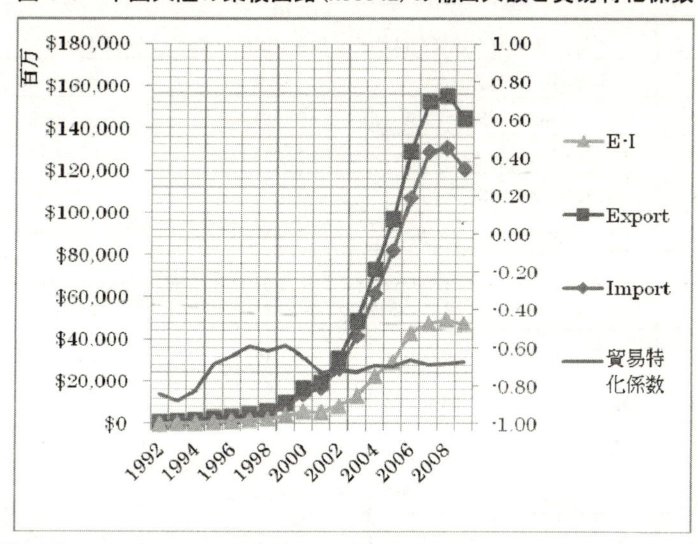

出所：図 4-6 と同じ。

次に HS コード 6 桁レベルでコンピュータ製品と部品の貿易構造の変化をみてみよう。中国大陸税関の統計は 1996 年から新しい分類に変わったので、1992 年～1995 年、1996 年～2009 年の 2 段階に分けてデータをみてみよう。

表 4-12 の 1992～95 年の動きについては、ほとんどの項目が輸入超過であり、貿易特化係数は劣位だった。唯一の例外は「入出力装置(847192)」であり、1992 年から輸出超過、貿易特化係数も 1992 年の優位区間から 94 年に最優位となった。これはキーボード、ケースなど労働集約的な製品を含む入出力装置では、1990 年代初期から台湾地域の企業などが大陸へ進出し始め、輸出を拡大していたからである。

このほかにも、台湾地域の企業による労働集約型製品の大陸への生産移転で、輸出が増え貿易特化係数が劣位から優位となった項目は、「コンピュータ部分装置(847191)」と「記憶装置(847193)」である。

表 4-12　中国大陸 1992～1995 年コンピュータ及び周辺機器の各製品の輸出入推移

	847110 アナログ式またはハイブリッド式の自動データ処理機械			
	Import	Export	E-I	貿易特化係数
1992	$31,738,482	$8,750,039	-22,988,443	-0.57
1993	$24,804,945	$371,729	-24,433,216	-0.97
1994	$41,322,105	$2,084,715	-39,237,390	-0.90
1995	$19,639,624	$227,407	-19,412,217	-0.98

	847120　コンピュータ			
	Import	Export	E-I	貿易特化係数
1992	$219,349,705	$18,043,145	-201,306,560	-0.85
1993	$379,465,679	$36,080,180	-343,385,499	-0.83
1994	$421,361,390	$53,353,860	-368,007,530	-0.78
1995	$211,869,868	$90,700,630	-121,169,238	-0.40

	847191　コンピュータ部分装置			
	Import	Export	E-I	貿易特化係数
1992	$44,217,726	$6,041,654	-38,176,072	-0.76
1993	$61,589,602	$12,374,275	-49,215,327	-0.67
1994	$91,318,221	$65,865,656	-25,452,565	-0.16
1995	$99,177,552	$189,201,018	90,023,466	0.31

	847192　入出力装置			
	Import	Export	E-I	貿易特化係数
1992	$120,788,591	$251,849,387	131,060,796	0.35
1993	$157,756,102	$470,509,851	312,753,749	0.50
1994	$153,218,316	$620,187,158	466,968,842	0.60
1995	$178,829,058	$1,060,963,020	882,133,962	0.71

	847193 記憶装置			
	Import	Export	E-I	貿易特化係数
1992	$27,147,637	$14,929,984	-12,217,653	-0.29
1993	$42,145,004	$29,439,120	-12,705,884	-0.18
1994	$75,847,016	$217,348,925	141,501,909	0.48
1995	$143,213,203	$821,960,639	678,747,436	0.70

	847199 自動データ処理機械の上記以外の装置			
	Import	Export	E-I	貿易特化係数
1992	$25,643,260	$1,471,973	-24,171,287	-0.89
1993	$31,642,405	$9,870,436	-21,771,969	-0.52
1994	$48,477,413	$28,539,020	-19,938,393	-0.26
1995	$397,829,683	$138,451,885	-259,377,798	-0.48

出所：図 4-6 と同じ。

「コンピュータ（847120）」や「自動データ処理機械の上記以外の装置（847199）」は、輸入超過が続いているものの、貿易特化係数の改善がみられる。しかし、「アナログ式またはハイブリッド式の自動データ処理機械（847110）」は、コンピュータなどと異なり、貿易特化係数も悪化している。

次に表 4-13 で、1996 年～2009 年の動向をみてみよう。

表 4-13　中国大陸 1996～2009 年コンピュータ及び周辺機器各製品の輸出入推移

	847110 アナログ式またはハイブリッド式の自動データ処理機械			
	Import	Export	E-I	貿易特化係数
1996	$22,154,448	$797,996	-21,356,452	-0.93
1997	$29,570,948	$1,469,946	-28,101,002	-0.91
1998	$27,777,494	$451,883	-27,325,611	-0.97
1999	$33,257,083	$842,754	-32,414,329	-0.95
2000	$28,313,604	$215,046	-28,098,558	-0.98
2001	$37,970,234	$732,926	-37,237,308	-0.96
2002	$35,653,152	$766,257	-34,886,895	-0.96
2003	$43,074,549	$2,856,425	-40,218,124	-0.88
2004	$60,870,260	$2,859,461	-58,010,799	-0.91
2005	$77,533,150	$6,311,046	-71,222,104	-0.85
2006	$19,943,657	$7,306,002	-12,637,655	-0.46

	847130 携帯用のデジタル式自動式データ処理機械(重量10KG以下) 最優位、IT機器黒字の90%を占める			
	Import	Export	E-I	貿易特化係数
1996	$8,833,275	$37,926,241	29,092,966	0.62
1997	$4,667,425	$76,437,316	71,769,891	0.88
1998	$83,148,744	$51,794,632	-31,354,112	-0.23
1999	$195,543,209	$31,334,357	-164,208,852	-0.72
2000	$178,863,707	$207,046,146	28,182,439	0.07
2001	$157,556,262	$688,120,196	530,563,934	0.63
2002	$267,363,119	$2,202,279,254	1,934,916,135	0.78
2003	$523,518,903	$11,312,906,871	10,789,387,968	0.91
2004	$740,124,137	$20,780,374,161	20,040,250,024	0.93
2005	$654,036,778	$29,896,553,189	29,242,516,411	0.96
2006	$596,394,992	$38,457,237,514	37,860,842,522	0.97
2007	$492,911,347	$53,087,346,148	52,594,434,801	0.98
2008	$396,522,700	$65,586,711,433	65,190,188,733	0.99
2009	$310,651,603	$66,649,011,985	66,338,360,382	0.99

	847141 デジタル式コンピュータ　最優位			
	Import	Export	E-I	貿易特化係数
1996	$233,694,395	$98,702,656	-134,991,739	-0.41
1997	$179,331,768	$132,539,896	-46,791,872	-0.15
1998	$281,885,632	$206,491,888	-75,393,744	-0.15
1999	$488,411,581	$178,978,627	-309,432,954	-0.46
2000	$471,910,229	$699,176,514	227,266,285	0.19
2001	$442,237,818	$338,658,921	-103,578,897	-0.13
2002	$391,195,938	$1,315,504,809	924,308,871	0.54
2003	$450,322,958	$2,684,839,520	2,234,516,562	0.71
2004	$444,334,124	$2,210,221,808	1,765,887,684	0.67
2005	$436,113,982	$2,836,643,806	2,400,529,824	0.73
2006	$342,179,255	$4,926,506,118	4,584,326,863	0.87
2007	$313,007,489	$13,591,026,575	13,278,019,086	0.95
2008	$417,267,410	$9,441,445,731	9,024,178,321	0.92
2009	$374,461,736	$6,818,170,296	6,443,708,560	0.90

	847149　システム形態のデジタル式コンピュータ　劣位から優位へ変わった			
	Import	Export	E-I	貿易特化係数
1996	$244,055,018	$89,304,412	-154,750,606	-0.46
1997	$314,496,353	$156,834,733	-157,661,620	-0.33
1998	$453,973,376	$32,994,532	-420,978,844	-0.86
1999	$826,992,098	$11,398,795	-815,593,303	-0.97
2000	$861,995,046	$181,580,248	-680,414,798	-0.65
2001	$1,170,566,631	$374,092,429	-796,474,202	-0.52
2002	$1,023,022,832	$473,143,706	-549,879,126	-0.37
2003	$1,027,371,153	$1,086,375,086	59,003,933	0.03
2004	$1,178,060,178	$1,439,706,100	261,645,922	0.10
2005	$1,159,891,267	$1,779,870,846	619,979,579	0.21
2006	$1,059,135,077	$2,122,562,237	1,063,427,160	0.33
2007	$1,318,028,264	$1,331,986,435	13,958,171	0.01
2008	$1,296,639,384	$3,541,210,485	2,244,571,101	0.46
2009	$1,213,479,084	$4,211,171,202	2,997,692,118	0.55

	847150 デジタル式データ処理装置　　最優位			
	Import	Export	E-I	貿易特化係数
1996	$46,921,675	$253,943,301	207,021,626	0.69
1997	$58,088,222	$222,471,667	164,383,445	0.59
1998	$78,047,064	$139,753,376	61,706,312	0.28
1999	$68,578,285	$260,566,835	191,988,550	0.58
2000	$182,390,504	$334,893,896	152,503,392	0.29
2001	$104,121,410	$1,119,520,096	1,015,398,686	0.83
2002	$146,412,014	$1,110,126,465	963,714,451	0.77
2003	$300,769,301	$1,352,740,434	1,051,971,133	0.64
2004	$500,259,941	$1,779,566,113	1,279,306,172	0.56
2005	$691,667,943	$3,564,571,736	2,872,903,793	0.67
2006	$946,224,464	$4,818,108,950	3,871,884,486	0.67
2007	$1,002,267,494	$6,387,816,056	5,385,548,562	0.73
2008	$1,110,687,082	$7,559,077,191	6,448,390,109	0.74
2009	$1,036,797,050	$7,316,804,355	6,280,007,305	0.75

	847160 入出力装置 最優位から優位へと劣化。2007 年から生産拠点の移転が起きたのか。			
	Import	Export	E-I	貿易特化係数
1996	$163,538,675	$1,984,922,776	1,821,384,101	0.85
1997	$221,659,434	$2,495,741,060	2,274,081,626	0.84
1998	$384,898,976	$3,477,996,288	3,093,097,312	0.80
1999	$696,972,870	$4,798,632,938	4,101,660,068	0.75
2000	$944,905,911	$6,315,494,418	5,370,588,507	0.74
2001	$1,107,705,833	$6,842,254,038	5,734,548,205	0.72
2002	$1,546,017,849	$9,881,304,725	8,335,286,876	0.73
2003	$1,763,135,345	$15,760,050,206	13,996,914,861	0.80
2004	$2,133,005,645	$22,657,029,415	20,524,023,770	0.83
2005	$2,189,013,067	$24,896,853,808	22,707,840,741	0.84
2006	$2,084,334,822	$25,676,921,941	23,592,587,119	0.85
2007	$695,646,628	$2,854,100,547	2,158,453,919	0.61
2008	$768,058,799	$3,163,262,501	2,395,203,702	0.61
2009	$772,224,186	$2,782,264,815	2,010,040,629	0.57

	847170 記憶装置 優位から劣位へ劣化した。HDD と光 ディスクドライブの小型化に従い、輸入が増えたため。			
	Import	Export	E-I	貿易特化係数
1996	$180,921,783	$1,113,778,072	932,856,289	0.72
1997	$260,552,814	$2,098,442,912	1,837,890,098	0.78
1998	$415,391,008	$2,896,756,992	2,481,365,984	0.75
1999	$862,382,480	$2,170,500,719	1,308,118,239	0.43
2000	$1,736,946,751	$2,559,604,977	822,658,226	0.19
2001	$1,844,317,332	$3,208,575,249	1,364,257,917	0.27
2002	$2,975,921,594	$3,976,986,601	1,001,065,007	0.14
2003	$6,233,983,764	$5,766,017,652	−467,966,112	−0.04
2004	$8,147,038,425	$7,332,439,721	−814,598,704	−0.05
2005	$11,419,371,176	$9,199,606,461	−2,219,764,715	−0.11
2006	$13,294,905,556	$11,917,080,164	−1,377,825,392	−0.05
2007	$14,881,368,986	$11,602,236,220	−3,279,132,766	−0.12
2008	$17,348,323,976	$11,696,799,771	−5,651,524,205	−0.19
2009	$16,681,988,401	$10,636,106,079	−6,045,882,322	−0.22

	847180 自動データ処理機械のその他の装置			
	Import	Export	E−I	貿易特化係数
1996	$37,188,004	$16,496,095	−20,691,909	−0.39
1997	$54,886,287	$156,117,110	101,230,823	0.48
1998	$59,299,772	$212,776,800	153,477,028	0.56
1999	$65,267,521	$387,748,563	322,481,042	0.71
2000	$80,857,846	$554,153,215	473,295,369	0.75
2001	$81,016,145	$220,391,083	139,374,938	0.46
2002	$272,620,060	$616,648,957	344,028,897	0.39
2003	$938,590,578	$2,673,979,696	1,735,389,118	0.48
2004	$1,090,142,622	$3,475,298,633	2,385,156,011	0.52
2005	$1,232,314,822	$3,865,815,687	2,633,500,865	0.52
2006	$1,374,074,518	$4,795,988,380	3,421,913,862	0.55
2007	$1,045,089,912	$4,222,619,064	3,177,529,152	0.60
2008	$1,210,632,477	$4,188,456,615	2,977,824,138	0.55
2009	$1,133,307,669	$2,750,390,830	1,617,083,161	0.42

	847190 その他磁気式ないし光学式の、データ読み取り・記憶・伝送・処理装置			
	Import	Export	E−I	貿易特化係数
1996	$27,414,443	$94,525,480	67,111,037	0.55
1997	$11,875,863	$21,711,993	9,836,130	0.29
1998	$36,828,760	$47,610,232	10,781,472	0.13
1999	$15,922,443	$81,946,459	66,024,016	0.67
2000	$30,204,586	$141,919,716	111,715,130	0.65
2001	$35,472,584	$301,464,297	265,991,713	0.79
2002	$75,120,471	$555,497,549	480,377,078	0.76
2003	$130,440,056	$377,544,500	247,104,444	0.49
2004	$162,253,869	$233,775,191	71,521,322	0.18
2005	$163,039,352	$253,108,411	90,069,059	0.22
2006	$207,358,495	$295,658,244	88,299,749	0.18
2007	$258,973,925	$433,264,194	174,290,269	0.25
2008	$299,152,257	$475,452,668	176,300,411	0.23
2009	$244,924,759	$420,867,044	175,942,285	0.26

出所：図 4−6 と同じ。

劣位から優位になったのは、「デジタル式コンピュータ(847141)」、「システム形態のデジタル式コンピュータ(847149)」、「自動データ処理機械のその他の装置(847180)」の 3 項目である。

「携帯用のデジタル式自動データ処理機械(重量 10KG 以下)(847130)」、すなわちノートブック型パソコンは最優位で、しかも 2009 年の ICT 機器黒字の 90%を占める。この項目の貿易特化係数は 1996 年から 1998 年は最優位であり、1998 年と 1999 年には一旦劣位に後退し、2001 年から再び最優位になっている。しかし、1996 年から 1998 年の最優位は、中国大陸のノートパソコンの輸出競争力が強くなったためではなく、単に当時中国大陸のノートパソコンの需要が少なく、輸入が少なかったためである。したがって、2001 年からの最優位が、台湾地域の企業によるノートパソコン工場の本格稼働によって大陸のノートパソコン生産能力が増強された結果だとみることができる。

「デジタル式データ処理装置(847150)」は、前の時期に続いて最優位を堅持している。

「入出力装置(847160)」は、2007 年から輸出入額が桁違いに減少しているが、これは、世界的にこの前後の時期にデスクトップからノートパソコンへの移行が進み、単体のディスプレーやキーボードに対する需要が縮小したためである。また 2007 年から、この項目の対世界輸出トップはフィリピン(輸出額 46 兆ドル)が中国大陸(輸出額 28 兆ドル)に取って替わっており[①]、キーボードなど労働集約的製品の生産拠点は中国よりさらに賃金の安いフィリピンへ移転したとも考えられる。また、上記のような輸出入額の変動を考えると、この時期の貿易特化係数の変化には実質的な意味はない。

「記憶装置 847170」は 2003 年から輸入超過に転じている。これはノートパソコンの生産と輸出の増加に従い、中国大陸のノートパソコン

① 2006 年の対世界輸出額は、中国大陸が 250 兆ドルで第 1 位であり、フィリピンは 8 兆ドルで 16 位であったが、2007 年において、フィリピンが 46 兆ドルで第 1 位となり、中国大陸は 28 兆ドルで第 2 位に落ちた。データは UN comtrade による。

用の小型ハードディスクドライブと光ディスクドライブの生産が少なく需要増加に応えられないため、輸入が急増したためである。前述の台湾地域の動向と裏腹の関係にある。したがって貿易特化係数も、2000年に優位から劣位へ変化した。しかし、輸出額も依然として急増しており、従来型の記憶装置では中国大陸が依然として競争力を維持しているとも考えられる。

そのほか、「アナログ式またはハイブリッド式の自動データ処理機械847110」は最劣位のままであり、「その他磁気式ないし光学式のデータ読み取り・記憶・伝送・処理装置(847190)」は優位から中位の間で繰り返し変化する動きがみられる。

②世界のパソコン製造基地としての中国大陸

以上の貿易統計や図 4-2 などで明らかになったように、2000 年代に台湾地域のパソコン生産の中国大陸への移転によって、大陸は台湾地域に取って替わって、世界のパソコン輸出・生産基地となった。以下では、1990 年代以降における中国大陸のパソコン製造能力増強の過程を確認し、その中で台湾地域の企業などの役割を検討し、世界のパソコン製造における中国大陸の位置付けを明らかにしよう。

中国大陸のコンピュータ産業は 1950 年代から始まったが、それが大きく発展したのは改革開放後、とくに 1990 年代に入ってからである。1990 年に中国大陸のコンピュータ企業は、電子工業部の管轄下では 191 社のみ、従業員は 10 万人未満で、管轄外の企業も少なかった。しかし、1995 年には企業数 15,000 社、従業員数は 30 万人になり、2002 年にはコンピュータの研究開発・生産・販売・サービスの関係企業は 26,000 社を超え、従業員数は百万人近くの規模になった。そのうち、完成品メーカーは 1,300 社である[①]。

現在では、政府は明確にコンピュータ産業の国際化を志向し、国内外のあらゆる資源を動員してコンピュータ産業を発展させることをめざしている。2002 年からは、中国大陸の ICT 産業の世界市場への本格

① 『中国経済年鑑』2003 年版、287 頁。

的参入のため、政府はコンピュータ、半導体機械、半導体生産設備など7種類の電子機器関連製品に対し、WTOの情報技術製品協議(ITA)で約束した輸入関税引下げを実施した①。

次に中国大陸のパソコンの生産規模と市場規模の拡大を、データで確かめよう。図 4-8 のように、中国大陸のパソコン生産台数は 1989 年の8万台から2008年の1.3億台へと飛躍的な成長を遂げた。図4-9でパソコン生産の内訳を見ると、1990年代はデスクトップ型が主役だったが、2002 年からノートブック型パソコンの生産が急増し始め、2004年にデスクトップ型を追い抜いた。一方、デスクトップ型パソコンの生産台数は、2000年代に入ってから横ばいになり、2007年には若干減少している。こうして2008年にデスクトップ型とノートブック型の生産台数の比率は1:4になった。これは2000年代の国際的なノートパソコンの流行という、需要側の変化を反映している。

図 4-8　1989～2008 年パソコン生産台数の推移

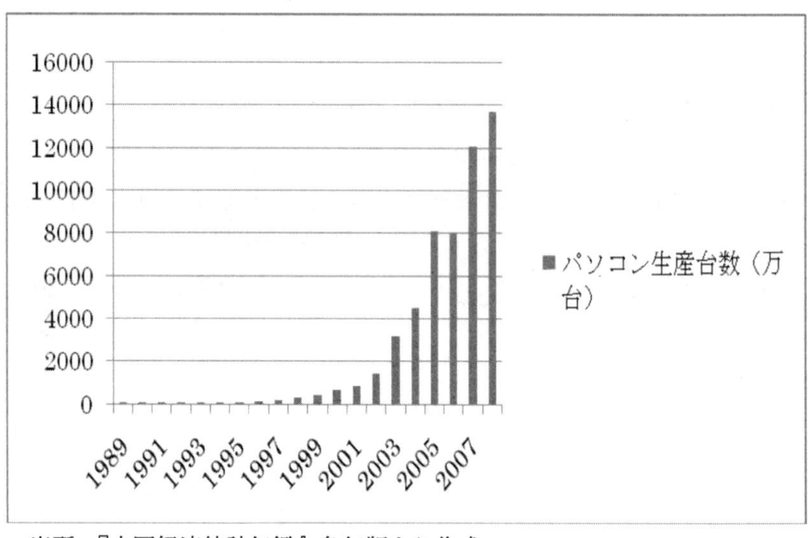

出所：『中国経済統計年鑑』各年版より作成。

① 『中国経済年鑑』2003年版、287頁。

一方、中国大陸の国内販売台数をみると、輸出動向とは対照的に、図4-9が示すように2000年代になってもデスクトップのほうがノートパソコンをはるかに上回っている。つまり、2000年代の中国市場では、ノートパソコンの普及は始まったものの、今のところまだデスクトップ型が主役であることが分かる。

図4-9　デスクトップ型パソコンとノートブック型パソコンの生産・国内販売台数

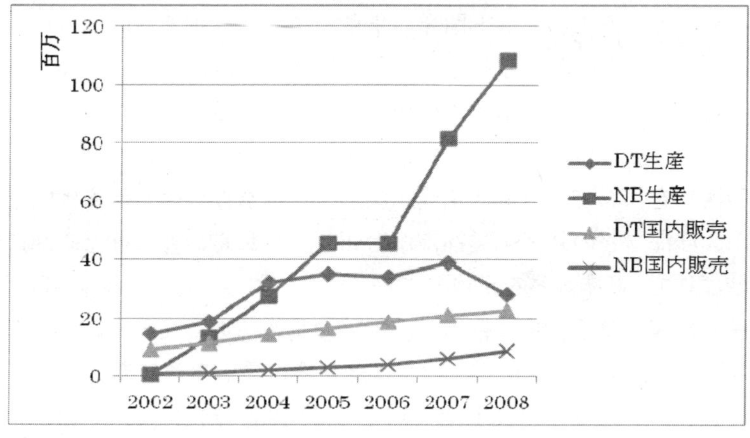

注：DT＝デスクトップ型パソコン

NB＝ノートブック型パソコン

出所：『中国経済統計年鑑』各年版より作成。原データは中国情報産業部と賽迪コンサルティングより。

このような世界市場と中国市場の違いを反映して、2005年に中国大陸で生産されたノートパソコンのうち 90%以上が輸出されたのに対して、デスクトップ型パソコンの輸出はわずか 17.5%にすぎず、大半は国内市場に向けられている[①]。

① 『中国経済年鑑』2006年版、344頁。

次に、中国大陸のパソコン産業の立地をみると、現在では主に4つの地域に集中している。すなわち、珠江デルタ地域(深圳を中心とし、香港の近くに位置し、珠海などを含む地域)、長江デルタ地域(上海を中心に、蘇州、杭州など十数の都市と隣接する地域)、環渤海地域(北京を中心に、天津、唐山、煙台などの都市を含む地域)、東南地域(アモイを中心に、泉州、福州などの都市を含む地域)である。4つの地域のうち、パソコン本体の生産が最も集中しているのは珠江デルタ地域と長江デルタ地域であり、その主役はいずれも台湾地域の企業である。これに比べると環渤海地域は大学や研究機関が多く、開発人材が豊富に存在しているためソフト開発の集積地であり、東南地域はマウスやキーボードなどの部品生産とデルの大型組立工場が立地しているだけで、どちらもパソコン本体の生産は小規模である①。

珠江デルタ地域は中国大陸で最も経済的に発展した地域であり、珠江の河口を挟んで、東岸に東莞、深圳、恵州及び広州、西岸に順徳、中山、珠海などの新興工業都市が台頭し、これらの都市群は高速道路で結ばれて、産業地帯を形成している。また隣接する香港を利用して、生産した製品を全世界に輸出し、世界の生産基地になっている。なかでも、ICT 産業、とくにパソコン関連産業は最も重要な産業である②。

珠江デルタ地域への ICT 産業の集積は、1980 年代に香港の電子企業の生産移転から始まったが、その後日本企業も進出し、コピー機、プリンタ、マイクロモーターの現地生産が開始された。このようなパソコンに先立つ電子産業の集積が、良好な立地条件を提供し、1990 年代に入ると珠江デルタ地域はパソコン関連製品の世界的な生産基地になった。台湾地域のパソコン部品メーカー、周辺機器の組立メーカー、デスクトップパソコンの組立メーカーの進出が盛んになったほか、IBM や DELL の進出も見られた。珠江デルタ地域の中でも、台湾地域の企業の生産基地はとくに東莞に集中している。広東省に設立された

---

① 『中国経済年鑑』2003 年版、287-289 頁。

② 『広東経済年鑑』2008 年版。

台湾企業は約1万社強、そのうちの3分の1以上は東莞市に立地している。その次は深圳、広州である。そのほか、中山、順徳、恵州などにも、台湾地域の企業が進出している[①]。

なぜ外資企業は珠江デルタ地域に集中するのか、外資企業の一番集積している東莞の状況をみることによってその答えを見つけよう。

東莞は、広州と深圳に隣接する都市であり、すでに1999年に、パソコン部品と周辺機器を中心とするICT関連の生産企業が2,800社、その生産額は約93億ドル、ICT関連製品の輸出額は67億ドルに達していた。このうち、外資系ICT企業数とその生産額はICT産業全体の89.1%と93.2%を占めていた。外資の中では、台湾地域の企業が中心的な役割を果たしており、その企業数と生産額は全体の6割と5割を占めている[②]。

外資企業が東莞に集中した第1の理由として、優れた立地条件と交通インフラの整備をあげることができる。東莞は珠江デルタの中間に位置し、主要都市と高速道路で結ばれている。140キロ離れた香港にも高速道路で製品を輸送して毎日出荷、通関できる[③]。

第2の理由はICT産業の集積効果であろう。東莞には、中国の改革開放後から外資企業の投資と現地生産によってパソコンに関する原材料や部品の生産基盤が形成されており、必要な部品の95%を車で約1時間の範囲から調達することができる[④]。電源装置、マウス、キーボード、ケース、モニター、CD－ROM、マザーボード、スキャナーなどは世界市場の20%～50%を東莞で生産している[⑤]。

もちろん、低賃金の出稼ぎ労働者が豊富に存在すること、生活環境が良好なこと、政府の優遇策があることなど、中国の沿岸都市として一般的に見られるメリットも挙げられるであろう。

---

① 沈[2001]、132頁。

② 『東莞年鑑』1997-2001年版、136頁、148頁。

③ 朱[2000]。

④ 『東莞年鑑』1997-2001年版、136頁。

⑤ 『東莞年鑑』2009年版、66頁。

一方、パソコン生産のもう一つの集積地である上海、江蘇省南部を中心とする長江デルタ地域は、2000年代に台頭してきた。2001年中国のWTO加盟後、外資企業は投資先を長江デルタ地域にも拡大し、投資ブームを起こした。IBMはCPU、プリンタ、サーバーおよび一部ノートパソコンの生産基地を上海、福建に置き、デルや東芝もこれらの地域で加工基地を設立した①。また、台湾地域の企業も江蘇省、浙江省、福建省、広東省に投資を拡大した。なかでもエイサーは、蘇州市に集中的に投資した。長江デルタへ進出した台湾企業が生産したのは、主にノートパソコンであり、2005年までに台湾地域のノートパソコンの大手EMS企業はすべて長江デルタに工場を設立した②。

この地域における経済成長の牽引役は、中国で最も産業基盤が整備された上海である。上海市の東部にある浦東新区にはICT関連の外資企業が大規模な投資を行っており、南西部郊外にある漕河涇ハイテク工業団地には半導体などのICT産業が集積している③。

また、上海への企業集中によって土地価格、人件費が高騰すると、多くの台湾地域のICT企業は上海に近い江蘇省南部にも展開していった。上海の西北約100キロにある蘇州の域内には二つの工業団地が設置され、いずれも広大な工業用地、政府からの優遇措置、認可手続きの簡素化、等の条件がそろっている④。このうち蘇州新区に設立された外来企業の約3分の1は台湾地域の企業であり、パソコン生産に必要な部品のほとんどを区内で調達できるようになった。また、蘇州市政府の管轄下にある昆山、呉江にも台湾企業専門の工業団地が設立された。2000年までに昆山に進出してきたICT関連の外資企業600社のうち、半分は台湾地域の企業であり、しかも珠江デルタ地区から移転してきた企業が多い⑤。

---

① 『東莞年鑑』2009年版、66頁。
② 丸谷・丸川・大原[2005]、24頁。
③ 『長江三角洲都市年鑑』2007年版。
④ 『長江三角洲都市年鑑』2007年版。
⑤ 『日本経済新聞』2000年10月2日。

台湾地域のICT企業にとって、長江デルタへの投資の第1の利点は、豊富な人材が得られることである。この点は、珠江デルタと比較しても、長所となっている。まず、上海と江蘇省には有名大学と研究機関が多いため技術者の養成が可能であり、また国有企業や郷鎮企業の活動も活発で経営者の層が厚い。さらに、現業労働者に関しては、珠江デルタのように出稼ぎ労働者に依存せず、長江デルタではほとんど現地の労働者を雇用している。このため、賃金水準はやや高くなるが、教育レベルと定着率が比較的に高い。

第2に、交通の便がよいことを挙げられるであろう。上海の浦東空港は、香港に次いで中国本土では第一の貨物取扱量があり、仁川や成田を上回っている。パソコンなどICT産業の製品は、重量や容積は小さいが迅速に輸送する必要があり、主として航空貨物が利用されている。

このほか、安い人件費と地価や政策面の優遇措置①などのメリットもあげられる。

以前は、中国台湾当局は軍事的観点から大陸へのパソコン産業の投資を規制していた。しかし、2001年にノートパソコンの大陸への投資規制を解禁してから、台湾地域のノートパソコンメーカーは一斉に長江デルタに進出し、ノートパソコンの工場を建て始めた。2002年9月に台湾地域のノートパソコン主要EMS企業12社が全部長江デルタに生産拠点を設け②、本格稼働に入った③。

その結果、台湾地域のノートパソコン出荷分のうち、大陸生産分は2001年の約50%から、2002年に約80%へと急速に伸び、2005年から90%以上を占めるようになった④。そのほとんどが長江デルタで生産さ

---

① 『日本経済新聞』2002年10月8日。

② 『台湾経済年鑑』2003年、487頁。『中国電子情報産業統計年鑑』(総合編) 2005年版、329頁。主要12社の内訳は、上海市に英業達、廣達の2社、蘇州市にアスース、大衆と志合の3社、昆山市に仁寶、精英、倫飛、緯創、藍天、神基など6社、呉江市に華宇である。

③ 『日本経済新聞』2002年10月8日。

④ 『台湾経済年鑑』各年版。

れたものである[①]。世界のノートパソコン市場における中国台湾メーカーのシェアは 8 割以上であり[②]、さらに日系メーカーであるソニーや東芝もそれぞれ長江デルタの無錫と杭州に生産工場を構えた[③]ことも考慮すれば、長江デルタ地域が世界のノートパソコン生産におけるトップの地位を占めていることはいうまでもないであろう。

Ⅲ　東アジアのパソコンブランドの成長——レノボ、エイサー、アスース

表 4-6 のように、1990 年代から長い期間、世界のパソコンシェアトップ 5 は米国を中心とする先進国企業に占められてきたが、2004 年に初めて東アジアのブランドがトップ 5 入りした。この年、中国大陸のレノボ・グループは同年に IBM のパソコン部門を買収したことによって第 3 位に浮上した。また台湾地域のエイサーは第 5 位にランキングされ、このあと 2007 年にはレノボに代わって第 3 位となった。台湾地域のアスースも、この年のトップ 5 には入らなかったものの、近年廉価のネットブックで販売台数を伸ばしてパソコンブランドとしての知名度は急上昇している。これまでパソコンの組立と製造に圧倒的な強みを持っていた中国大陸と台湾地域で、世界的に有名なブランド会社がでてくることは、何を意味しているのか。その発展の原動力は何なのか。その発展はパソコンのグローバル分業にどんな影響を与えるものなのか。以下ではレノボ、エイサー、アスースの代表的な 3 社について検討する。

①聯想集団(レノボ)[④]

---

① 『中国電子情報産業統計年鑑』(総合編) 2005 年版

② 『台湾経済年鑑』2006 年、455 頁。

③ 『長江三角洲都市年鑑』2007 年版。

④ 2003 年まで、聯想集団の英文商標はレジェンド (Legend) を使っていたが、その商標は多くの国で他社が使用していたので、海外では登録できない状況であった。そこで、Legend の最初の 2 文字「LE」を取り、その後に新生という意味のラテン語「NOVO」を付け足し、レノボ (Lenovo) という新しい商標に変えたのである。

以下レノボについては、彭・袁[2009]、浅海[2008]、中川[2007]を参照した。

聯想は1984年に中国科学院計算技術研究所が20万元を出資し、同所の11名の所員で設立された。「聯想」という社名は、同社が設立当初開発した、IBM互換のパソコンで中国語入力を可能にするROMカード(聯想漢卡)に由来する。一つの漢字を入力すると、それに続く漢字の候補が出て来ることから、連想式漢字入力と呼ばれ、「聯(連)想」の社名になったのである。このROMカードは、中国でパソコンの普及を妨げていた中国語入力というネックを解決するものとして成功し、設立後4年目の1987年の売上は1985年の24倍の7300万元と急成長した。

その後、同社は外国ブランド製品の流通や、インテル386のマザーボードの生産や、米国ASTのパソコン代理販売を行った。自社ブランドでパソコン完成品市場に参入したのは1990年で、386マシンの販売を開始した。その直後の1992〜1993年は、外国メーカーの本格参入によって中国メーカーが苦境に陥った時期だが、レノボは販売網を整備することなどによって乗り切った。1993年にレノボは広東省恵陽に科学技術パークを設立して生産拠点とし、これを背景に中国最初のペンティアムマシン(1993年)、ペンティアムProマシン(1995)などを売り出した。1996年にレノボはパソコン国内市場第1位を獲得し、現在まで国内トップを維持してきた。

2004年、レノボ(LENOVO)に名前を変えた聯想(以下はレノボ)はIBMの全パソコン業務を買収し、世界シェア3位に躍進した。この買収により、IBM同部門のほぼ全従業員約9000人がレノボに移籍した。レノボは、買収後5年間IBMブランドを使用できる契約で、またThinkPadの商標と技術を完全に獲得し、レノボの世界本社も北京市から米ニューヨークに移転した①。

レノボのIBMパソコン事業買収の背景には、双方の経営戦略だけでなく、パソコンをめぐる世界的分業のあり方が象徴されている。

---

① 日本IBMホームページのプレスリリース(http://www.ibm.com/NewsDB.nsf/press)、2004年12月8日発表。

レノボ側の事情としては、1990 年代後半ごろからの事業多角化の失敗があるとみられる。1990 年代後半からレノボは ICT サービスやマルチメディア分野に進出し、低利益のパソコンへの依存度の引き下げを狙った。しかし、多角化は成果をあげず、本業の足を引っ張った[①]。その結果、2004 年に、レノボは「本業回帰」を宣言し、主要な ICT サービス事業は他社に売却してパソコン生産に集中した。そこで出された戦略は、2999 元の格安パソコンで中国の地方市場と農村市場を開拓するというものである。低価格戦略をとりつつ利益率を維持するためには、大規模化によるコスト削減が不可欠であり、IBM パソコン事業の買収によって規模の利益の実現をめざした。レノボの世界シェアは前述のように一気に 3 位に浮上し、世界市場に通用する規模を手に入れたのである。

一方、IBM 側の事情としては、利益率の低いパソコン生産から完全に撤退し、高付加価値で競争力を持つシステム構築の分野に資源を集中することが目的だった[②]。すでに述べたように 1990 年代にはコンピュータのダウンサイジングが進み、IBM の主力であったメインフレーム(汎用大型コンピュータ)は時代遅れになって業績は急速に悪化していた。1992 年度には、49 億 7000 万ドルという、単年度の単一企業による損失額としてはアメリカ史上最悪の決算を出した。このため、IBM は事業の主体をハードウェアから、ソフトウェアおよび企業向けサービスへと大胆に転換する必要があった。台湾地域の EMS 企業の項目でもふれたように、アメリカ企業にとってパソコン生産は自ら抱えるべき事業ではなくなっていたのである。こうした選択と集中の結果、2009 年には IBM の税引き前利益は、サービスおよびコンサルティングが約 4 割、ソフトウェアが約 4 割、ハードウェアが約 1 割、ファイナンシングが約 1 割となっている[③]。

このように双方の思惑が一致したものの、これまで中国市場の経験

① 『経済観察報』2004 年 12 月 11 日。

② 『財経時報』2004 年 12 月 11 日。

③ IBM Financial Information (http://www.ibm.com/investor/financials/)。

しかないレノボにとって、海外市場での展開は容易ではなかった。買収後翌年の2005年に、レノボの売上高は前年度より4.6倍増となったものの、営業利益は4%の減益で、その後もアメリカなど先進国市場での事業は芳しくない。成長の早い中国市場でトップの座を確保してその利益で海外市場の不振を補っている状態から脱出し、グローバル市場におけるシェアを伸ばすため、レノボは2011年7月から技術力を持つNECとパソコン部門で合弁・提携した。この提携が功を奏し、2011年レノボのシェアが初めてデルを抜いて、世界2位となった。また、2012年に入り、情報機器の主役はパソコンからスマートフォンへと交代する情勢に対応し、提携の範囲をパソコンからスマートフォン部門まで拡大するとレノボの楊CEOが表明した[①]。このように、レノボは世界1位を目指し、グローバル提携と展開を積極的に進めているのである。

②宏碁電脳(エイサー)

宏碁電脳(ACER、以下ではエイサーと称する)は1976年に施振栄[②]によって創業された。1977年にアップルがAppleⅡを発売したとき、エイサーはCPUの輸入販売と電子製品の設計受託を手掛けた。これは後にパソコンへの展開につながった。

1980年に開発した中国語の出入力ができるターミナルが売れて、資金の余裕ができたため、当時開設間もない新竹科学工業園区に進出を申請し、翌1981年に創業を開始して設計受託から機器生産への道を歩みだした。1981年にコンピュータ学習機の「小教授」1号機を開発し発売してヒットし、新工場の増設と2号機、3号機の開発につながり、輸出もされるようになった。

1982年から、エイサーはIBM互換機事業へ進出した。エイサーの

---

① 『日本経済新聞』2011年1月21日、1月22日、1月28日、11月7日、2012年5月18日。

② 施振栄は1944年に台湾地域の中西部の鹿港に生まれ、台湾の交通大学の電子工程系修士卒。エイサー及び施振栄に関しては、詳しくは佐藤[2007]、浅海[2008]、荘[2004]を参照されたい。

最初の IBM 互換機の開発は工研院電子工業研究所に委託したものであったが、続く IBM AT の互換機は 1986 年初めにエイサー自身によって開発された。1986 年 10 月、施崇棠を中心にインテルの CPU80386 を使った 32 ビットパソコンを、世界でコンパック社に次いで 2 番目に開発することに成功した。この成果は EMS の受注増大につながり、アメリカの ADDS やユニシス、イギリスの ICL など世界中の多くの企業から生産を委託された。この過程で、エイサーは資本や開発経験などを蓄積した。

1989 年にエイサーは自社ブランドでの生産を開始し、メモリーや液晶パネルなどの部品生産も展開した。さらには不動産まで手がける多角化を進めたが、その失敗で 1990 年代末に経営危機に直面するに至った。多角化は採算を悪化させただけでなく、自社ブランドでのパソコン生産は、他社ブランドで生産を請け負う EMS 事業の信頼性を揺るがせることになった。2000 年に EMS 事業の最大の顧客であった IBM 社がエイサーへの発注を停止し、エイサーの経営危機が表面化した。そこでエイサーは部品や周辺機器事業をグループ外に出し、パソコンの製造部門まで緯創資通として分社するリストラを実施した。

エイサー本体は 2001 年末に再出発し、自らパソコンを生産することをやめ、生産は分社化した緯創のほか、ライバルだった広達電脳、仁宝電脳工業など台湾地域の EMS 企業に全面委託した。こうして、デルや HP などの米国勢と同等のコストで製品を調達する体制を確立し、最初はヨーロッパ市場を中心に世界的なシェアを高めていった。

こうしたエイサーの失敗と成功の歴史は、施振栄の主張した「スマイル曲線」と称する理論、つまり開発や部品生産、製品販売など川上・川下への多角化によって増益をめざす戦略が、グローバル時代に適応できなかったことを示している。リストラ後のエイサーブランドの成功は、施振栄の後を継いだ王振堂が 2007 年に、「当社は『エイサー』ブランドをマネジメントする会社。それ以外の業務は極力外注する」という、アウトソーシングを徹底したことが要因であった。

エイサーのパソコン販売の特徴は、「チャネルビジネス・モデル」と呼ぶ方式である。すなわち、世界各国で一定の大きさと販売力を持つ代理店と契約し、販売を任せる手法だ。例えば中国大陸の場合、かつて2000〜3000社に達した代理店網を、全国をカバーする2社と各省を受け持つ30社に改編した。この手法で欧州・中東・アフリカ地区で成功し、全社の売上高の6〜7割を稼いでいる。さらに2007年に米ゲートウェイを買収したことにより、レノボ・グループを抜き、HP とデルに次ぐ世界3位に浮上した[①]。その後、低価格ノートパソコンのネットブック[②]を武器に2009年7〜9月期にはHPに次ぐ世界第2位のシェアを実現したものの、タブレットやスマートフォンに押されて業績が悪化した。エイサーもタブレットやスマホに参入して巻き返しを図ったが、シェアを獲得できず、苦戦を続けている。こうした低迷の背景には、EMSを活用して工場をゼロにするアセットライト路線を追求した結果、研究開発力が低下して魅力ある製品を送り出すことができなくなったという弱点が指摘されている[③]。

そのほかにも、エイサーグループの一員である明基電通が、2001年にエイサーブランドの使用を停止し、新たに展開を開始したBenQブランドで、AV 機器や携帯端末、パソコン周辺機器などの市場でプレゼンスを高めつつある。

③華碩電脳(アスース)

華碩電脳(ASUSTek Computer Inc.、以下ではアスースと称する)はエイサーの研究開発部門にいた技術者の施崇棠[④]が独立し、マザーボー

① 『日経産業新聞』2007年8月29日。

② ネットブックは2005年1月にMITのある教授がダボス会議で提唱した100ドルの低価格パソコン(OLPC)に由来し、アスースが最初に200ドル未満のOLPCを作りだした。そもそもOLPCは貧困国の子供の教育のために提唱された概念だが、2007年にエイサーとアスースが市場に投入してから、先進国を中心に、より携帯性のある2台目のノートパソコンとしてヒットした。

③ 『日本経済新聞』2012年5月28日。

④ 施崇棠は台湾大学電機系卒、交通大学管理研究所を終了後、エイサーに入社、12年間にわたり研究開発部門の責任者を務め、エイサーの「ネジなしパソコン」「消費地組立」のコンセプトを打ち出した。1989年にエイサーから独立し、アスースを立ち上げ、台湾のボードの最大手に育てた。

ド専業企業として1989年に台北市で3000万台湾ドルの資本金で創業した会社であり、2000年代にマザーボードで確立したブランド・イメージを梃子にノートパソコン事業を展開し、2009 年の営業収入は 80億米ドル超、ブランド価値は13.24億米ドルに達した。

創業後のアスースは米インテルの直接取引先となり、Cache386/33および486/25パソコンマザーボードを受注するなど、高い技術力でマザーボードの売れ行きを伸ばし、2003年には世界最大のマザーボードとグラフィックカードのメーカーとなった。当時のマザーボードの世界市場シェアは40%であり、世界のパソコン3台のうち1台はアスースのマザーボードだったといわれている。

1996年には亀山工場を建設して、ノートパソコンのEMS生産に参入した。2006年10月には、エイサーと同様に廉価なネットブックであるASUS Eee　パソコンを発売し、ヒットした。2009年以降は、普通のノートブックとネットブックを合わせたノートパソコンの出荷量は世界第6位の地位を不動のものにしている。前述のエイサーと異なり研究開発に力を入れているアスースは、ネットブックに続いてインテルの提唱する薄型パソコン「ウルトラブック」の規格に合う製品もいち早く発売した[①]。

エイサーと同じく、自社ブランドの展開が受託生産業務の妨げにならないように、アスースもEMS業務を分割し独立させた。2007年に、アスースはブランド会社として活動を継続し、EMS業務は和碩聯合科技と永碩聯合国際の両社に分社化した。アスースグループ全体では11万人のスタッフがいるが、ブランド企業のアスースにはわずか 3500名弱(2009年年報)しかいない。アスース本体の業務内容は、パソコンマザーボード、3Dグラフィックカード、ノートブック型パソコン、光ディスクドライブ、サーバーなどの研究開発、製造及び販売に特化することになった 。

以上、東アジアを代表するパソコンブランド会社であるレノボ、エ

---

① 『日経産業新聞』2011年10月27日。

イサー、アスースの成長過程を分析してきた。3 社の成長に共通している要因は、1990 年代以来、パソコンのグローバル生産分業のなかで、1990 年代には台湾地域、2000 年代には中国大陸を組立拠点としたことである。3 社の戦略をみると、二つのタイプに分けることができる。すなわち、レノボはブランドから製造、販売まで全部自社で抱える垂直統合体制をとるのに対して、エイサーとアスースはブランド構築や商品企画とマーケティングに特化してブランド企業となり、外部または分社化した EMS 企業を使ってパソコンを生産している。

このうち、垂直統合型のレノボは、今日のパソコン生産システムとしては例外的な存在である。現在も世界のパソコン生産拠点となっている中国から始まった企業であることと、IBM の製造部門を買収して企業規模を拡大したことが、このような特殊性の背景である。しかし、レノボは IBM を買収してから大きな変革が見られず、2009 年以降、世界シェアもエイサーに次ぐ 4 位にとどまっている①。このようなレノボの限界は、従来型の垂直統合を温存していることが原因の一つといえよう。こうした不振にもかかわらず、当分の間は製造部門を切り離す意思はなさそうである。ただし、レノボは近年潜在需要が大きい中国農村部の低価格パソコン市場を積極的に取り込んでいる。また、前述のような NEC との提携やドイツ企業の M&A によって、エイサーとの逆転も視野に入ってきた。巨大な中国市場を背景として、自動車の吉利や奇瑞のように独特の展開を遂げるのか、それとも他社のように EMS を利用したブランド企業に転換していくのか、今後の動向が注目される。

一方、エイサーとアスースはパソコン事業を展開する初期段階において EMS 企業から出発したが、付加価値を高めるために徐々にブランド構築とマーケティングへ事業を転換してきた。とくにエイサーは、自社ブランド事業と EMS 事業を同時に展開して挫折を体験した結果、EMS 事業を切り離してブランド企業に特化する決断をした。アスース

---

① 『日経産業新聞』2010 年 7 月 27 日、2011 年 7 月 25 日。

はブランド事業と EMS 事業の両立の困難が表面化する前に、積極的に EMS 部門を独立させ、本体はブランド企業に転換した。このように経緯には若干違いがあるものの、両社とも HP やデルのように、グローバル分業体制を利用するパソコンのブランド企業に転身したのである。両社のネットブック製品の成功とあいまって、この戦略は見事に成功した。今やパソコン自体がタブレットやスマートフォンに押されているため、今後の展望は未知数だが、パソコンのコモディディー化がさらに進展すれば、家電製品のように先進国がブランドさえ維持できず、製造拠点を抱えた後発国にとってかわられるような展開がありうるかもしれない。

第 4 節　パソコン以外の ICT 機器の生産分業

I　パソコン以外の分野におけるブランド企業と EMS 企業の分業

第 2 節で分析した、アメリカと東アジア間のブランド企業と EMS 企業の分業と、台湾地域の EMS 企業が東アジア各国から部品を調達して中国大陸で完成品に組み立てるという分業のパターンは、パソコンだけでなく、携帯端末などパソコン以外の ICT 機器、さらに液晶テレビなどの家電製品にも見られる構図である。第 3 節では、パソコン以外の ICT 機器におけるグローバル分業の実態を明らかにしていきたい。具体的には、現在世界の EMS 企業の最大手である鴻海精密工業グループを事例としてとりあげ、パソコン以外の ICT 機器のブランド企業と EMS 企業の間の分業体制を明らかにして、その分業の要因をアップルの iPod や iPhone の原価構成の分析から突きとめたい。

第 2 部の冒頭に述べたように、アパレル産業、食品産業、家電産業、自動車産業など、多くの産業において製造のアウトソーシングが起きている。とくにパソコンや携帯電話端末など、需要が大きくライフサイクルがますます短縮する ICT 機器産業では顕著である。ICT 機器の製造を受注する EMS 企業とブランド企業の間の分業関係は、現在の東アジア域内外における企業間関係を特徴づけている。

パソコンの場合は EMS 企業が専業化していたが、それ以外の ICT 機器では、EMS 企業が複数のブランド企業から様々な機器の生産を受注することによって、生産規模を拡大しコスト削減を実現している。そればかりではなく、受注の多角化によって、短期間の需要変化に対応した生産期間の短縮化を行っても、十分採算がとれる体制をとりうる。さらに、生産工程の細分化とモジュール化によって、取引先企業や生産拠点の立地の選択幅を広げることができる。この点は中国大陸の市場経済化という要因と相まって、東アジア域内における部品調達と生産立地点の流動化をもたらしている。

以下では、2004 年から世界第 1 位の EMS 企業となった鴻海精密を事例として、ICT 機器の商品企画・販売と製造の分業の実態を明らかにしたい。

Ⅱ　EMS 最大手の鴻海精密①

鴻海精密工業は郭台銘が 1974 年に設立し、設立時の資本金は 30 万台湾ドルで、当時の事業はプラスチックの射出成型だった。その後、資本の蓄積と能力の向上を進め、初期の白黒テレビ用のつまみや高圧陽極キャップから、1980 年代にコネクター、1990 年代にパソコン、2000 年代に携帯電話端末やゲーム機など、パソコン以外の製品の受託製造へ漸進的に事業を拡大してきた。2004 年の営業収益は 172 億ドルで、2003 年までに長年 EMS 企業で世界トップだった米ナスダック上場会社であるフレックストロニクス(Flextronics International Ltd.)を超え、世界最大の EMS 企業となった②。

---

① 鴻海精密工業の状況について、『日経エレクトロニクス』2008 年 7 月 16 日～2008 年 7 月 29 日の 9 回に渡る特集「巨大 EMS 企業 Hon Hai」を参照されたい。

② “THE WALL STREET JOURNAL” (中国語バージョン、http://cn.wsj.com) 2007 年 8 月 16 日。

図 4-10　鴻海精密工業の営業収入額の推移(単位：億米ドル)

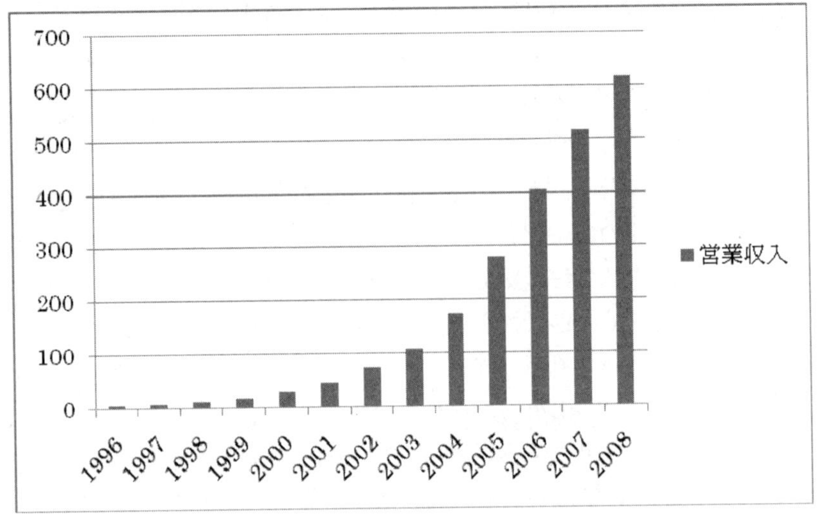

出所：鴻海精密工業グループの公式ホームページ(http://www.foxconn.com.tw)。

図 4-10 のように、鴻海精密工業の飛躍的な発展は 1996 年から始まった。その背景はアメリカ企業からのパソコン製造受注である。1990 年代半ばから、台湾地域の EMS 企業は部品の購買を通じて少なからぬマージンを上乗せしていたため、アメリカのブランド企業はそれまで EMS 企業に任せていた部品の購買を自ら行うようになった。ブランド企業は、その際に単体の部品ではなく、ケースやパワーサプライをベアボーンの形で調達したいと考えるようになった。鴻海精密工業はすでに切削、プレスという金属加工やメッキの技術を蓄積していたため、アメリカのブランド企業にベアボーンの調達先として選ばれた。最初の顧客はコンパックであり、その後 HP、デル、アップルからも受注するようになった①。

鴻海の飛躍的な発展を可能にした一つの要因は、早くから中国大陸

① 鴻海精密の公式ホームページ (http://www.foxconn.com.tw) 及び佐藤[2007]、237 頁。

への工場進出を図っていたことである。鴻海は1988年に広東省深圳、1993年に江蘇省昆山に進出した。現在では、中国大陸の10以上の省で工場を持っているが、その中で一番規模の大きい工場は深圳の龍華工場であり、30万人の従業員を擁している[①]。大陸部の安い土地と人件費をベースに、鴻海は低コストの生産体制を整えたのである。

鴻海は世界トップのEMS企業として、競争相手のEMS企業より規模がはるかに大きい。2007年に鴻海精密の営業収入は、EMS業界第2位のフレックストロニクスの1.5倍である[②]。表4-14に示すように、台湾系パソコンEMS企業の最大手広達と比べると、鴻海精密の営業収入はその約2倍である。

表4-14　鴻海精密、広達、仁宝の一人当たり営業収入額の比較

（単位：新台湾元）

	営業収入額(A)	従業員数(B)	一人当たり営業収入(A/B)
鴻海精密	1,420,573,052,000	611,000	2,324,997
広達	750,000,000,000	64,719	11,588,560
仁宝	404,900,000,000	30,000	13,496,667

注：鴻海精密と広達は2009年のデータ、仁宝は2008年のデータである。

出所：鴻海精密工業の2009年財務報告(http://www.foxconn.com.tw)、広達電脳の2009年年報(http://www.quantatw.com)、仁宝電脳の公式ホームページ(http://www.compal.com)より作成。

広達などのパソコンEMS企業と比べて、鴻海は二つの面で異なる特徴を持っている。

一つ目は、業務分野の幅広さである。鴻海の業務内容はパソコンや携帯電話端末などのICT機器だけでなく、精密機器、光学製品、自動化設備、インターネットルーター、自動車部品など、多岐にわたっている。一方、広達や仁宝などパソコンEMS企業は、近年携帯端末や

① 2007年の人数であり、『日経速報ニュースアーカイブ』2010年5月26日によると、2010年には42万人である。

② 『日経エレクトロニクス』2008年7月16日～7月29日

液晶テレビも作るようになったが、主要な業務内容はノートパソコンに特化している。たとえば、広達の営業収入のうち、8 割はノートパソコンによるものである。ただし、最近になって両者は相手の業務範囲に参入しつつある。鴻海は 2008 年から得意でなかったノートパソコンの設計開発にも力を入れて ODM 業務を強化し、2010 年に 2000 万台のノートパソコンの出荷目標を立てた。一方、広達などのノートパソコン EMS 企業は、スマートフォンや自動車用電子部品などの新しい分野に進出している。

両者とも総合 EMS 企業の方向に収斂していくのかどうか、現在のところ予想しにくいが、2010 年に入っても鴻海はテレビ部門の一貫生産をめざして中国台湾の液晶パネル大手である奇美電子を買収したり、ドイツの流通大手メトロと組んで上海に家電量販店を開業したり、もはや EMS の枠を超えた多角化を進めている①。

さらに、2012 年には、稼働率が低迷していたシャープの主力液晶工場（堺工場）を運営するシャープディスプレイプロダクトの株式の約 46%を、鴻海の郭台銘が取得して筆頭株主となり、シャープ本体も鴻海グループが筆頭株主となった。液晶パネルの調達や技術取得だけでなく、さらに広範囲の提携も視野に入れた資本参加だといわれており、すでに中国市場向けのスマートフォンを共同開発する計画が発表された②。

鴻海の二つ目の特徴は、金型をはじめ、部品をなるべくグループ内で内製するという生産方式をとっていることである。垂直統合というほど完結したものではなく、たとえばパソコンについて言うと、CPU、メモリー、HDD など高度な部品は、他の EMS 企業と同様に外部企業から調達している。しかし、労働集約的なローテクの部品、いわば大きな研究開発投資や設備投資が不要だが付加価値の低い、作りやすい部品を内製している。部品の内製化によって、外注の無駄な部分をグ

---

① 『日本経済新聞』2010 年 11 月 16 日。

② 『日本経済新聞』2012 年 4 月 10 日、5 月 21 日～26 日、6 月 9 日。

ループ内で調達し、コスト削減につながるというのが郭会長の考えである。しかし、同業者に「小銭をためる」と揶揄されたように[①]このような方式は EMS 企業のビジネスモデルとしては一般的といえず、創業者の中小企業経営者的な性格と、賃金の安い中国に巨大な産業集積を有するという特殊性から生まれたものといえる。

部品を内製するか、外部調達かというビジネスモデルの違いから、表4-14のように、営業収入をみると鴻海は広達の2倍の規模であるが、従業員数では広達の10倍に達している。その結果、一人当たり営業収入額では、鴻海は広達のわずか五分の一にすぎない。しかし、この一人当たり営業収入額が低いからといって、鴻海のビジネスモデルは広達より必ずしも劣っているとはいえない。2009年の両者の粗利益率をみると、鴻海は5%、広達は4.13%と大差がないばかりか、むしろ鴻海のほうが高い[②]。これは、鴻海が相対的に低い賃金コストと部品コストに支えられて収益をあげていることを意味している。

部品コストも含めて、中国大陸の過剰労働力と低賃金に支えられてきたこのようなビジネスモデルが、今後も安定的に継続するとは考えられず、鴻海は岐路に差し掛かっているといえるかもしれない。2010年前半の半年間、鴻海の最大工場である深圳龍華工場では、従業員の飛び降り自殺が12件も起きた[③]。自殺事件の要因として、従業員の心理的要素、社会の急変と格差などもいろいろと挙げられたが、残業時間の長さと安すぎる賃金が主因だとみられ、マスメディアや世論の批判を浴びた。飛び降り自殺事件をきっかけに、鴻海は現場従業員の給料を30%程度引き上げると表明した[④]。また、コストを削減するため、鴻海は内陸部の河南省鄭州市で工場を立ち上げ、深圳工場の生産機能の一部を移転している。内陸部の工場で賃金を抑えられるが、内陸から香港までの物流コストが大きいため、コスト削減効果は限定的だと

---

① 『日経エレクトロニクス』2008年7月16日～7月29日

② 両社の2008年財務年報より。

③ "THE WALL STREET JOURNAL" 2010年5月31日。

④ "THE WALL STREET JOURNAL" 2010年6月7日。

いう意見もある[①]。いずれにしても、鴻海の今までのビジネスモデルは転換点を迎えているといえよう。

Ⅲ　ブランド企業とEMS企業の分業の背景
——アップルのiPod、iPhone、iPadを事例として

最近ブームとなっているアップルの人気製品iPod、iPhone、iPadは、製造を鴻海精密工業などの EMS 企業に全面的に委託し、アップルは製品企画やデザイン、マーケティングなどに専念している。以下では、アップルの人気製品であるiPod、iPhone、iPadの生産、部品調達と原価構成から、ブランド企業と EMS 企業の間の利益配分の実態をみてみよう。

まず、2001 年に開発された人気製品、携帯音楽端末である iPod についてみてみよう。Linden[2007]によると、30GB、定価 299 ドルの第5世代 iPod は、一台に使われている部品が 451 個であり、その中で、最も値が張るのは東芝の HDD で 73.39 ドルである。この HDD も、東芝が賃金の安いフィリピンに立地した工場である[②]。純粋な東芝の付加価値は結局 19.45 ドルであり、HDD の全体価格の四分の一である。同様な計算をすると最終的に日本メーカーの付加価値ベースの貢献分は計 26 ドル、部品供給企業及び組立企業の付加価値ベース製造コスト合計は 144 ドルで、割引を無視すればこれが米国で 299 ドルで販売される。差額の 155 ドルのうち、運賃などのコストを除いた部分がアップルの取り分になる。すなわち iPod についてアップルの粗利益率は 50%ほどである。

さらに、同論文では、製造コストの 144 ドルのうち、EMS 企業の組立工程の取り分はわずか 4 ドルしかないと指摘している。統計上は完成品として 144 ドルで中国から米国に輸出されるが、交錯した国際分業関係による付加価値を差し引きすると、実質的な中国の貿易黒字は

---

① 『新京報』2010 年 8 月 19 日。

② 『日本経済新聞』2007 年 9 月 3 日。

4 ドル程度にすぎない。もちろん、だからといってビジネスモデルとして成り立たないわけではなく、むしろ鴻海は薄利多売によって積極的に収益を追求している。

次に、多機能携帯端末の iPhone の原価構成についてみてみよう。米調査会社のアイサプライによると、8GB、定価 599 ドルの iPhone の製造コストは 265.83 ドルである[①]。すなわち、ここでも運賃コストなどを無視すればアップル社の粗利益率は 55%に達している。

2010 年 4 月に発売された多機能携帯端末「iPad」はメールやインターネット閲覧、書籍やゲームなどが楽しめ、携帯電話とパソコンの間に生まれる新市場として注目を集めている。アメリカでは、発売から 80 日間で 300 万台が売れたほどの人気である[②]。この iPad の原価構成は、図 4-11 のとおりである。499 ドルの販売価格のうち、EMS 企業の組み立て工程の取り分はわずか全体の 2%の 10 ドルしかなく、アップルの取り分は 48%にも達している。

図 4-11　iPad の販売価格(499 ドル)に占めるコスト

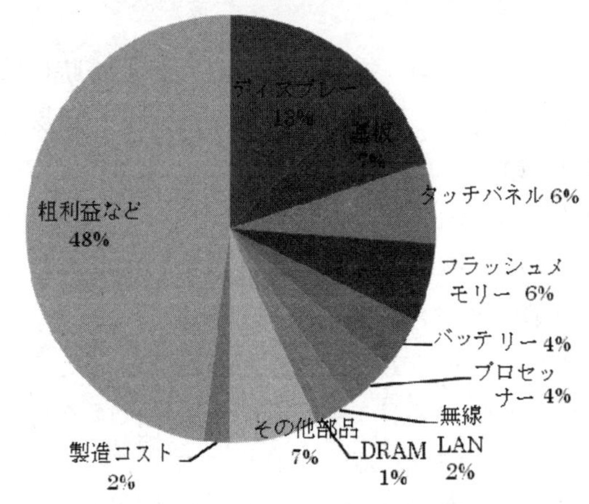

注　『日本経済新聞』2010 年 4 月 9 日より作成(原資料は米アイサプライ)。

このように、製品の企画・開発や販売を行うアップルと、製造を担

---

① 『日本経済新聞』2007 年 9 月 3 日。

② “THE WALL STREET JOURNAL”, 2010 年 6 月 23 日。

う鴻海精密の分業によって作られたiPodなどの人気ICT機器は、付加価値のほとんどはアップル社の取り分であり、組立を担当する鴻海精密の取り分はわずか2%程度である。すなわち、ブランド企業は、付加価値の高いブランドや商品企画、販売に特化して大きな収益をあげている。一方、付加価値の低い製造工程は外部のEMS企業によって行われるが、IIで分析したように、EMSメーカーは製造に特化することによって、規模の経済を活かして大きな収益をあげている。それぞれの優位に基づいて専業化した分業体制によって、ブランド企業とEMS企業は市場の拡大とコモディティー化が急速に進むICT機器を供給している。このようなグローバル分業は、アップルの人気製品のみではなく、パソコンをはじめとするICT機器全体で起きているのである。

第5節　結論——グローバル時代東アジアICT機器産業の特徴

第4章では、主にパソコンを中心に、グローバル時代におけるICT機器の分業の実態を分析してきた。各国・「地域」の貿易データをみると、パソコンの生産拠点は1990年代半ばに米・日から台湾地域へ、2000年代に台湾地域から中国大陸へと移った。1990年代後半から2000年代への変化は、中国台湾のパソコン生産が中国大陸へと移転し、台湾と大陸の間の分業が形成されることによって起こった。さらに2000年代に入ると、エイサー、アスース、レノボといった東アジアを代表する独自パソコンブランドが、中国台湾と中国大陸で台頭してきた。その共通要因は、1990年代以来、パソコンのグローバル生産分業のなかで、1990年代には台湾地域、2000年代には中国大陸が組立拠点となったことである。つまり、パソコンのブランド企業とEMS企業とのグローバル分業が形成された。さらに、東アジアからEMS企業だけでなく、有力なブランド企業も成長するようになった。

一方、パソコン以外のICT機器におけるグローバル分業の実態について、世界のEMS企業の最大手である鴻海精密工業グループを事例としてとりあげ、パソコン以外のICT機器のブランド企業とEMS企業の間の分業体制を明らかにした。その分業の要因として、アップルのiPodやiPhoneの原価構成の分析から、ブランド企業がブランド確立や商品企画・販売に特化し、EMSメーカーが製造工程に特化しているように、それぞれの優位に基づいて専業化した分業体制によって利益を上げていることが明らかになった。

以上のように、1990年代以降のICT機器産業では、二通りのグローバル水平分業が展開されている。一つは、ブランド企業とEMS企業の間で形成された、商品設計・企画・販売と、研究開発・製造の間の分業である。さらに、EMS企業は受注や設計・開発の拠点を台湾地域に、製造工程を中国大陸に置くという分業体制を構築してきた。もう一つの水平分業は、中国など製品組立工程の拠点を中心として、部品のグローバル調達、つまり、東アジア各地で分散生産されている部品を完成品の組立拠点に集約するという部品生産の分業である。このようなグローバル水平分業のあり方は、1980年代までの時代にはない、1990年代以降の時代の新しい特徴である。

以上のようなICT機器生産のグローバル化によって、自動車産業とは違った意味で、雁行形態的発展とは異なる新たな工業化のパターンが生まれている。

たとえばパソコンの生産拠点の推移を見れば、先発国から後発国への移転という、雁行形態論の主張する通りの展開があらわれているように見える。しかし、パソコンのブランドやマーケティングは、依然としてアメリカ企業が握っている。つまり、製品開発、製造、ブランドの構築、マーケティングなど、すべてのプロセスを一つの企業が一国内で行っていた1980年代までのあり方と、その各プロセスを切り離し、ブランド企業とEMS企業のグローバル分業が生まれた1990年代以降を比較すると、まったく異なる工業化の形態が見られるのである。これは、前述のようにパソコン以外のICT機器でも同様である。

さらに、こうした分業関係にも変化が生まれている。かつてはスマイル・カーブという議論が主張され、東アジアの担当する製造工程は低付加価値、その前後にあって先発国が手放さない設計・開発と販売・マーケティングは高付加価値を生むとされた。そして、東アジアは低付加価値部分だけを担当し、そこから抜けられないという見方があった。しかし、OEM から ODM への拡大によって、すでに東アジアの EMS 企業はスマイル・カーブの一方の端である設計・開発まで掌握するようになった。また、東アジアのパソコンブランド企業の登場によって、もう一方の端にある販売・マーケティングを掌握するケースも出てきた。一つの企業がすべてのプロセスを行うという 1980 年代以前のあり方は復活しないだろうが、アメリカと東アジアの分業が、東アジア域内の分業に置き換わって完結する可能性も見えている。

もう一つ、第 2 部の自動車と比べて東アジア ICT 機器の特徴といえるのは、欧米系や日系の外資メーカーが存在しないことである。独自ブランドも EMS も、もともと台湾地域の経済の発展を背景として地場企業から生まれてきた。さらに、製造工程の分業も中国大陸との間で形成された。

第5章　半導体産業の東アジア域内における棲み分けと分業

第1節　第5章の課題

第2部第4章では、ICT機器のグローバル分業と東アジア域内分業の実態を明らかにしてきた。続く第5章では、ICT機器に欠かせない重要な部品である半導体を取り上げる。

世界の半導体産業において、東アジアの存在はますます重要になってきた。日本を含む東アジア地域は全世界の65%の半導体生産能力を持っており、最先端の12インチ半導体工場は、68%が東アジアに立地している[①]。一方、半導体の需要を支えているのは、中国や欧米などの市場である。国別にみると、メモリーのDRAM生産においては、韓国企業が約半分のシェアを占め、そこから世界中に供給されている。ロジック回路は、アメリカのファブレス企業の発注を受けて、中国台湾のファウンドリーが受託生産しており、ファウンドリー生産の7割は台湾地域の企業が占めている。近年、アメリカだけではなく、欧州や日本からの受注も増えた。さらに、韓国と中国台湾の半導体企業の生産を支えているのは、日本の製造装置と原材料の供給である。このほか、域外のアメリカ・ドイツ・オランダからの供給もある。いずれにしても、国境を越えた分業が行われている。

グローバル化以前の時代には、一国内で原材料から製品まで全部揃えなければならないというフルセット型産業構造の発想が一般的に見られた。したがって、発展途上国も工業化するためには、原材料や製

① 湯之上[2008]。

造装置を全部自国で作れるようにしなければ、真の工業化はあり得なかった。しかし、グローバル化時代になると、韓国は製造装置や原材料を国外から調達することによって、国際競争力の高いDRAMを作って世界中の市場へ輸出している。中国台湾も海外の発注に応じて、海外から調達してきた製造装置と原材料でロジック回路を作っている。韓国と中国台湾地域では、原材料や製造装置のメーカーを育成する必要がない。一方、日本の原材料や製造装置のメーカーは、高い技術力を武器としながら、日本の半導体産業が不振になって減少した需要を、韓国·台湾地域からの需要で補ってきた。

第5章では、韓国や台湾地域の半導体産業を事例として、グローバル時代の分業の構図を明らかにしたい。半導体産業については公表されないデータが多く、調査会社が有料で提供しているデータも十分に利用することはできなかった。また、とくに半導体は技術革新が著しく、他の章で利用したcomtradeのようなデータベースでも品目の入れ替わりが激しいため、長年にわたる変化を集計することは困難である。しかし、韓国と台湾地域の半導体産業については、優れた実態調査に基づく研究が数多く積み重ねされてきた。そこで、第5章では主として先行研究の示すデータを利用しながら、東アジア半導体産業の棲み分け・分業の実態を明らかにしていく。

第2節では、1980年代以来、とくに2000年代に入ってからの半導体産業の動向を概観し、需要・供給双方で東アジア地域の比重が高まっていることを確認する。また、日本の製造装置、材料の世界シェアや、韓国と台湾地域の間で見られる製品の棲み分け、日本の中間財や素材メーカーと韓国・台湾地域のデバイスメーカーの間の分業関係を明らかにする。第3節では、メモリー分野について、韓国のDRAMにおける優位の形成過程、とくに1997年通貨危機とサムスン電子の優位強化について論じ、また同じ時期の日本のDRAM分野でのシェア低下の理由について分析する。第4節では、ロジック回路を中心とするノンメモリー分野におけるファブレス(設計)とファウンドリー(生産)の分業を明らかにする。とくに、現在ファウンドリーのトップシェアを持つ台湾地域の企業の国際競争力の優位と、アメリカの設計企業との間の分業体制を分析する。また、日本の半導体製造装置企業と半導体材料企業の優位と、東アジア地域内の韓国と台湾地域の半導体企業との分業関係を明らかにしていく。

第2節　データからみた半導体生産拠点の移転

I　半導体の歴史と世界市場の動向

まずはじめに、半導体の歴史と世界市場の動向をみてみよう。世界初の半導体(トランジスタ)は1947年12月にアメリカのベル研究所から生まれ、翌年6月にショックレー(William Braford Shockley)とバーディーン(John Bardeen)、ブラッテン(Walter H. Brattain)のチームがトランジスタを開発したと正式に発表した。それから60年あまりが過ぎ、成熟化が進んできた半導体は「産業のコメ」と呼ばれ、パソコンや携帯電話、デジタル家電、自動車、産業機械など、ありとあらゆる工業製品に使用されており、その他のICT産業全体を規定する中核産業となった①。図5-1のように、1970年代から、半導体の世界市場は年平均成長率約10%～15%で生産高を増大させてきた。とくに、情報化とグローバル化が進展した1990年代以降の成長ぶりは著しい。

1990年代以降の成長の背景には、ICT製品であるパソコンと携帯電話の発達がある。パソコンについては、1993年にマイクロソフトのWindows 3.1や、インテルのペンティアム(Pentium)の発売によって、パソコンの機能が画像処理可能なレベルにまで向上した。また1995年にインターネットの一般使用が始まり、マイクロソフトがWindows 3.1の後継にWindows 95を発売し、個人のインターネット利用を加速させた。こうしたパソコンとインターネットの発展が、半導体の需要拡大の原動力となり、1990年から1995年までに世界の半導体市場の

---

① 山﨑[2008]、18頁;『ICガイドブック2003年版』16-18頁。

図 5-1　世界の半導体市場の出荷額（単位：億米ドル）

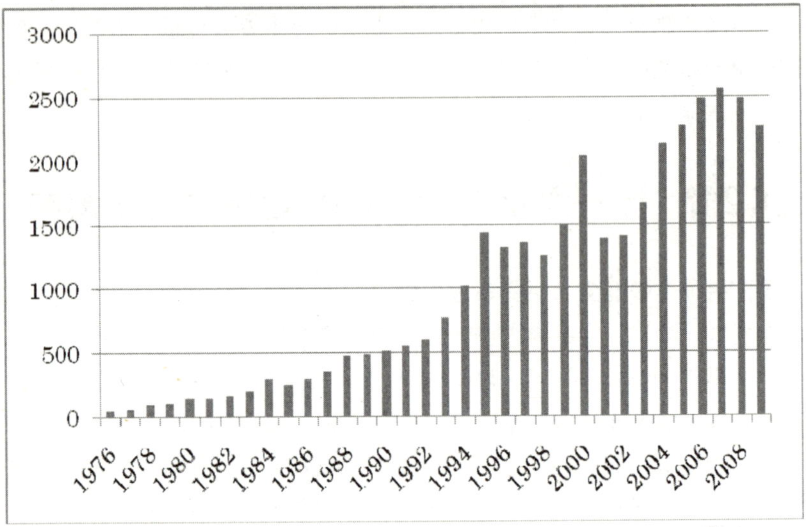

出所：『半導体年鑑』各年版、WSTS より作成。

規模は約 3 倍に跳ね上がった。しかし、こうした好況は過剰設備投資や高コスト体質を生み、1996 年にパソコンの成長が横ばいに転じたのを契機に、半導体市場も一気に縮小し、とくにメモリー市場の落ち込みは激しかった。しかし、1990 年代後半、パソコンに加えて携帯電話が普及したことによって、半導体産業は新たな成長を遂げた。世界の携帯電話の販売台数は 1995 年に年間 5000 万台程度だったが、2000 年には 4 億台、2007 年には 11 億台を超えた。その結果、携帯電話関係の半導体需要は750億ドルまで拡大し半導体需要全体の約30%を占めるまでになった。1996 年の不況から次第に回復した半導体市場は、2000 年までの IT バブル、つまり、アメリカ市場を中心に起こったインターネット関連企業の実需投資や株式投資の異常な好調により大きな伸びを示した。しかし、2001 年にふたたび不況となり、いったん回復したあと 2008 年にサブプライム問題によりまた不況となった。このように、半導体市場は好不況の波を繰り返し、いわゆるシリコンサイクルが目立つようになった。

表 5-1　半導体製品の内訳と市場規模(2007 年)(単位：億ドル)

<table>
<tr><td rowspan="5">半導体市場
2556</td><td rowspan="4">IC
2178</td><td>ロジック
673</td><td>標準ロジック
特定用途向けロジック</td></tr>
<tr><td>メモリ
579</td><td>DRAM
フラッシュ
その他メモリ</td></tr>
<tr><td>MOS マイクロ
562</td><td>MPU
MCU
DSP</td></tr>
<tr><td>アナログ
365</td><td>標準リニア
特定用途向けロジック</td></tr>
<tr><td colspan="3">ディスクリート/オプト/センサ
378</td></tr>
</table>

出所：WSTS より作成。

一口に半導体といっても、その用途や回路によって半導体製品にはいろいろな種類がある。WSTS(World Semiconductor Trade Statistics：世界半導体市場統計)の定義によると、表 5-1 のように、大きく IC(集積回路)とディスクリート、オプト、センサなどの単体半導体といった二つのカテゴリーに分類することができる。IC と単体の割合はおよそ 85：15 である。さらに IC は、ロジック(論理回路)、メモリー(記憶素子)、アナログ、MOS マイクロの 4 つに分けられる。4 つのカテゴリーのうち、本書の分析対象である ICT 機器の重要な部品になるのは、アナログ以外のロジック、メモリーと MOS マイクロである。MOS マイクロは CPU などに使われ、ICT 機器にとって技術的には非常に重要な意味を持つが、金額的には本章の分析対象となるロジックとメモリーだけで半導体全体の半分近くを占めている。したがって、この二つの分野の分析が、ICT 機器及び部品の分業体制を明らかにするために重要な意味を持つ。

また、ロジックには標準ロジックと特定用途向けロジック(ASIC)があり、ASIC はロジックの 4 分の 3 を占めている。メモリーは DRAM、フラッシュメモリーとその他メモリーに分類でき、DRAM がメモリー全体の3分の2を占めている。1990年代以降、とくに2000年代に入り、ASICとDRAMの生産は東アジアに集約されることになった。ASICの生産では台湾地域のファウンドリー、DRAMの生産では韓国メーカーが主要な担い手である。また、半導体の消費市場となるICT機器の組立産業は、第4章で述べたように、2000年代に東アジアの中国がアメリカに取って替わった。さらに、半導体製造装置と材料において、世界シェアの半分を占めるのは東アジアに位置する日本である。このように、東アジア地域は、半導体の生産においても消費においても非常に重要な地域となった。本章では東アジアの主要な半導体生産の担い手である韓国と台湾地域の生産実態、そして製造装置・材料の主要供給元である日本との間の提携・分業を分析することによって、グローバル時代の東アジアの工業化の内容を明らかにしていく。

II 半導体の世界生産体制の変化と2000年代の動向

2000年代に入ってから、半導体の世界生産体制の動向は大きく変化した。

第1に、半導体の主要生産地が入れ替わった。前述の通り、半導体生産の発祥地はアメリカだが、1980年代に日本がアメリカを逆転した。しかし、1990年代に入り、韓国と台湾地域が台頭し、日本はメモリー分野のDRAMでは韓国企業に追い越され、ロジックの生産においては、アメリカ企業と提携した台湾地域の企業に差をつけられた。

二つ目の変化は、半導体生産における設計と生産の分業が始まったことである。前章で述べたパソコンなどICT機器のEMSのような設計と生産の分業は、1990年代以降、半導体産業にも起きている。半導体の設計専業の企業はファブレス(fabless)と呼ばれ、ファブレスの委託を受けて生産のみに特化する企業はファウンドリー(foundry)と呼ばれる。ファブレスとファウンドリーの分業は、1980年代後半にアメリカで始まり、日本企業が最初にアメリカのファブレスの受託先となった。しかし、日本企業は受託生産を自社工場の稼働率を上げる一つの手段にすぎないとみていたため、受託生産を重要視してこれに特化した台湾のファウンドリーとの競争に敗れた。現在、世界のファウンドリーにおける台湾地域の企業のシェアは 7 割に達し、圧倒的な優位を持っている。

図 5-2　半導体出荷額の地域別シェア

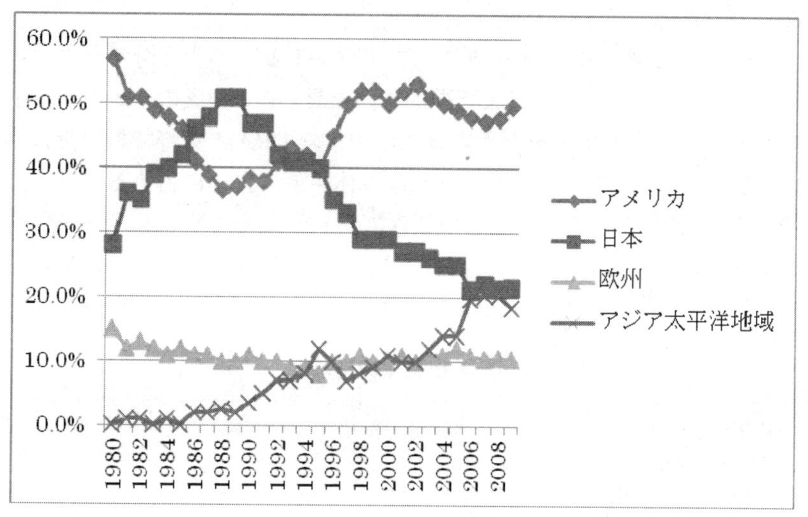

出所：湯之上[2008]、177 頁；『日本経済新聞』夕刊 2010 年 4 月 21 日；『台湾経済年鑑』2008 年版、434 頁より作成。原資料は米ガートナー・データクエスト。

以上の動向を、データで確認しよう。図 5-2 は 1980 年以降の半導体企業の地域別出荷シェアを示している。この図から、1980 年代半ばからアメリカ企業の半導体出荷シェアは日本企業に逆転されたことがわかる。しかし、日本企業のシェアは 1989 年あたりで頂点に達してから、下がる一方である。一方、アメリカのシェアは戻り、一方でアジア太平洋地域のシェアは上昇した。アメリカのシェア上昇には、二つの要因が考えられる。一つは、1980 年代の日米半導体摩擦で、日本企業の対米輸出が打撃を受けたことである。もう一つの要因は、アメリカで半導体生産委託(シリコン・ファウンドリーサービス)が 1980 年代後半から始まり、1990年代に盛んになったが、外国のファウンドリーの生産分が設計を担当するアメリカ企業からの出荷としてカウントされているためである。アイサプライなど民間調査会社が世界半導体企業ランキングを作るときも、ファウンドリーは除外されている。つまり、ファウンドリーはあくまで黒子に徹して、統計では表面に出ることがないのである。

このように図 5-2 のデータにはファウンドリーの生産分がカウントされていないため、アジア太平洋地域の上昇分は、韓国のサムスン電子など自社で設計と生産を行う垂直統合企業の DRAM 分野での出荷のみを反映している。ファウンドリーが半導体生産の全体に占めるシェアは 1997年の時点ですでに40%といわれており[①]、またファウンドリー生産の主要な担い手は台湾地域の企業であるため、ファウンドリーの生産分を入れれば、アジア地域のシェアはさらに大きくなるはずである。

図 5-3 DRAM 出荷額の地域別シェア

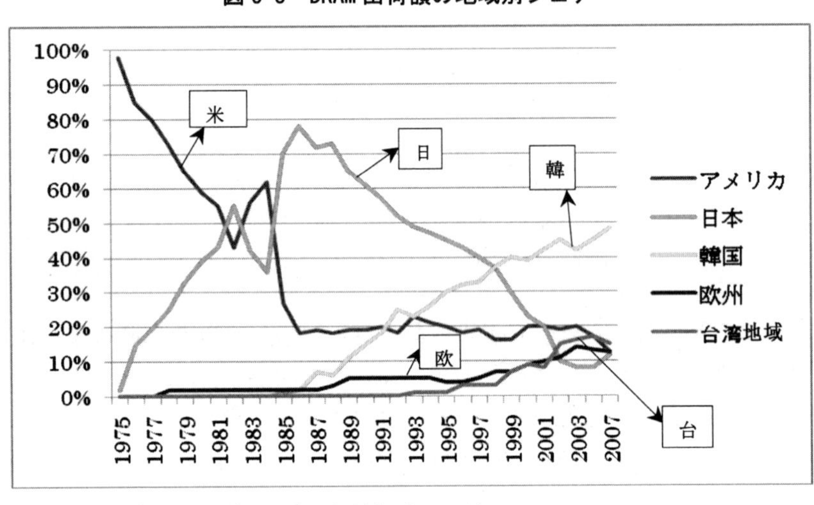

注：2005年、2006年のデータが欠けている。

出所：湯之上[2008]、177頁；『日本経済新聞』2008年10月7日より作成。原資料は米ガートナー・データクエスト。

① 『日本経済新聞』1998年2月1日、原資料は台湾経済部。

次にメモリー分野に限定した生産動向をみてみよう。図5-3から、1980年代の日米逆転、1998年の韓日逆転が鮮明に読み取れる。具体的には、1970年代はアメリカ企業の独壇場だったが、日本は1976年に「超LSI技術研究組合」を設立し、政府と企業が一体となって半導体の品質向上に成功して、1980年代にキャッチアップを達成した。しかし、1990年代に入ると、同じく政府と企業が一体となって1980年代からキャッチアップを図っていた韓国のサムスン電子などの財閥企業が、DRAMの世代交代の時期を見極めて投資と出荷を拡大しながらシェアを伸ばし、やがてアジア通貨危機直後の1998年に日本企業とシェアを逆転して、その後は世界の半分ほどのシェアを維持してきた。また、台湾地域の企業のシェアも1990年代から伸びている。

一方、ロジック分野はファブレスとファウンドリーの分業が一番進んでいるが、アメリカの調査会社IC Insights社のデータによると、2009年のファウンドリー市場は220億ドルであり、半導体市場全体の2260億ドルの10%を占めている[①]。全体の10%は少ないように見えるが、半導体全体に占めるロジックのシェアは30%程度であるため、その3分の1はファウンドリーによる生産ということになる。ファウンドリーの主役は、台湾地域の企業である。図5-4のように、台湾地域の企業は1990年代後半から世界ファウンドリー生産額の過半のシェアを持っており、2000年代に入り優位がさらに進み、7割に達した。

このように、1990年代以降のグローバル時代に、半導体の主要生産地として東アジアの韓国と中国台湾の台頭が目立つようになり、DRAM分野とロジックファウンドリー分野において圧倒的な優位を持つようになった。2000年代に入って、このような傾向はますます強化されている。

---

① http://www.nikkeibp.co.jp/article/news/20100202/208410/

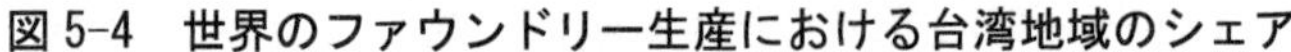

図 5-4　世界のファウンドリー生産における台湾地域のシェア

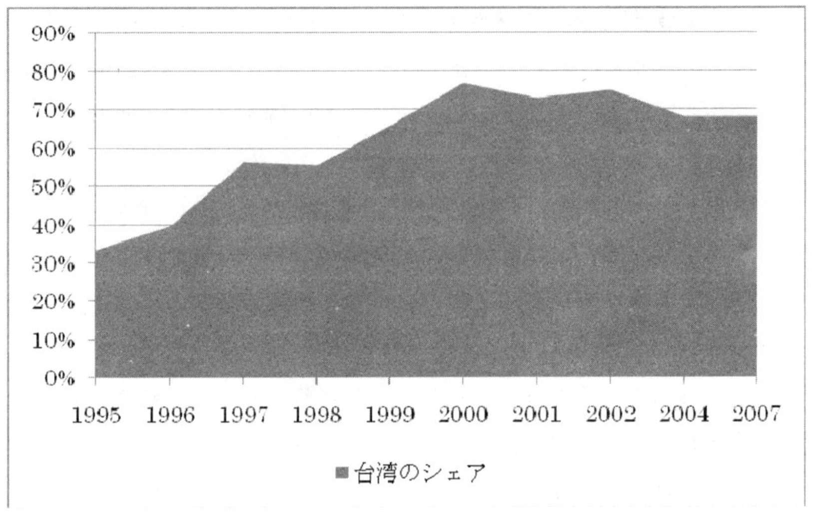

注：2003 年、2005 年と 2006 年のデータを欠けている。

出所：台湾地域の経済年鑑の各年版より作成。

また、以前は東アジアの半導体生産をリードしていた日本は、1990 年代以降 DRAM をはじめ半導体製品分野では存在感を落としたが、半導体製造装置と原材料分野において、高いシェアを維持してきた。JETRO の統計によると、2008 年の半導体製造機器の輸出額は全世界で 31,889 百万ドルであり、日本は 13,742 百万ドルでトップである。ちなみにアメリカは 7,454 百万ドルで 2 位であり、EU15 カ国の合計は 7,421 百万ドルである[①]。半導体材料では、図 5-5 のように、日本メーカーは主要 6 材料の世界市場で 6 割から 9 割と圧倒的なシェアを持っている。後にも触れるように、韓国と中国台湾の半導体メーカーも、多くの製造装置と材料は日本から調達しているのである。

① JETRO 貿易統計（http://www.jetro.go.jp/world/statistics/）、『世界の商品別輸出・IT 関連機器（2008 年）』。

図 5-5　半導体材料のメーカー別世界市場シェア(2006 年)

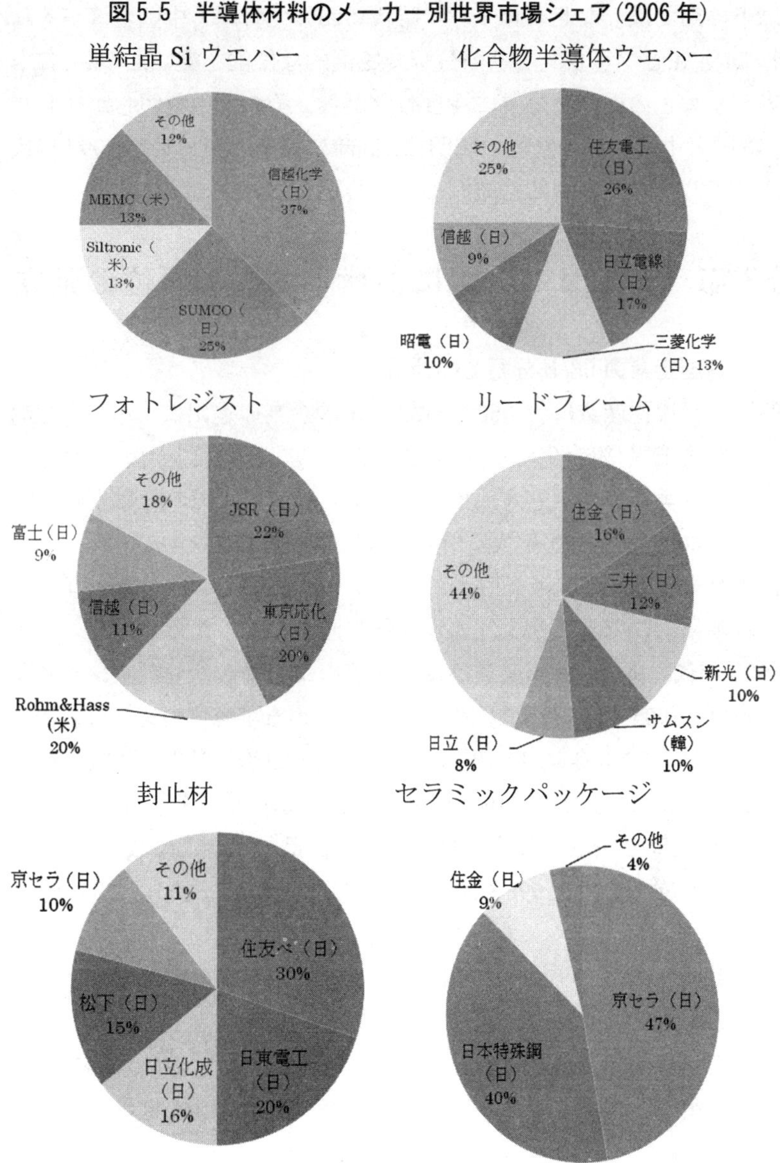

出所：『VLSI Report SPECIAL SURVEY 41,2007 半導体製造装置・材料業界』より作成。

以下の節では、なぜグローバル時代において韓国と中国台湾がそれぞれDRAMとファウンドリー分野で圧倒的な優位を築いたのか、日本やアメリカとの提携・分業に注目しながら、その理由を明らかにしたい。韓国と中国台湾の優位の説明は、同時に日本のシェアが1990年代以降低下してきた理由にも結びつくものだと思われる。

第3節　メモリー分野における韓国の優位の確立

Ⅰ　韓国企業のDRAM分野での優位

韓国の半導体産業は、1960年代から米国企業の進出によって、労働集約的な後工程(組立生産)から始まった。1970年代に入り、半導体の設計からウエハー加工も含めて前工程から後過程までの一貫生産を行うようになった。1980年代に財閥グループ企業のDRAM分野への参入により大変革期に入り、さらに1990年代に著しい成長を遂げ、米国・日本に次いで世界第3位の半導体生産国となった[①]。

1990年代以降、半導体産業は韓国経済を牽引するリーディング産業となった。1995年以降の韓国の総輸出に占める半導体の比率は、1995年に14.1%、2000年に15.1%、2005年に10.5%を占め、最大の輸出品目となった[②]。また、韓国の国内総生産(GDP)成長に対する寄与度では、1991年~1995年に半導体及び電子部品の寄与度は2.9%で自動車に次ぐ地位を占め、1996~2000年の期間は14.4%、2001~2005年の期間には19.4%とさらに高い寄与度を示している[③]。このように、韓国の半導体産業は、1990年代以降の韓国経済に重要な影響を与える産業へと成長したのである。

世界の半導体産業における、韓国企業の影響力も大きい。2008年、サムスン電子とハイニックスはそれぞれ6.5%と2.3%の世界市場シェ

---

① 韓国の半導体産業の発展プロセスについて、詳しくは徐[1995]、宋[2005]、犬塚・葉[2010]を参照されたい。

② データは韓国貿易協会の統計資料(http://stat.kita.net)により算出。

③ 吉岡[2010]、6頁。

アで世界第 2 位と第 9 位にランキングされている[①]。とくに、メモリーの DRAM 分野では、韓国企業は圧倒的な優位を持っている。サムスン電子は 1992 年に 13.5%のシェアで世界トップとなってから、その後もシェアを拡大し、トップの地位を維持し続けてきた。とりわけ 2000 年代に入り、ハイニックスと合わせると、図 5-6 に示すように韓国企業は世界 DRAM 市場の約半分を占めるようになった。

図 5-6　2000 年代韓国企業の DRAM シェア

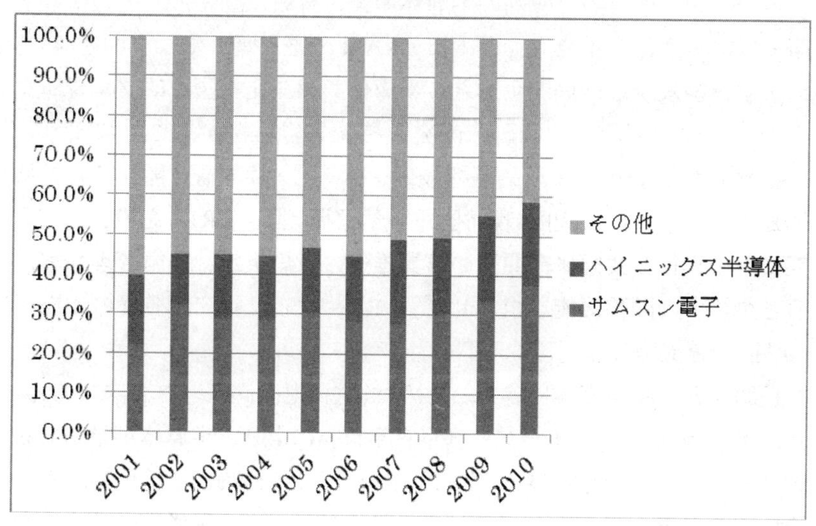

出所：『日経産業新聞』2002 年 7 月 12 日、2003 年 7 月 14 日、2004 年 7 月 13 日、2005 年 7 月 15 日、2006 年 7 月 21 日、2007 年 20 日、2008 年 7 月 22 日、2009 年 7 月 27 日、2010 年 7 月 27 日、2011 年 7 月 25 日より作成。原資料は米アイサプライ。

国別の DRAM シェアを示す図 5-3 を見ると、韓国企業の DRAM シェアには、二つの転換点が見られる。一つは、1991 年にアメリカを超え、世界第 2 位となった時点であり、もう一つは 1998 年に日本と逆転し、世界トップとなった時点である。

① 『日経産業新聞』2009 年 8 月 5 日、原資料は米アイサプライ。

この二つの転換点はそれぞれどのような意味を持っているのであろうか。次に、二つの転換点の前後の韓国半導体企業の動向を分析しながら、その意味を検討しょう。

Ⅱ　1980～1990年代の韓国半導体産業

1980年代、産業のコメと呼ばれる半導体産業の重要性を認識した韓国政府と企業は一丸となって、国家による育成政策や補助金と、財閥グループ企業の努力で韓国の半導体産業の育成に励んだ。その対象としては、半導体の中でも、とくにDRAM分野を選んだ。

まず韓国政府は、民間企業との半導体共同開発を国家的プロジェクトとして位置付け、共同研究開発を持続的に維持することにより、DRAMの製品技術や中核的基盤技術を構築し、共同研究開発の総括機関として電子通信研究所(現韓国電子通信研究院、ERTI)を設立し、研究管理の遂行、共同研究開発の事業推進の意思決定、技術管理など政府と企業との調整機能を担わせた。また、政府は研究開発費の40%～60%前後を支援した[①]。

民間から半導体産業に参入したのは、主に財閥グループ企業である、1983年にサムスングループは「東京宣言」により、半導体事業新規投資計画(とくにDRAM事業の投資)を発表し、全社的に半導体事業を展開することを決定した。つづいて、現代グループも現代電子産業の設立と同時に半導体事業への新規参入を決めた。また、1987年にはLGグループも既存の半導体事業を大幅に改編し、メモリー製品分野へと積極的な事業展開を行った[②]。

なぜ半導体のなかで、韓国企業はDRAMに注力したのか。一つの要因は、1980年代にDRAMの需要が多く、利益も大きかったことである[③]。また、もう一つ重要な要因は、DRAMの技術特性にある。DRAM市場には世代交代(旧世代品から次世代品への需要の乗り換え)があ

① 宋[2005]。
② 犬塚[2010]、68頁。
③ 『日本経済新聞』1986年3月5日。

り、そこには一定程度の技術の断絶性があるとともに、DRAM 生産の要となるプロセス技術は製造装置に依存する部分が大きいので、後発の大企業にとって DRAM は参入障壁を解決しやすく、事業を展開しやすい分野である[①]。

1980 年代以降、プロセス技術開発を主導するようになった日本の半導体企業は、DRAM の次世代製品開発のスピードを加速するとともに DRAM 以外の製品展開を強化するために、要素技術開発で製造装置企業のエンジニアを活用し始めた。この過程で要素技術を習得した製造装置企業は 1990 年代以降、最先端の製造装置を使いこなすノウハウを確立し、基本的なプロセス条件に関する情報とセットにして製造装置を販売するようになった。このことは、後発企業でも製造装置企業との連携によって最先端の情報とノウハウを獲得できることを意味しており、後発企業のキャッチアップを容易にした。その結果、日本企業と後発のサムスン電子との技術ギャップは縮小した。

製造装置には標準仕様と特注仕様があり、標準仕様のほうが安い。キャッチアップ期の韓国 DRAM 企業は、標準仕様のみ発注した。しかし 90 年代後半になると、サムスン電子は日本の製造装置企業に装置を特注するようになり、密接な関係を深めて行った[②]。韓国企業の使用する半導体製造装置は、1987 年までは 9 割がアメリカから輸入されていたが、1988 年から日本からのシェアが 80%となった[③]。その後の 1990 年代も、半導体製造装置と半導体材料の国産化率はわずか 5%ほどで、大部分は日本からの輸入であった。

一方、DRAM を部品として使用する ICT 機器の主役がパソコンに交代したため、DRAM 市場における競争の焦点は品質からコストに転換された。パソコンの普及によって DRAM が大量に必要な部品となり、しかも、価格はパソコン需要の変化に左右されて値崩れしやすくなった。したがって、大量生産による規模の経済でコスト削減を図ること

---

① 吉岡[2010]、28 頁。

② 吉岡[2010]、116・148 頁。

③ 『日経産業新聞』1988 年 11 月 25 日。

がより重要となり、巨額の設備投資が必要となった。こうした中でサムスン電子は、大規模な設備投資をタイミングよく実施して生産性を高めただけではなく、製造装置の調達コストを低く抑えることによって一層のコスト削減を図り、日本企業に急速にキャッチアップしていった。

このような増産の結果、1980～1990 年代における韓国の DRAM 輸出は急速に増加したが、その主要な輸出先はアメリカであり、その次は日本であった①。

また、韓国企業の DRAM 世界市場におけるシェアが 1991 年にアメリカを超え、世界 2 位となった背景として、アメリカ側の事情にも触れなければならない。図 5-3 が示すように、アメリカ企業は 1970 年代まで圧倒的なシェアを占めていたが、1980 年代前半急速に下がり、その後は低迷しつづけた。それはアメリカ企業が国際競争で負けたというより、自ら戦略的に DRAM 分野から撤退したというべきであろう。1980 年代半ば、インテルなどアメリカの半導体企業は価格低下が激しい DRAM 分野から撤退し、MPU や ASIC など付加価値の高い分野へと製品戦略を転換したのである②。

以上のように、1980 年代から 1990 年代前半までに、半導体後発国の韓国が DRAM 分野でキャッチアップできた要因は、次のようにまとめることができる。

まず、韓国企業が価格・品質とも国際競争力をもつ DRAM を造れたのは、日本からの製造装置と材料の輸入があったためである。日本から製造装置を輸入する際に、後発参入者の韓国企業は日本から最先端の情報と製造ノウハウを入手できた。このことは、日本の半導体製造部門の衰退とともに、日本の製造装置メーカーや材料メーカーがグローバル展開をめざしたことによって可能となった。つまり、一国的な企業間垂直分業からグローバルな分業へ転換する時期に、韓国の半導

---

① 『日経産業新聞』1986 年 3 月 7 日、1987 年 11 月 24 日。

② 上田[2005]。

体企業の参入がタイミングよく重なったのである。

もう一つの要因は、韓国企業が経営資源をDRAMという特定分野に集中した戦略である。DRAM は規模の経済が典型的に働く製品であり、大規模な設備投資と大量生産によって韓国企業は規模の経済を実現し、低コストで生産できたのである。また、韓国の財閥企業のトップダウンの意思決定方式は、世代交代と価格低下が激しく、迅速な意思決定が必要となるDRAM市場に向いていた。

Ⅲ 1997年アジア通貨危機で世界シェアを拡大した要因

1997年のアジア通貨危機で、韓国企業は打撃を受けたが、しかし、その後、韓国企業のDRAM分野での優位はさらに強くなり、世界シェアは日本と逆転し、世界トップとなった。2000年代に入ると、世界のDRAMの半分ほどが韓国のサムスン·LG2社によって占められるようになった。

韓国と日本のシェア逆転は 1997 年危機と重なったが、実は図 5-3からわかるように、逆転の背景は1980年代以来の長期的趨勢の変化である。日本企業のDRAMシェアは1987年に頂点に達してから、その後下がる一方であった。これに対して、韓国のシェアは1980年代後半から上り続けてきた。すなわち、長い期間でみると、1998年の韓日逆転は、1980年代後半から起こった、それぞれの国の動きの延長線上にとらえることができる。

しかも、1998年に逆転したシェアは、その後も再び反転することなく韓国側の優位が続いた。その一番大きな要因は、1997年のアジア通貨危機で世界のDRAM市場が委縮し、韓国企業の財政状況が厳しいという逆風の中で、あえてDRAM分野への設備投資を拡大した投資戦略にあると思われる。それに対して、同じ時期、日本企業はみなDRAMへの投資を削減した。

1997年のDRAM不況後、1998年に日本の半導体メーカーは設備投資を削減したのに対して、1997年危機で外貨不足に苦しんでいた韓国のサムソン·LG·ハイニックス3社は、いずれも日本の製造機器メーカーに大規模な設備購入を打診する一方、支払いの猶予を要請した[①]。一方、日本メーカーは DRAM 分野を見限って投資を削減し、DRAM 部門を売却するなどのリストラを進めた。たとえば、1997 年 12 月、新日鉄は DRAM 生産から撤退し、まもなく沖電気は、DRAM 事業を大幅縮小し、64M の DRAM の生産を断念したのである[②]。このような背景の下で、日本の DRAM シェアはアジア通貨危機後前に比べて一層速いテンポで低下していった。さらに、1999 年には日立と日本電気(NEC)の DRAM 事業部門が統合され、NEC 日立メモリ(2000 年エルピーダメモリ)が発足し、2003 年には三菱電機の DRAM 部門も統合して事実上日本の DRAM 生産は 1 社体制になった[③]。

それでは、韓国企業は深刻な経済危機に遭遇したにもかかわらず、なぜ 1990 年代に入ってもシェアを伸ばすことができたのだろうか。一つの要因は、先に述べたように、アジア通貨危機のさなかにおいても設備投資を続けたことである。もう一つは 1991 年以降 DRAM シェアのトップ企業の座を維持し続けたサムスン電子が代表するように、日米の製造装置企業との共同開発などを通じて、先端技術開発ができるようになったことである[④]。

1990 年代以降、サムスン電子がトップの座を維持できた要因の一つは、微細化とこれを実現するための先端技術開発である。微細化は、同一世代の高集積化製品では製品コストの低下を可能にする一方、次世代の高集積化製品の先行開発を通じて高価格での販売を可能にするため、これにいち早く成功した半導体企業に高い収益をもたらす。実際、1990 年代後半以降の DRAM の平均販売価格をみると、サムスン電子の平均販売価格はマイクロンとインフィニオンのそれを約 10%～

---

① 『日経産業新聞』1998 年 2 月 1 日。

② 『日経産業新聞』1997 年 12 月 19 日、12 月 23 日。

③ エルピーダメモリ公式 Web サイト。http://www.elpida.com/ja/company/history.html

④ 吉岡[2010]は、設計技術と要素技術の側面からサムスン電子の技術能力を時系列に検証し、技術的観点から 1990 年代以降のサムスン電子ではキャッチアップ過程とは異なる発展パターンが形成されたことを明らかにした。

50%も上回っている[①]。

また、記憶容量を増やす高集積化の方向のみならず、データの読み書き速度を向上させる高速化という新たな製品開発の方向に対応したことも考慮しなければならない。DRAM分野では高速化によって技術革新が再び活発になり、サムスン電子は市場開拓能力に基づいて高速化製品で先行優位を築いた。また、サムスンは高速化製品の標準策定過程に参画して、自らの技術仕様をそのまま業界標準にした。つまり、自社に有利なパラメータや自社開発の技術を、業界標準に組み込もうとしたのである。

さらに、1990年代以降のサムスン電子は、キャッチアップ過程とは異なる新しい発展パターンを形成した。

サムスン電子は、先進国企業が推進した製造装置のイノベーションを利用して製品組立だけを行う段階から脱し、製造装置のイノベーションそれ自体に深く関与するようになった。すなわち、サムスン電子がDRAMの次世代製品開発においてトップの座を確保・維持しているのは、微細化や高速化といった加工組立の技術を蓄積するとともに、製造装置の新しい技術を創出する能力を獲得したことによる。このことは、サムスン電子の半導体事業において、キャッチアップのパターンを超えた新しい発展の枠組みが形成されたことを意味している。

サムスン電子の技術発展を可能にした要因として、吉岡[2010]では、1990年代以降の国境を越えた技術的知識の交流・共有という国際的な技術環境に着目した。この流れはキャッチアップを完了したばかりのサムスン電子にとって、独自に技術開発を行うための指針として利用できるものであった。また、こうした中で多くの開発資源を動員・投入できる半導体企業が優位に立つようになり、開発面でもサムスン電子の資金力が発揮されたことを指摘した。

他方、サムスン電子がキャッチアップの段階を脱してトップの座を維持しているもう一つの内的要因として、開発を成功させる上で欠か

---

① 吉岡[2010]、170頁。

せない部署間の緊密な情報の交流と共有が形成されたことがあげられる。1980年代まで韓国企業の生産システムの特徴と見なされた技術部門と生産現場との断絶は、サムスン電子の半導体事業ではもはや克服されているとみられ、開発・生産を支える組織面でもキャッチアップ過程の発展のあり方からの脱却を図ったといえよう。

米·日の製造装置企業との関係では、とくに2000年代に入ってから、サムスン電子は「グローバル調達」という方針を全面に打ち出すようになった。現在、サムスン電子は半導体製造装置や材料の半分以上は日本、アメリカなど海外からの調達であり、韓国国内での調達率はわずか30%～40%といわれている。

外国の製造装置企業にとっても、サムスン電子と共同開発で提携することにはメリットがある。製造装置の一括大量購入というサムスン電子の設備投資方針は、製造装置企業にとっては大きな魅力だった。米・日の製造装置企業は、主な販売先であった国内の半導体企業が深刻な業績不振に陥ったため、新たな販路を開拓しようと世界中の半導体企業と共同開発を行うように方針転換を図った。その時期は、米国企業では1980年代後半から、日本企業では1990年代後半からである[①]。たとえば、日本の製造装置メーカー大手の日立国際電気は、主要顧客のサムスン電子などと、半導体の微細化などプロセス技術の進展に対応した製造装置の共同開発を加速すると報道されている[②]。また、東京エレクトロンは、半導体のエッチング装置に搭載する製造プロセスの開発拠点を、韓国に開設した[③]。さらに、2012年には韓国の華城市に約50億円を投じてプロセス技術センターを建設し、サムスン電子など韓国メーカーと連携しながら最先端の半導体の製造技術を開発する[④]。

このように、製造装置の開発・販売が国境を越えて行われている現

① Morgan[1991]、日本半導体製造装置協会[2001]。

② 『日経産業新聞』2010年9月9日。

③ 『日経産業新聞』2006年11月20日。

④ 『日経産業新聞』2011年5月11日。

在、半導体企業の技術発展に国内の周辺産業の発展が不可欠な条件ではなくなりつつあることを示しているように思われる。以前の米国や日本のような一国の自己完結的な発展とは異なる、グローバル時代の韓国の新たな発展の構図が浮かび上がってくる。

Ⅳ　2000年代の新動向

最後に、DRAM市場の新動向を補足しておきたい。図5-3から、2000年代の二つの新しい動向がわかる。一つは、台湾地域の企業のシェアの伸びである。図5-3をみると、台湾地域の企業のシェアは1990年代後半から伸び始め、2000年代に世界シェアで韓国に次ぐ第2位となった。もう一つの新動向は、1990年代から下がり続けてきた日本のシェアが、いったん回復したものの、コスト競争には勝てず、事実上DRAM生産から撤退したことである。このように、DRAM分野では、東アジア域内において韓国と中国台湾を中心として競争と再編が続いている。

1990年代後半からシェアを伸ばしてきた中国台湾のDRAM企業の実態を見てみよう。台湾地域の企業が本格的にDRAMに参入するようになったのは、1990年代前半のことである[①]。1980年代、中国台湾政府主導の半導体プロジェクトは、世界の先進水準とのギャップがあり、資源が集中しすぎるDRAMを避け、ASIC(特定用途向けIC)に重点を置く方針をとった[②]。しかし1990年代に入って、パソコンをはじめとするICT機器産業の成長により、その基幹部品の一つであるDRAMの国産化が急務となり[③]、1994年に力晶電子(Powerchip)、1995年に中国台湾最大級の企業集団である台湾プラスチックが出資した南亜科技(Nanya)などのDRAMメーカーが続々と設立された。

中国台湾のDRAM産業が、韓国や日本、アメリカと比べて特徴的な

---

① 1980年代にも、茂矽(Mosel)、華邦電子(Winbond)といったDRAMメーカーがあったが、生産規模が小さかった。

② 佐藤[2000]、36-37頁。

③ 『日経マイクロデバイス』1994年4月号、33頁。

のは、複数の中小規模のメーカーからなっていることである。1 社当たりの世界シェアは4%前後と小さいが、シェアの合計は韓国に次ぐ、世界第 2 位である。たとえば、表 5-2 に示された 2007 年の世界 DRAM メーカーのシェアランキングでは、トップ 8 に入った台湾地域のメーカーのシェアの合計でも第 1 位のサムスン電子はもちろん、第 2 位のハイニックスにも及ばない。第 3 位から第 5 位までは、日米欧の会社が一社ずつ入っており、シェアに大差がなく、台湾地域のメーカー1 社のシェアはその約 3 分の 1 程度にすぎない。このように個々の台湾地域の DRAM メーカーは小規模だが、そのシェアを合計すると、第 3 位から第 5 位の会社のいずれも上回るのである。

表 5-2　2007 年 DRAM メーカーシェアランキング

ランキング	会社	利益(百万ドル)	シェア(%)
1	サムスン電子(韓)	8609	27.7
2	ハイニックス(韓)	6682	21.3
3	キマンダ(Qimonda、欧)	3965	12.6
4	エルピーダ(日)	3758	12.0
5	マイクロン(米)	3185	10.1
6	南亜科技(台)	1479	4.7
7	力晶半導体(台)	1229	3.9
8	茂德科技(台)	1071	3.4
	その他	1352	4.3
合計		31420	100

出所：米ガートナー・データクエスト発表より作成。

規模の経済が働く典型的な DRAM 分野では、このような台湾地域のメーカーの規模はその国際競争劣位につながった。近年長引く製品価格低迷で厳しい状況に追い込まれた台湾地域の DRAM メーカーは相次ぎ経営不振に陥り、政府の救済を求めるようになった[①]。そこで、

① 『日経産業新聞』2009 年 1 月 16 日。

中国台湾の経済部は、複雑に入り組んだ提携関係[①]を整理し、政府主導で新しく台湾創新メモリー(TIMC)を設立し、エルピーダやマイクロンと提携し、韓国勢に対抗できる「日米台連合」を結成する構想を出した[②]。しかし、2009年10月から従来型のDRAM価格が高騰し、台湾地域のメーカーの資金に余裕ができたため、南亜など2社は政府への資金支援申請を撤回し、政府主導のDRAM再編構想は崩れてしまった[③]。ただし、茂徳、華邦電子は相次いでエルピーダと提携し、民間ベースの台日提携は着実に形成している[④]。

一方、2008年から日本のエルピーダは、韓国勢の2社に次ぐ世界3位のシェアを回復した。1999年に前身のNEC日立メモリーが設立された当時、世界市場でのシェアは日本電気が約11%、日立製作所が約6%であったが、その後業績低迷が続き、2002年には4%台まで落ちた。しかし、2004年から回復が始まり、やがて2008年に韓国サムスン電子、ハイニックス半導体に次ぐ第3位の14.2%を占めるようになった。

エルピーダのシェア回復は、積極的に中国台湾企業と提携したからである。中国台湾企業への生産委託により、生産コストを下げ、生産能力を上げ、とくに、価格変動の激しいパソコン用DRAMは、完全に中国台湾企業でOEM生産されることになり、この分野ではエルピーダはファブレスとなった。その結果、2010年3月期決算で、エルピーダの連結営業利益の過半を占める236億円が中国台湾で生み出された[⑤]。こうした日本企業と中国台湾企業の連携は、前述の液晶パネルや後述のシステムLSIでも行われており、新たな東アジア製造業の再編のあ

---

① 台湾地域のDRAMメーカーは自主開発技術を持たず、日米欧韓からそれぞれ技術導入してきた。力晶はエルピーダ、南亜は米マイクロンと提携し、それぞれが合弁生産会社である瑞晶電子、華亜科技を運営。三位の茂徳科技は韓国のハイニックス半導体と組み、顧客仕様のDRAM受注が主力の華邦電子は独キマンダと提携している。『日経産業新聞』2009年1月16日。

② 『日本産業新聞』2009年4月2日。

③ 『日経産業新聞』2009年10月22日。

④ 『日本経済新聞』2010年4月1日。

⑤ 『日本経済新聞』2010年12月17日。

り方としても注目すべきであろう。しかし、エルピーダに関してはその後も円高などの悪条件が重なり、2012 年 2 月に会社更生法の適用を申請して事実上破綻し、日本の DRAM メーカーは皆無となった[①]。

第 4 節　ファブレスと中国台湾の半導体ファウンドリー

I　台湾地域の半導体産業の特徴

台湾地域の半導体産業の形成にあたっては、パソコンなど ICT 機器産業が民間企業主導であったのとは異なり、その創成期においては政府が主導的な役割を果たした[②]。

台湾地域の半導体産業の起源は、1960 年代にアメリカ企業が高雄に設立したトランジスタの組立工場にさかのぼる。その後 1970 年代まで、小規模な集積回路製造のための研究は行われたが、生産については外資系組立企業が中心であった[③]。しかし、1973 年に台湾省政府が設立した工業技術研究院(ITRI)が、台湾地域の半導体産業を本格的にスタートさせた。ITRI の主たる役割は開発した産業技術を民間に移転することであり、また 1974 年に ITRI は電子工業研究所(ERSO)を設立し、海外から半導体技術の導入を始めた。その後、1975 年の第 1 期電子工業発展計画(IC 模範工場計画)から、第 6 期電子工業発展計画(ディープサブミクロン計画)まで、20 年あまりの時間をかけて台湾地域の半導体産業を一歩ずつ押し上げていった[④]。これらのプロジェクトから、後に世界初で、最大手の半導体ファウンドリー専業メーカーである TSMC(台湾地域積体電路公司)と、2 番目大手である UMC(聯華電子公司：United Microelectronics Corp.)がスピンオフしたのである。

---

① 『日本経済新聞』2012 年 2 月 28 日。

② 台湾地域の半導体産業の形成過程における国家の主導的な役割について、佐藤[2000]、王[2001]を参照されたい。

③ 犬塚・葉[2010]、98 頁。

④ 呉[2004]。

現在、台湾地域の半導体産業はTSMCとUMCを中核とする発達した分業体制を形成しており、世界最大の生産能力を有しており、その規模は世界全体の32%を占めている[①]。

まず、台湾地域の半導体産業の分業体制についてみてみよう。半導体産業は基本的には設計、ウエハー加工(前工程)、組立・検査(後工程)の3つの工程から構成される。なかでも設計とウエハー加工はその中核をなしている。インテルやサムスン電子などのような3工程すべてを備えている企業をIDM(Integrated Device Manufacturer、垂直統合型企業)という。ところが、台湾地域の半導体産業は、各工程を独立した企業が担う分業体制になっている。図5-7は台湾地域の半導体産業の構造を示している。図5-7のように、2007年には、台湾地域では半導体設計の専業会社は270社あり、製造(ウエハー加工)専業会社は13社あり、テストと検査の専業会社はそれぞれ34社と36社であり、各工程で専業メーカーの分業体制が発達している。

図5-7　台湾地域の半導体産業の構造(2007年)

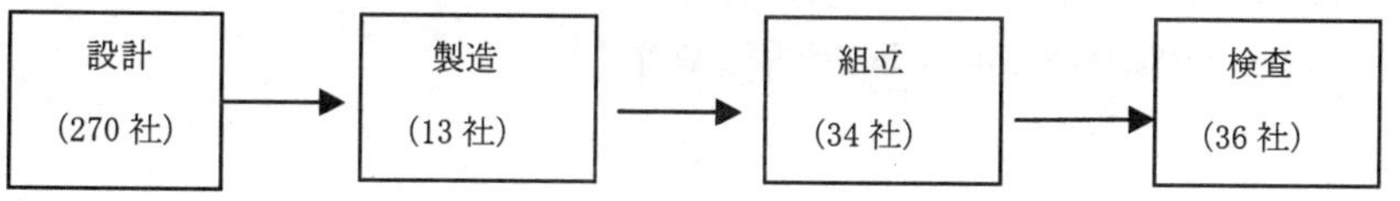

出所：台湾地域の経済年鑑2008年、437頁より作成。

図5-8のように、台湾地域の半導体生産額において、3工程の専業メーカーの中で、製造専業会社の占めるシェアが一番高く、生産額全体の約半分を占めている。また同じ図5-8から、製造専業会社の中で、とくにウエハーの受託製造に特化したファウンドリーのシェアが高いことが分かる。すなわち、台湾地域の半導体産業の発達した分業体制のなかで、ファウンドリーメーカーがその中核となっているといえよう。

---

① 『World Fab Watch (WFW)』2006年10月版。

図 5-8　台湾地域の半導体産業の企業形態別生産高(単位：台湾元)

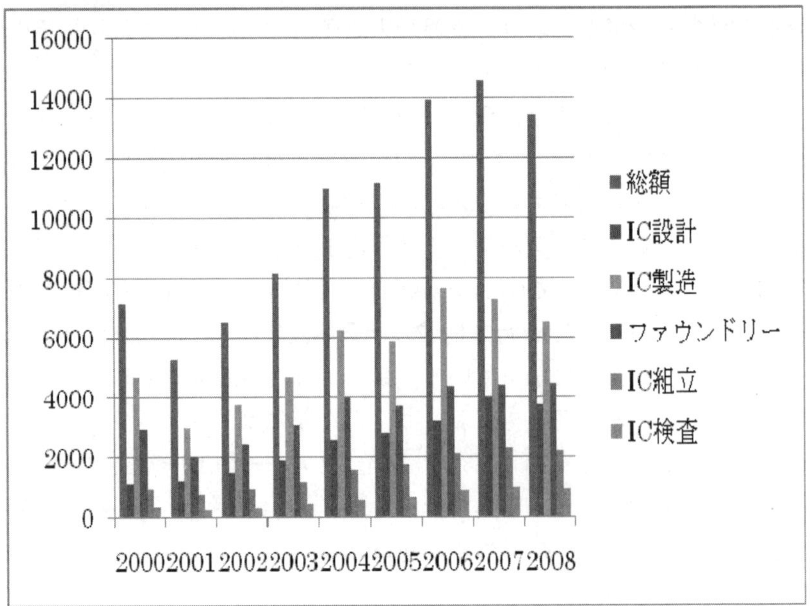

注：IC 製造はファウンドリーと DRAM 生産の 2 部分からなる。

出所：台湾地域の経済年鑑各年版より作成。

次に台湾地域の半導体メーカーの営業収入ランキングからファウンドリーメーカーの地位を確認しよう。表 5-3 は 2007 年における半導体メーカーの営業収入トップ 10 社を示している。この表から、トップ 10 のうち、ファウンドリー2 社の TSMC と UMC、とくに TSMC は圧倒的な金額で他のメーカーを大きく引き離している。TSMC と UMC のファウンドリー2 社が、台湾地域の半導体産業をリードするという構図は、1990 年代後半から続いてきたものである[①]。

① 『台湾経済年鑑』2002 年版、473 頁。

表 5-3　台湾地域の半導体メーカー営業収入ランキング(2007 年)

ランキング	会社	営業収入(億台湾元)	主業務
1	台湾集積電路(TSMC)	3136	ファウンドリー
2	聯華電子(UMC)	1068	ファウンドリー
3	日月光グループ	1012	検査
4	力晶	776	メモリ
5	聯發	746	設計
6	矽品	646	検査
7	南亜	529	メモリ
8	茂徳	476	メモリ
9	華亜	459	メモリ
10	聯詠	361	設計

出所：台湾地域の経済統計年鑑 2008 年版、439 頁より作成。

TSMC と UMC は台湾地域の半導体産業のトップ企業だけではなく、世界のファウンドリー市場のトップ企業でもある。図 5-9 のように、TSMC は世界ファウンドリー市場の半分以上のシェアを握っており、UMC は第 2 位のシェアを占めているのである。2 社の合計で、世界ファウンドリー生産の約 8 割を占めている(2001 年)。2009 年はアメリカの AMD が製造部門を独立させて、ファウンドリー専業メーカーとしてグローバルファウンドリーを創設したことの影響で、台湾勢は若干シェアを落としたものの、なおファウンドリー全体の約 7 割を占めている。台湾勢ファウンドリーの歴年シェアは本章冒頭の図 5-4 からも確認できる。

図 5-9　ファウンドリーメーカーの世界シェア

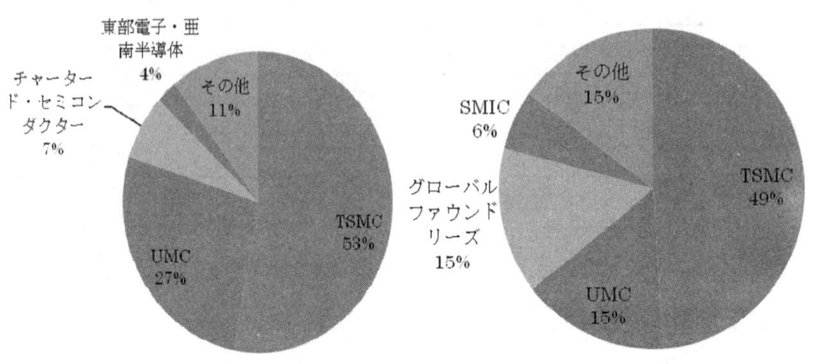

出所 :『日経産業新聞』2002 年 11 月 12 日、IC インサイツ 2010 年 1 月発表より作成。

以上のように、台湾地域の半導体産業は各工程に特化したメーカーからなる発達した分業体制を形成している。その中で、リード役は TSMC と UMC のファウンドリーである。この 2 社は台湾地域だけではなく、世界のファウンドリー市場をリードしている。次に、TSMC や UMC といったファウンドリーの生成と発展過程を、アメリカなど海外企業との関係という角度から明らかにし、半導体産業における設計と製造の分離の実態とグローバル時代の半導体産業の国際分業の進展について検討する。

II　ファブレス・ファウンドリー分業体制の形成——TSMC の誕生

現在半導体受託生産という意味でつかわれている「ファウンドリー」という言葉は、もともと「鋳物工場」の意味であり、半導体工場をシリコンファウンドリーと呼び始めたのは、1980年代初頭のことである[①]。世界初のファウンドリー専業メーカーであるTSMCの誕生(1987年)に先だって、ファウンドリーへの需要は1980年代初頭からすでにアメリカで現れていた。日本の半導体メーカー、東芝やセイコーエプソン、日立、三菱電機などは、1986年からアメリカ企業の半導体生産の委託を受けていた[②]。その背景として、アメリカ半導体メーカーの設計力と日本の製造力の連携により、日米半導体摩擦を解消するという思惑もあった[③]。

しかし、日本の半導体メーカーにとって、ファウンドリーはあくまでも自社工場の稼働率を向上させる一手段にすぎなく、しかもこの手段をとる企業も限られており、多くのメーカーは自社設計・自社製造という発想にこだわっていた。当時アメリカの半導体メーカーから生産委託を受けることに対して、LSIロジックの八幡恵介社長は「技術と製造は一体であるべき、日米間で開発と製造を分担する構想は全くナンセンス」と発言している[④]。

ファウンドリーの需要を重視しなかった日本と違って、中国台湾は初めから本格的に取り組み、それをビジネスモデルとして確立させた。1987年に中国台湾で世界初のファウンドリー専業メーカーが誕生し、それが1990年代に入ってから急速に伸び、世界ファウンドリー市場で圧倒的なシェアを持つようになった。またファウンドリーを軽視していた日本においても、1997年ころから、東芝、富士通、ソニー、松下などの日本企業において、中国台湾メーカーと提携し、一部生産委託の動きが出てきた[⑤]。

次に、世界初のファウンドリー専業メーカーであるTSMCの誕生と成長のプロセスを分析し、ファブレス-ファウンドリーの分業体制

---

① 『日経産業新聞』1984年10月20日。

② 『日経産業新聞』1986年5月6日、1987年7月8日。

③ 『日経産業新聞』1986年5月6日、1987年7月8日。

④ 『日経産業新聞』1987年3月4日。

⑤ 『日経産業新聞』1997年10月11日、10月15日、11月13日。

の形成プロセスを検討しよう。

1987 年末、TSMC が世界初のファウンドリー・ビジネスモデルとして ERSO からスピンオフした。1986 年頃、台湾地域政府の半導体産業育成のための第 3 期 VLSI（Very Large Scale Integration、現在では LSI あるいは単に IC と呼ばれる）計画による台湾地域初の 6 インチ VLSI 工場の建設が完成に近づくにつれ、そこから企業のスピンオフの計画が具体化していった。ファウンドリーをスピンオフさせる案は、当時、ITRI 院長であった張忠謀（後に TSMC の創設者）が提出した。その理由として彼は、台湾地域の設計企業のための VLSI 量産拠点がないという点を挙げた。また、台湾島内の設計企業だけでは、1 つの VLSI 工場の生産能力を完全にカバーするのは不可能であることを考え、国外設計企業からのファウンドリー業務も取り入れなければならないと考えた。

後に張忠謀は、台湾地域のある新聞のインタビューに応じて、ファウンドリー専業メーカーの考えの由来を打ち明けた[①]。ファウンドリー・ビジネスモデルは張忠謀が TI を退職して GI に務めたころに浮かんだという。そのきっかけは、1984 年、張忠謀の友人の一人が半導体製造企業を設立したいとのことで、5 千万ドルの資金調達のため、張を訪ねてきた。張はこの投資案に応じたが、1 か月後、この企業はファブレスへの戦略転換を行った。設計だけに専業し、製造を日本や韓国の半導体製造企業に委託するという戦略転換である。その結果、膨大な半導体製造設備の投資は不要となり、投資資金は 5 千万ドルから 5 百万ドルへ大幅に縮減した。相対的に低い資金でファブレス企業を設立できるので、今後はたくさんの有能な設計者が自らファブレス企業を設立する可能性が高い、それによって、彼らの製造委託を受けるファウンドリービジネスのチャンスも極めて大きいと考えた。

当時の IDM 企業はいずれも自社ブランドの製品を優先し、ファウ

---

① 以下の内容は、呉[2004]、76-78 頁による。

ンドリー生産を副業としか見ていなかった。そこで、張は1987年にTSMCを世界初のファウンドリー専業メーカーとして、ERSOからスピンオフし、設立した。

設立した当初は、この構想に誰も関心を払わなかったので、創立のための資金調達さえ困難であった。台湾地域の中だけではなく、張の投資計画の説明を聞いた外国の半導体企業もファウンドリー・ビジネスモデルに疑問を抱いた。たとえば、インテルとTIは一度TSMCの投資案に興味を示したが、張の報告を聞いて、困難だと考え出資に応じなかった。

やがてオランダのフィリップスや、台湾地域の民間企業と中国台湾行政当局開発基金などの出資でかろうじて創設できたTSMCは、当初は顧客が少なかったため、経営不安定という難題に直面した。それを乗り越えた要因は二つあげられる。一つは、フィリップスとの技術提携で、技術ライセンス料を払わずに自由にフィリップスの既存技術を使えるようになったため、創立初期のTSMCのウエハー加工技術を急速に進歩させた。もう一つの要因は、インテルの品質認証を得たことである。当時積極的に海外アウトソーシング先を探していたインテルに、張が自ら交渉した結果、インテルからアウトソーシングの注文を取った。その後TSMCは、インテルの厳しい品質認証と無理なコストダウン要求を受けながら、徐々に認知度をグローバルに広げた。その結果、1990年は一旦赤字となったが、その後順調に成長し、世界1位のファウンドリーメーカーとなった。

以上のようなTSMCの誕生のプロセスをみると、ファウンドリー専業メーカー成立の前提として、アメリカ企業のファブレス需要が重要な役割を果たしたことがわかる。ただし、ファウンドリーメーカーの成長初期段階では、ファブレス企業の半導体製造委託だけでは不十分だったので、インテルのようなIDMの委託需要を取り入れた形で成長軌道に乗せた。ファブレス企業にしてもIDMの一部委託にしても、アメリカからの半導体製造委託という需要があったからこそ、これに対応して、ファウンドリー専業メーカーが誕生することができたのである。

TSMCの成功をみて、1980年にERSOからスピンオフした台湾地域初の半導体企業のUMCも、1995年から戦略転換を行い、IDMからファウンドリー専業メーカーへと転身した①。その転身のプロセスは以下のとおりである。まず1995年にアメリカやカナダのファブレス企業と合弁で聯誠、聯瑞、聯嘉といったグループ子会社を作り、受託生産を行い始めた。1998年に、メモリー不況で赤字になった合泰半導体のウエハー工場を買収した。2000年1月に、UMCは本体とグループ企業の聯誠、聯瑞、聯嘉、合泰の4社が一つの企業として統合する「五合一」計画を発表し、一つのファウンドリーとなった②。このようにして、TSMCに次ぐ世界第2位のファウンドリー専業メーカーが誕生したのである。TSMCと合わせて、台湾勢ファウンドリーは世界市場で圧倒的なシェアを持つようになった。

TSMCやUMCといったファウンドリー専業メーカーの発展は、中国台湾半導体産業の発展を促進させた。ファウンドリーの急成長とともに、その周辺に半導体の設計、マスク製造、ウエハー処理前工程、組立、検査などの専業メーカーがどんどん設立され、図5-7のような発達した専業メーカーの分業ネットワークが形成されたのである。

Ⅲ　ファウンドリー専業体制の優位性

以上でファウンドリー専業メーカーの誕生プロセスを確認したが、以下ではその顧客となるファブレス企業やIDMなど発注者の側と、ファウンドリー専業メーカー自身の側から、ファウンドリー専業体制の優位性を考察したい。

まず、ファウンドリーの主要顧客であるファブレス企業の側からみてみよう。ファブレス企業にとって、ファウンドリー専業メーカ

① 以下の内容はUMCの公式HP(http://www.umc.com/chinese/about/m.asp)から引用した。

② 『半導体工業年鑑』(台湾) 2001年版、8-17頁。

一の一番のメリットは、ファブレス企業と競合しない点である。

前述のように、1980 年代にはすでにアメリカで半導体設計専業のファブレス企業が現れていたが、TSMC が設立される以前はウエハー加工を行っていたのはIDMのみだったため、IDMに製造を委託するしかなかった。しかし、IDM にとってファウンドリー事業は副業にすぎず、品質や納期の点では問題が多かった。また、IDM 自身も製品開発を行っているので、ファブレス企業のアイデアが盗用される懸念もある。もちろん、設計をIDMに売却することもできるが、その場合にはファブレス企業は十分な収益を得られない恐れもある。

ファウンドリー専業メーカーの誕生は以上のような問題を解決した。ファウンドリー専業メーカーはウエハー加工を専業にするため、発注側の注文通りの品質や納期を実現できるように努力する。また、ファウンドリーメーカーは設計部門を持たず、自社製品を持たないので、ファブレス企業のアイデアを横取りする懸念もない。たとえば、TSMCは設立した時点から、ウエハー加工を専業すると明言し、委託先の顧客と競争しないよう自社ブランド製品を一切出さないことを保証している。TSMC は、経営理念の中に「專注於『專業積體電路製造服務』本業」(持続的に IC ファウンドリーのコアビジネスに一貫してフォーカスする)と明記している[①]。

さらに、ファウンドリー専業メーカーは、IDM の生産能力を補完する役割を持っている。シリコンサイクルが表わしているように、半導体の供給過剰がしばしば発生するので、IDM としては需給変動のリスクをアウトソーシングによって解決したほうが合理的な場合が多い。一方、ファウンドリー専業メーカーは、受託する各種製品の間で需給バランスの変化にずれがあるため、全体として稼働率の

① TSMCの公式HP(http://www.tsmc.com/chinese/a_about/a01_profile/a0104_business.htm)を参照されたい。

変動を緩和できる。

また、技術進歩に伴って、半導体工場の建設費用はますます莫大となってきた。1989年に半導体の生産ライン1ラインの建設費用は300億～400億円だったが、1997年になると、1工場当たり1500億円かかるといわれ、2008年には300mmウエハーを使う半導体工場の1工場当たりの建設費は約3000億円かかるといわれている①。インテルやサムスンのような各分野をリードするIDMは、2008年にそれぞれ52億ドルと70億ドルと多大な投資を行っている。そこで、ファウンドリー企業の生産能力を利用することによって、IDMは自身の投資額を抑えることができる。たとえば、欧州企業であるSTマイクロエレクトロニクスは2007年に投資額を11億ドルに抑え、需要の増える好況時にはファウンドリーメーカーに生産委託している②。

以上が、顧客側からみたファウンドリーのメリットである。次にファウンドリーにとって、IDMと比べたコスト面の優位性をみてみよう。

表5-4では、TSMCとインテルの2008年の営業収入とコストの内訳を比較してみた。コストを除いた粗利益の売上高に対する比率である粗利益率について、IDMであるインテルのほうが、ファウンドリーのTSMCより、10%くらい高い。しかし、研究開発費やマーケティング費用などの営業費用を除いた営業収益の売上高に対する比率である営業収益率をみれば、TSMCは33%で、インテルの約2倍である。つまり、ファウンドリー専業メーカーであるTSCMは、インテルのようなIDMと比べ、製造に特化して設計開発やマーケティングのコストを省けたので、高い営業収益率を収めることができたのである。

---

① 『日本経済新聞』の各報道による。

② 『日経産業新聞』2008年5月22日。

表 5-4　TSMC とインテルの営業収益・コストの内訳の比較(2008 年)

(単位：百万米ドル)	TSMC	インテル
売上高(Net Sales)	9,218	35,127
コスト(Cost of Sales)	5,138	15,566
粗利(Gross Profit)	4,080	19,561
粗利益率(Gross Profit/Net Sales)	**44.26%**	**55.69%**
運営コスト(Operating Expenses)		
研究開発費(Research and Development)	635	5,653
一般管理費(General and Administrative)	330	**7,931**
マーケティング(Marketing) *	65	
総額(Total Operating Expenses)	**1,031**	**13,850**
営業コスト　/　売上高(%)	**11.18%**	**39.43%**
営業収益(Income from Operations)	3,049	5,711
営業収益率(Income from Operations/Net Sales)	**33.08%**	**16.26%**

注：①TSMC のデータは、1USD=31NT で NT から USD に換算した。

②会社によって、費用計上の内訳が若干違う。TSMC の営業コスト(Operating Expenses)には、マーケティング(Marketing)費用を含んでいる。インテルは、営業コスト(Operating Expenses)に、Restructuring and asset impairment charges(231 百万ドル)と Amortization of acquisition-related intangibles(35 百万ドル)が含まれている。

出所：TSMC(http://www.tsmc.com/chinese/e_investor/e01_financials/e0104_historical.htm)と Intel(http://www.intc.com/intelAR2009/financial/operations /index. html)の公式 HP に掲載の財務諸表より作成。

以上のように、ファウンドリー専業体制は、ファブレス企業の需要に的確に応えられ、また IDM 企業の設備投資抑制にもなる。一方、ファウンドリーの側からみれば、製造工程に特化して、設計開発や最終製品のマーケティングなどの手間や費用を省けるので、IDM より高い収益を享受できるのである①。このように、双方の側に利益があったからこそ、ファブレス/IDM−ファウンドリー分業体制が大規模に構築されてきたのである。

Ⅳ　ファブレス・ファウンドリー分業体制が定着していく2000年代

これまで述べてきたように、ファウンドリー専業体制は1980年代に誕生し、1990年代にすでに確立したが、2000年代に入ると、ファウンドリーの利用拡大は一段と加速した。ファウンドリー市場の規模は、図5−10が示すように、1993年の22億ドルから2008年の308億ドルまで15倍も拡大した。

図5−10　ファウンドリーの世界市場規模の推移（単位：億ドル）

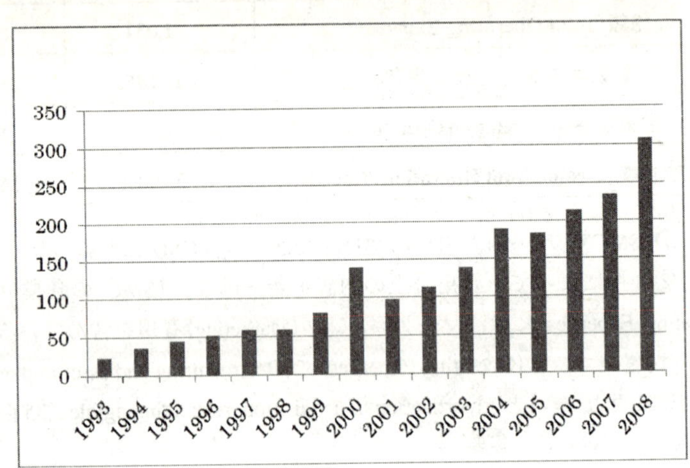

出所：1993−2003年はセミコンダクトポータルのレポート『2003年のファウンドリー市場』(http://www.semiconductorportal.com/CONTENT/Y2003/M11/D17/22519/20031114.pdf)により、2004−2008年は米ガートナー発表による。

---

① ここで言っているのは、財務データから分析した一般的なことである。ただし、個々の企業によって状況が異なる。UMCのように収益率の低いファウンドリーもあれば、サムスンのような収益率がたかいIDMもある。

ファウンドリー市場規模の拡大に従い、ファウンドリーに新規参入する企業も出ている。2009年3月に、IDMであったアドバンスト・マイクロ・デバイス(AMD)がみずから製造部門を切り離し、アラブ首長国連邦の投資会社ATIC社との共同出資(34.2%対65.8%)で、ファウンドリー専業メーカーとしてグローバルファウンドリーズ(Global Foundries)を設立した。ドイツのドレスデンに主力製造拠点を置き、アメリカのニューヨーク、テキサス、カリフォルニアの3州に設計・開発拠点を持っている[①]。2010年に32ナノメートルの量産を始め、2011年には28ナノメートルの量産に入るという[②]。設立当初からファウンドリートップ企業であるTSMCを強く意識し、TSMCは最先端の製品から汎用に近い製品まで受託しているに対し、グローバルファウンドリーズは45ナノメートル以下の最先端製品に絞る。また、TSMCの生産拠点はアジアに集中しているのに対し、グローバルファウンドリーズはドイツ、アメリカのほか、将来はアラブ首長国連邦(UAE)のアブダビでも工場建設を検討中で、グローバルな供給体制を生かしてAMD以外のグローバルな顧客を開拓する計画である[③]。同社は設立初年度の2009年に、ファウンドリー売上がTSMCとUMC、チャータードに次ぐ第4位となった。ただし、第3位のチャータードは同社に買収されることが2009年9月に決まったため、両社の売上を合計すると、UMCに次ぐ第3位になる[④]。このように、2000年代には新規参入によってファウンドリー専業メーカー間の競争が激しくなっている。

2000年代の第2の新動向として、ファブレス企業だけでなく、IDMもより積極的にファウンドリーを取り入れることによって、ファブライト(工場や設備をなるべく持たない)を目指すようになった。その背景には、2001年に生産効率の良い直径300ミリのウエハーが市場に出

---

① 『日経産業新聞』2009年3月31日。

② 『日経産業新聞』2009年6月3日。

③ 『日経産業新聞』2009年6年3日。

④ IC Insightsのデータ http://www.nikkeibp.co.jp/article/news/20100202/208410/および『日本経済新聞』2009年9月8日

回ったため、IDMは3000億円規模とされる300ミリウエハーの製造ラインへの投資を嫌って生産の外部委託を本格化させたとみられる[①]。

とくに欧米の非メモリー分野のIDMは素早く戦略を変え、先端技術への投資をあきらめ、ファウンドリーの活用によるファブライトを進めた。たとえば、ヨーロッパのSTマイクロエレクトロニクスは2004年に23.4%あった売上高に占める設備投資額の割合を2008年に10%に縮減した。アメリカのテキサス・インスツルメンツ(TI)も2007年にファブライトへの移行を明言した[②]。従来設計から生産まで一貫して手掛ける自前主義志向が強いとみられてきたインテルも2009年3月に、低価格パソコンなどに使われるMPU(超小型演算処理装置)「アトム」の生産でTSMCと提携すると発表した。インテルが関連技術をTSMCに供与し、実質的に生産委託するとみられる[③]。

また、欧米よりファウンドリーの対応に遅れてきた日本企業も、2008年秋以降の世界不況でファウンドリー活用を速めた。たとえば、東芝、ルネサスエレクトロニクスは、採算が悪いシステムLSI(大規模集積回路)分野で、自前の増強投資を控えてTSMCなど海外のファウンドリーへの委託を増やす方針を打ち出している。ルネサスエレクトロニクスは旧式技術で生産するマイコンの委託量を増やす。東芝は回路線幅が28ナノメートルの最先端システムLSIも新たに生産を受託する方向で交渉中であると報道されている[④]。さらに、ルネサスエレクトロニクスが2010年7月に、リストラ策として、4000人の人員削減とともに、最先端のシステムLSIの生産をすべてTSMCとGlobal Foundriesに委託すると発表した[⑤]。ルネサスのリストラは、その後も委託生産の枠組みを超えて進み、2012年には最先端システムLSIを生産する主

① 『日経産業新聞』2009年6月5日。
② 『日経産業新聞』2009年6月5日。
③ 『日経産業新聞』2009年3月4日。
④ 『日本経済新聞』2010年5月15日。
⑤ 『日経産業新聞』2010年8月18日。

力の鶴岡工場を、従業員ごとTSMCに売却する方針が発表された[①]。

東芝やルネサスエレクトロニクスのほか、2005年に三重県桑名市に直径300ミリのウエハーを使う先端工場を建設した富士通マイクロエレクトロニクスも「今後はファブライトでいく」と野副州旦富士通社長が発言している[②]。同社は2009年4月に、40ナノより先のシステムLSI(大規模集積回路)の自社生産をあきらめ、TSMCに委託することを決めた。さらに、TSMCとの提携が生産委託から進んで、開発協力に関係を深める予定である。2010年1月には、富士通マイクロエレクトロニクスの技術者十数人がTSMCに向かい、最先端の28ナノメートル品の共同開発で、どんな技術を持ち寄れるかを話し合った[③]。

以上のように、2000年代に入り、欧米のIDMの多くはファウンドリーを積極的に使い、ファブレスに近づいており、欧米より遅れているが、日本のIDMもファウンドリーへの対応スピードを速めている。今後、ファブレス・ファウンドリー分業体制はロジック回路分野でますます定着していくであろう。

第5節　結論——グローバル時代の東アジア半導体産業の特徴

第4章では、東アジアの半導体産業を代表する韓国のメモリーメーカーと中国台湾のファウンドリーを事例として、近年の東アジア半導体産業におけるグローバル分業の実態を分析した。

1980年代以来、特に2000年代に入ってから、東アジア地域は半導体の需要と供給双方において、世界市場の中での比重を高めてきた。とくに、韓国はDRAMやフラッシュメモリーのトップ生産国であり、台湾地域はロジック回路の受託生産トップである。

---

① 『日本経済新聞』2012年5月26日。

② 『日経産業新聞』2009年6月5日。

③ 『日本経済新聞』2010年2月25日。

メモリー分野では、1970年代から急拡大した生産をアメリカが支えたが、1980年代に日本がアメリカと逆転し、1990年代には韓国が日本と逆転した。この点だけ見ると、第4章のパソコンと同じく、先発国から後発国への生産拠点の移行という雁行形態的発展を示しているように見える。しかも、現在優位を維持している韓国の半導体産業は、IDM(垂直統合型企業)であり、フルセット型産業構造のように見える。しかし、実際はメモリー生産に不可欠な半導体製造装置やシリコンウエハーなどは日本、あるいは韓国に進出した日系メーカーから供給されている。しかも、このことは韓国企業の技術力の遅れや日本企業への従属を示すものではなく、製造装置では韓国と日本の共同開発を通じて双方の技術力や収益力の強化が実現される段階に入っている。つまり、このようなキャッチアップも、資本財—中間財—デバイスのグローバル分業を前提としていたのである。

一方、ロジック回路の分野では、アメリカのファブレスと中国台湾のファウンドリーの間に、ICT 機器にみられたブランド企業と EMS 企業のような分業体制が存在していた。つまり、製品企画・設計・開発を行う企業と、製造工程を担う企業との分業である。ただし、最終製品であるICT機器と違って、半導体のようなデバイスの場合はCPUなどを除いてブランドは問題にされない。

以上のように、1990年以降の東アジア半導体産業におけるグローバル分業は、各国の得意分野への特化と、資本財・中間財とデバイスの分業という2種類の分業として展開されてきた。また、アメリカと東アジアの間には、半導体製品の設計・企画と製造の分業体制が地域を越えて形成されてきた。

さらに、第4章のICT機器と同じく、半導体の分野でも外資メーカーはほとんど存在しなかった。半導体は、各国政府による強力なバックアップによって出発し、その後も国内生産を行う企業に対してさまざまな優遇措置が取られた。こうした自国企業育成策ばかりでなく、先発国のアメリカが設計・開発部門のみ残し、残りの製造工程は中国台湾企業に委託生産させるというしくみが作られたため、外資メーカーはあえて薄利の製造工程を自分のものにするという発想が薄れたのである。

第6章　結論——グローバル時代東アジア工業化のパラダイムシフト

グローバル時代におけるパラダイムシフト

本書では、自動車産業とICT産業を題材としながら、グローバル時代における東アジア工業化のパターンが、それ以前と比較して変化したか否かについて検証してきた。

分析を通じて得られた本書全体の結論は、1990年代以降のグローバル化によって、東アジア地域の製造業にパラダイムシフトが起こっているということである。その結果、それ以前に東アジアで見られた雁行形態型キャッチアップ、すなわち、後発国が先発国をキャッチアップの目標とし、その先発国が歩んだ工業発展のプロセスをたどるというパターンは唯一の道ではなくなった。たとえば、マレーシアの国民車プロジェクトであるプロトンの失敗は、まさに雁行形態型キャッチアップの行き詰まりを物語っている。

そして、これに代わるグローバル時代の工業化のパターンは、多様な内容が見られる。

第一に、もっぱら外資による工業化が進展しながら、それが対外従属的な、あるいは偏りを持った構造にならず、裾野産業まで含めてバランスの取れた産業構造を作り上げる事例があらわれた。たとえば、タイの自動車産業には外資メーカーが存在するだけで、タイ資本単独のメーカーは存在しないが、今や部品産業まで含む産業集積が形成されている。

第二に、自国の資源賦存状況に応じて、製造の全工程を自国に置くのではなく、国際競争力を持つ一つの工程に特化するパターンがあらわれた。たとえば、パソコンなどのICT機器におけるブランド企業とEMS企業の分業、半導体産業におけるファブレスとファウンドリーの分業に、そのようなパターンが見られる。

一つの工程への特化だけでなく、一つの部品に特化して巨大な産業が生まれるケースも出てきた。韓国におけるDRAMや液晶パネルが、それにあたる。従来の機械工業的な分野で、特定の部品だけを生産する企業が、このような規模で世界中に部品を供給するということは考えられなかった。

第三に、新興国市場の拡大に伴い、同じ製品分野でも棲み分けのパターンが様々な形で表れてきた。たとえば自動車産業では、先進国市場と新興国市場で売れる車種が異なり、本書でとりあげたタイや中国は、新興国向け車種の開発・生産拠点になりつつある。この限りで、同じ自動車産業が先進国にも新興国にも並存し、雁行形態的な生産拠点の移行は起こらない。

このようなグローバル時代の工業化のパターンは、国境を越えた商品や資本の移動が自由化されたことが前提となり、世界規模の分業あるいは地域内の分業が形成されることによって可能になった。

グローバル時代の東アジア自動車産業にあらわれた変化

次に、自動車産業とICT産業それぞれについて、本書の分析から得られた結論を述べてみよう。各章の要約と結論はそれぞれの章の最後に述べられているので、繰り返しを避け、ここでは別の角度から各産業の変化をまとめてみたい。

自動車産業は、もともと日本や韓国では、輸入→国内生産(KD生産→部品国産化)→輸出というパターンが見られ、雁行形態的発展を示す産業のように考えられていた。しかし、グローバル化によって新興国にも自動車産業が広がる一方で、既存の先進国の自動車産業も一層の発展を見せている。そこで前述の塩地[2008]では、先発国の優位が維持・拡大される産業としてとらえられていた。しかし、本書で明らかになったように、世界的な自動車市場の拡大に対応して、生産国が交代する雁行形態ではなく、先発国の一方的な優位でもなく、先進国・新興国の自動車産業の共存と棲み分けが進行しているのである。

その結果、自動車産業にあらわれた第一の変化は、以前のような「外国資本」と「民族資本」を対立的にとらえるような視点が、客観的に成り立ちにくくなっていることである。前述のように、東南アジアでは、マレーシアを除いて基本的に外資メーカーしか存在しなかった。しかし、だからといってタイやインドネシアの自動車産業が未熟であるとか、対外従属的であるとか批判するのは的外れであろう。むしろ、ブラジルをはじめとして、世界各地で外資導入によって自動車産業の育成を図る国が広くみられるようになっている。逆にマレーシアのプロトンのように、従来型の「民族資本」としての発想が、国際競争力を低下させているケースもみられる。

中国の場合も、改革開放の初期段階では、事実上は外資メーカーの寡占状態であった。その一方で、巨大な国内市場を背景として中国独立メーカーも誕生しているし、外資メーカーと合弁を組んだ中国国有メーカーの中から独自ブランドや独自技術への志向も生まれている。しかし、こうした中国独自の動きが主流になるにはしばらく時間がかかり、当面は外資メーカーの主導で自動車生産が進んでいくだろう。ただし、輸出戦略を除けば、そのことが中国自動車産業の成長にとって制約となる要素は少ない。むしろ、外資メーカーが中国を国内市場や新興国市場へ向けた新たな研究開発拠点として位置づける動きもあり、そうした技術移転の結果、将来的には中国資本が独自性を強めながらグローバル戦略を追求する動きが強まっていくかもしれない。

第二の変化として、車種は、以前のような「国民車」にかわって「世界戦略車」が主流になりつつある。世界戦略車には、生産規模の拡大と多様なニーズへの対応という、相反する二つの課題の解決が求められる。冒頭に述べたように、自動車生産におけるスケールメリットを追求するためには、もはや一国の国内市場だけでは不十分である。したがって、さまざまなタイプの世界戦略車が開発されているが、それは必ずしも一つの車種に統一するというわけではなく、プラットフォームの共通化などを通じて生産規模を拡大する戦略もとられている。また、以前は商用車として扱われていたMPVが乗用車として市民権を得るなど、需要に応じた車種の棲み分けも進み、各国に少量ずつ輸出しながら生産は一国に集中することでスケールメリットが追求されている。とくに、今後は新興国のボリュームゾーン向けの低価格車と、電気自動車などのエコカーの開発が課題となるが、中国や東南アジアはその開発・生産拠点としての役割が期待されている。

また、このような世界戦略車の生産に並行して、一部の部品生産も集約化して世界へ輸出する動きがみられる。もともと自動車の部品数は多く、重量もあるために輸送コストが高く、生産にあたっては一カ所に産業クラスターが形成されるのが一般的であった。本稿で論じた東南アジアの域内部品相互補完体制の挫折も、これが一因だった。しかし、グローバル化とともに、ワイヤーハーネスのような比較的軽量で労働集約的な部品や、変速機のように重量はあっても技術的に高度なもの、タイヤのようにスケールメリットが大きいものなど、状況に応じて部品生産にも集約化がみられるようになった。本稿で扱った地域でも、東南アジアを中心としてこうした動きが目立っている。

第三の変化として、東アジア地域に限っていえば、主要国で一様に自動車産業が発展しながら、その中で域内各国の棲み分けが次第に明確になっている。これまでの繰り返しになるが、中国は当面は外資に依存しながら拡大する国内市場向けの需要をまかない、しかるのちに低価格車やエコカーによって世界進出をめざすだろう。東南アジアでは、低価格車を中心とする世界戦略車の生産拠点と、一部の部品の世界的供給基地として、日系メーカーを中心に再編成が進められている。韓国は、現代-起亜グループへの一本化が進み、これが欧米や日本メーカーと肩を並べて世界市場への展開を図っている。このように、グローバル化は世界の生産や市場を一体化すると同時に、世界中を同質化するのではなく、逆に一定の差別化を図りながら各国、各メーカーが生き残りの道を模索する動きを必然化させているのである。

グローバル時代の東アジアICT産業にあらわれた変化

ICT産業では、二通りのグローバル水平分業が展開されている。一つは、ブランド企業とEMS企業、あるいはファブレスとファウンドリーの間で形成された、商品設計・企画・販売と、研究開発・製造の間の分業である。さらに、EMS企業は受注や設計・開発の拠点を台湾地域に、製造工程を中国大陸に置くという分業体制を構築してきた。

もう一つの水平分業は、中国など製品組立工程の拠点を中心として、部品のグローバル調達、つまり、東アジア各地で分散生産されている部品を完成品の組立拠点に集約するという分業である。このような二つのグローバル水平分業が形成された結果、次のような変化が起こっている。

第一の変化は、ある産業が先発国においてフルセットで形成され、それが後発国にそのまま移行するという雁行形態的発展が見られなくなったことである。ICT産業では、いわば工程間の棲み分けともいえる現象が起こっている。したがって、新興国はICT分野でフルセット型の産業を立ち上げることをめざすよりも、グローバル分業の一工程にいかにして入り込むかという課題の方が重要な意味を持つようになった。

実際に、前述のような機器や部品の製造工程への特化や、特定部品への特化によって、後発国もICT産業の世界的な連環の担い手となっている。むしろ、かつての中国台湾パソコン産業にみられるように、完成品のブランドを維持することと、EMS部門を存続させることを両立させることは難しいし、半導体でも垂直統合型企業は存立が困難になっている。

第二の変化として、ICT機器や部品の特徴である、技術革新の速さ、世界標準の確立と拡大、オープンアーキテクチャやモジュール化による技術体系の変化などが、新規参入を容易にすると同時に、不断の大規模投資を必然化させ、これに対応できない企業は先発・後発を問わず市場から退出せざるを得ないという状況が生まれたことである。

DRAM生産への韓国のキャッチアップ過程や、異業種の中小企業から始まった台湾地域のEMS企業の発展を見てもわかるように、ICT産業はハイテク産業でありながら、技術は普遍的で公開された情報に基づいており、一定の条件さえあれば新規参入者がその技術を身に着けることは困難ではない。つまり、手工業のように長年の熟練を要するような技術ではないし、従来の先端技術のようにブラックボックス化されたものでもない。しかも、オープンアーキテクチャ、モジュール化の進展によって、一旦技術を習得すれば、多くの顧客に基本的には同一の仕様の製品(部品)を供給することができ、市場の拡大も容易である。一方、日本企業の半導体市場からの退出に見られるように、技術革新への対応、たとえば、大規模投資を怠れば、先発国といえども簡単に競争力を失ってしまう。

第三の変化は、パソコンなどICT機器のコモディティー化によって、製品も部品も大量生産とコスト削減が常に求められるようになったことである。その結果、規模の経済を実現するために、国際競争力のある国に生産が集中されるようになった。

このような変化は、高付加価値を求める先進国企業、とくに、アメリカ企業をICT機器や部品の製造工程から撤退させることになった。コンピュータ製造部門をレノボに売却したIBMの事例や、メモリー分野から撤退したアメリカ半導体産業の事例がこれを象徴している。反面、このような低付加価値部門に参入して大量生産・大量販売によって利益を確保し、それを持続させるために持続的な技術革新・大規模投資によってコスト削減を図ることができれば、後発国の新規参入企業でも短期間に世界的なシェアを獲得することができるようになった。一方、そのどちらの方向にも徹底することのできなかった日本は国際競争力を失い、エルピーダメモリの破綻とルネサスエレクトロニクスの大規模なリストラによって国内の半導体生産は大幅に縮小されることになった。

今後の課題

今後の課題として第一にあげられるのは、グローバル時代に入って工業化のパターンが変化したという本書の結論を、他の産業でも検証していくことである。

たとえば鉄鋼では新興国インドに起源をもつアルセロール・ミタルが、世界トップクラスのシェアを占めるようになったが、その要因の解明は興味深い課題である。また、液晶パネルは先発国・後発国が競合する分野であり、部品の国際分業も進んでいて、本書と同様な視点で分析できると思われる。このような様々な分野をとりあげながら、グローバル時代のパラダイムシフトの内容に関する議論を豊富化していきたい。

もう一つの課題は、本書で扱った自動車産業とICT産業について、さらに今後の動向をフォローしていくことである。本書では、最新の動向を取り入れながら、長期的な視野を持つ分析を行ってきたつもりである。しかし、この分野は技術革新や企業の再編などの変化が激しいので、今後の動向にも常に注目し、さらに的確な将来展望を提示していきたい。

また、本書では、主として貿易統計や新聞報道を中心として分析を行ってきたが、今後は各産業分野で東アジアに展開している企業の現地調査やインタビューを行い、さらに、具体的な実態の解明を進めていきたい。

参考文献

1. 日本語文献

青木昌彦・安藤晴彦編著[2002]『モジュール化　新しい産業アーキテクチャの本質』東洋経済新報社。

青山修二[1999]『ハイテク・ネットワーク分業—台湾半導体産業はなぜ強いのか』白桃書房。

赤松要[1935]「吾国羊毛工業品の貿易趨勢」『商業經濟論叢』名古屋高等商業學校研究室、第13巻上冊。

アジア経済研究所編[1980]『発展途上国の自動車産業』ジェトロ。

天野倫文[2005]『東アジアの国際分業と日本企業—新たな企業成長への展望』有斐閣。

足立文彦・小野桂之介・尾高煌之助[1980]「経済開発過程における国産化計画の意義と役割—アジア諸国の自動車産業の事例を中心として」『経済研究』1980年1月号。

安熙錫[2007]「韓国企業のグローバル戦略の発展と進化－現代自動車を中心として－」『流通科学大学論集－流通・経営編－』第19巻第3号、2007年3月。

新井光吉[1996]『日・米の電子産業』白桃書房。

池間誠編著[2009]『国際経済の新構図—雁行型経済発展の視点から』文真堂。

石井健司[2003]「東アジアにおける IT 産業の発展と国際分業の再編」『創価女子短期大学紀要』第33巻、2003年12月、25-47頁。

犬塚正智・葉明傑[2010]『半導体ビジネスのジレンマ』同文館出版。

稲垣公夫[2001]『EMS 戦略—企業価値を高める製造アウトソーシング』ダイヤモンド社。

井上隆一郎・藤原弘編[2001]『驀進する台湾企業—大陸シフトで IT 不況克服へ』交流協会。

井上隆一郎・天野倫文・九門崇[2008]『アジア国際分業における日台企業

アライアンス』交流協会。

今井健一、川上桃子編[2006]『東アジアのIT機器産業：分業・競争・棲み分けのダイナミクス』アジア経済研究所。

上田智久[2005]「DRAM 市場における日本企業の競争力分析—1980 年代の成長と 1990 年代の衰退」『立命館経営学』第 43 巻、第 6 号、2005 年 3 月。

上田曜子[2007]「日本の直接投資とタイの自動車部品メーカーの形成」『經濟學論叢』58(4)、2007 年 3 月。

ウォン・シュアン・ヤン[1994]「ASEAN の設立と機能変化」糸賀滋編『動き出す ASEAN 経済圏—2008 年への展望』アジア経済研究所。

王淑珍[2001]「台湾における半導体産業の形成と工業技術研究院の歴史的役割」東京大学社会科学研究所編『ケーススタディ・アジアの産業と企業』東京大学社会科学研究所調査報告第 29 集、2001 年 3 月。

大木博巳[2008]『東アジア国際分業の拡大と日本』ジェトロ。

奥田聡編[2007]『経済危機後の韓国：成熟期に向けての社会・経済的課題』日本貿易振興機構アジア経済研究所。

折橋伸哉[2003]「タイ自動車産業の経済危機以降の動向と今後の課題について」『赤門マネジメント・レビュー』2 巻 6 号。

加茂紀子子[2006]『東アジアと日本の自動車産業』唯学書房。

川上桃子[1998]「企業間分業と企業成長・産業発展—台湾パーソナル・コンピュータ産業の事例」『アジア経済』39(12)。

川上桃子[2003]「価値連鎖の中の中小企業—台湾パソコン産業の事例」小池洋一・川上桃子編『産業リンケージと中小企業』アジア経済研究所。

川上桃子[2004]「台湾パーソナル・コンピュータ産業の成長要因」(今井健一、川上桃子『東アジア情報機器産業の発展プロセス』第 1 章、アジア経済研究所)。

川上桃子[2007]「国際価値連鎖論の可能性と課題—木村誠志氏との対話を手掛かりに」『商学論集』第 76 巻第 2 号。

韓国経済新聞社[2002]『サムスン電子：躍進する高収益企業の秘密』東洋経済新報社。

北村かよ子編[1997]『東アジアの産業構造高度化と日本産業』アジア経済

研究所。

木下悦二[2006]「世界生産ネットワークをめぐる諸理論について(上)(下)」『世界経済評論』2006年7月号、8月号。

金正一[2001]「新工業化と韓国自動車産業－韓国ビッグスリー体制の確立とその特質－」『経営研究(大阪市大)』第52巻第2号、2001年7月。

木村福成[2002]「グローバリゼーション下の発展途上国の開発戦略」(高坂章・大野幸一編『新たな開発戦略を求めて』、アジア経済研究所)。

木村福成[2009]「東アジア経済の新たな潮流と雁行形態論」池間誠編著『国際経済の新構図—雁行型経済発展の視点から』文真堂。

木村福成・丸屋豊二郎・石川幸一編著[2002]『東アジアの国際分業と中国』ジェトロ。

金奉吉・井川一宏編著[2003]『韓国の構造改革と日韓・東アジアの経済協力』神戸大学経済経営研究所。

小井川広志[2008]「グローバル・バリュー・チェーン(GVC)分析の展望—世界システム、アップグレード、ガバナンスの概念をめぐって」『経済学研究』第58巻第3号。

高龍秀[2009]『韓国の企業・金融改革』東洋経済新報社。

国狭武己[2007]「タイ自動車産業の発展および現状と課題について」『九州産業大学経営学論集』18(1)、2007年7月。

国領二郎[2003]「モジュラー化、オープン化とビジネス」『JMC』2003年2月号。

小島清[2003]『雁行型経済発展論—第 1 巻　日本経済・アジア経済・世界経済』文真堂。

小島清[2004]『雁行型経済発展論—第 2 巻　アジアと世界の新秩序』文真堂。

呉團焜[2004]「台湾半導体産業の形成プロセスと垂直非統合の産業構造」立教大学経済学研究会『立教経済学研究』57(4)、2004年3月号。

小林哲也[2003]「東アジア自動車部品補完体制構築に関する考察——貿易統計分析を中心に」『機械経済研究』機械振興協会経済研究所34巻、2003年2月。

小林哲也[2004]「貿易統計からみた東南アジア自動車部品補完体制の現状」『機械経済研究』35巻、2004年2月。

小林哲也[2006]「貿易統計から見たアセアン 4 自動車部品補完体制とグローバル供給拠点化の現状」産業学会研究年報2006年。

小林秀夫[2004]『日本の自動車・部品産業と中国戦略—勝ち組を目指すシナリオ』工業調査会。

佐藤幸人[2000]「台湾の半導体産業における国家と社会」東茂樹編『発展途上国の国家と経済』アジア経済研究所。

佐藤幸人[2007]『台湾ハイテク産業の生成と発展』岩波書店。

座間紘一・藤原貞雄編著[2003]『東アジアの生産ネットワーク—自動車・電子機器を中心として』ミネルヴァ書房。

塩地洋[2006]「中国自動車メーカーの技術導入戦略と課題」『産業学会研究年報』第22号、2006年。

塩地洋編著[2008]『東アジア優位産業の競争力』ミネルヴァ書房。

塩見治人編[2001]『移行期の中国自動車産業』日本経済評論社。

清水一史[1993]「ASEAN 領域経済協力の論理」『アジア経済』第34巻第8号、1993年8月。

清水一史[1995]「ASEAN 域内経済協力と BBC スキーム」（上、下）『世界経済評論』1994年12月、1995年1月。

肖威[2000]『中国自動車産業の経営構造分析』晃洋書房。

周牧之[1997]『メカトロニクス革命と新国際分業—現代世界経済におけるアジア工業化』ミネルヴァ書房。

徐正解[1995]『企業戦略と産業発展—韓国半導体産業のキャッチアッププロセス』白桃書房。

沈才彬・三井物産戦略研究所中国経済センター編[2001]『動き出した中国巨大 IT 市場』日本能率協会マネジメントセンター。

末広昭[2000]『キャッチアップ型工業化論—アジア経済の奇跡と展望』名古屋大学出版会。

末広昭[2003]『進化する多国籍企業』岩波書店。

末広昭[2005]「『地域研究』のもつ意義限界—タイ研究者の立場から」『ド

イツ研究』第39号。

末廣昭・東茂樹編[2000]『タイの経済政策—制度・組織・アクター』アジア経済研究所。

荘幸美[2004]『台湾IT産業の経営戦略—エイサーを中心に』創成社。

宋娘沃[2005]『技術発展と半導体産業—韓国半導体産業の発展メカニズム』文理閣。

関満博・池谷嘉一編[1997]『中国の自動車産業と日本企業』新評論。

関満博編[2006]『中国自動車タウンの形成—広東省広州市花都区の発展戦略』新評論。

関下稔・中川涼司[2004]『ITの国際政治経済学』晃洋書房。

孫飛舟[2003]『自動車ディーラー・システムの国際比較—アメリカ、日本と中国を中心に』晃洋書房。

立石剛・星野郁・津守貴之[2004]『現代世界経済システム—グローバル市場主義とアメリカ・ヨーロッパ・東アジアの対応』八千代出版。

田中武憲[1997]「ASEAN 産業補完政策の展開と地域経済統合」『経済学論叢』同志社大学、1997年11月。

田中佑二[1998]「自動車部品をめぐる東アジア地域内国際分業の進展」『立命館経営学』Vo.27(3・4)、1988年。

谷光太郎[2002]『日米韓台半導体産業比較』白桃書房。

陳晋[2000]『中国乗用車企業の成長戦略』信山社出版。

鶴見良行[1976]「自動車国産化にからむフォード国際戦略」国際経済社『国際経済』臨時増刊・フィリピン特集、通巻152号。

中川涼司[2007]『中国のIT産業—経済成長方式転換の中での役割』ミネルヴァ書房。

日本半導体製造装置協会「2001」『半導体製造装置産業が直面する課題と将来展望の検討』。

橋谷弘・蒋芳婧[2010]「グローバル時代における東アジア自動車産業の再編——中国・東南アジア・韓国の事例」『東京経大学会誌——経済学』東京経済大学経済学会No.267、2010年10月。

服部民夫[2007]『東アジア経済の発展と日本——組立型工業化と貿易関係』

東京大学出版会。

原田保[2001]『EMS ビジネス革命』日科技連出版社。

藤井光男[2001]『東アジアにおける国際分業と技術移転——自動車・電機・繊維産業を中心として』ミネルヴァ書房。

藤本隆宏・新宅純二郎[2005]『中国製造業のアーキテクチャ分析』東洋経済新報社。

藤本隆宏・東京大学ものづくり経営研究センター[2007]『ものづくり経営学』光文社。

星野妙子編[2002]『発展途上国の企業とグローバリゼーション』日本貿易振興会アジア経済研究所。

丸川知雄[2000]『移行期中国の産業政策』アジア経済研究所。

丸川知雄・高山勇一編[2005]『グローバル競争時代の中国自動車産業』蒼蒼社。

丸川知雄[2007]『現代中国の産業——勃興する中国企業の強さと脆さ』中公新書。

丸屋豊二郎・丸川知雄・大原盛樹[2005]『メイドインシャンハイ一躍進中国の生産と消費』岩波書店。

丸山惠也編[2001]『中国自動車産業の発展と技術移転』柘植書房新社。

水野順子[1996]『韓国の自動車産業』アジア経済研究所。

みずほ総合研究所[2003]「タイ自動車産業」『みずほリポート』2003 年 10 月 2 日 http//www.meti.go.jp/research/economics/pdf/report/ report03 -1002.pdf。

村中均・鈴木典比古[2009]「多国籍企業のグローバル・ビジネス・ネットワークと新しい雁行型経済発展——ビジネス・アーキテクチャ・カタストロフィーモデル」池間誠編著『国際経済の新構図—雁行型経済発展の視点から』文真堂。

森久男[2006]「2005 年の中国自動車産業」森久男編『東アジア自動車産業のグローバル展開——日本・中国・韓国三国の自動車産業の国際比較』愛知大学中部地方産業研究所

森美奈子[2000]「タイにおける自動車産業集積の形成と発展」『環太平洋ビジネス情報』第 51 巻、2000 年 4 月号。

森美奈子[2004]「グローバル志向を強めるわが国自動車メーカーの東アジア戦略」『RIM：環太平洋ビジネス情報』4(13)、2004年4月号。

森本博行[2006]「東アジア諸国の産業政策と日本企業の戦略的行動の進化」国際ビジネス研究学会年報(12)、2006年9月30日。

山影進[1991]『ASEAN——シンボルからシステムへ』東京大学出版会。

湯之上隆[2008]「半導体：先進技術の選択的導入による棲み分け構造」(塩地洋編『東アジア優位産業の競争力』第6章、ミネルヴァ書房)。

楊英賢・伊藤宗彦[2004]「台湾パソコン産業の発展要因の分析——産業集積の形成に関する研究」神戸大学経済経営研究所ディスカッションペーパーNo.J60

http://www.rieb.kobe-u.ac.jp/academic/ra/dp/Japanese/dpJ60.pdf

葉剛[2002]「台湾ICファウンドリーの形成——産業集積の原点を求めて」井原基・橘川武郎・久保文克編『アジアと経営——市場・技術・組織』(下巻)東京大学社会科学研究所、2002年4月。

横山則夫[2004]『激変!中国の自動車産業』日刊自動車新聞社。

吉岡秀美[2010]『韓国の工業化と半導体産業』有斐閣。

李紅蘭[2007]「自動車多国籍企業の戦略転換——中国民営自動車企業の急成長の実態分析を通して」『アジア経営研究』第13巻。

李春利[1997]『現代中国の自動車産業——企業システムの進化と経営戦略』信山社出版。

劉源張[2005]「中国の自動車産業——発展と課題」市村真一監修『アジアの自動車産業と中国の挑戦』創文社。

若杉隆平[2009]「オフショアリングと新たな国際分業——雁行型経済発展論の再考」池間誠編著『国際経済の新構図—雁行型経済発展の視点から』文真堂。

和歌山大学経済学部山東大学経済学院共同研究会[2009]『グローバル化のなかの日中経済関係』御茶の水書房。

渡辺利夫[1985]『成長のアジア停滞のアジア』東洋経済新報社。

2. 英語文献

Borrus, Michael [2000] “The Resurgence of US Electronics: Asian Production

Networks and the Rise of Winterlism, " in Michael Borrus, Diter Ernst and Stephan Haggard eds., *International Production Networks in Asia: Rivalry or Richs?,* London and New York: Routledge.

Borrus, Michael, Diter Ernst and Stephan Haggard eds. [2000] *International Production Networks in Asia: Rivalry or Richs?,* London and New York: Routledge.

Borrus, Michael and John Zysman [1997] *Wintelism and the Changing Terms of Global Competition: Prototype of the Future?* , BRIE Working Paper, 96B, University of California, Berkeley.

Curry, James and Martin Kenny [1999] "Beating the Clock: Corporate Responses to Rapid Change in the PC Industry," *California Management Review*, Vol. 42, No.1, pp.8-36.

Deardorff, Alan V. [1998] "Fragmentation in Simple Trade Models", *Research Seminar in International Economics*, School of Public Policy, The University of Michigan, Discussion Paper No.422, 1998.

Doner, Richard., Gregory Noble, and John Ravenhill [2006] "Politics, Institutions, and Innovation in East Asia: National Performance in the Global Auto Industry", Conference Papers, International Studies Association 2006 Annual Meeting.

Friedman, Thomas L. [1999], *The Lexus and the Olive Tree: Understanding Globalization,* Simon & Schuster Audio.（東江一紀・服部清美訳『レクサスとオリーブの木：グローバリゼーションの正体』草思社、2000 年。）

Friedman, Thomas L. [2006], *The World Is Flat: A Brief History of the Twenty-first Century,* Farrar, Straus and Giroux.（伏見威蕃訳『フラット化する世界』日本経済新聞社、2006 年。）

Fujita Masahisa, Paul Krugman and Anthony J. Venables [1999], *The Spatical Economy: Cities, Regions, and International Trade*, Cambridge: The MIT Press（小出博之訳『空間経済学—都市・地域・国際貿易の新しい分析』東洋経済新報社、2000 年。）

Gangopadhyay, Partha and Manas Chatterji, ed. [2005], *Economic Globalization in Asia*, Ashgate.

Jones, Ronald W., and Henryk Kierzkowski [1990], "The Role of Service in Production and International Trade: A Theoretical Framework", in Ronald W. Jones and Anne O. Krueger eds., *The Political Economy of International Trade: Essays in Honor of Robert E. Baldwin,* Oxford: Basil Blackwell.

Krugman, Paul [1995], *Development, Geography, and Economic Theory*, Cambridge: The MIT Press（高中公男訳『経済発展と産業立地の理論——開発経済学と経済地理学の再評価』文真堂、1999 年。）

Lecler, Yveline [2002], "The cluster role in the development of the Thai car industry" in *International Journal of Urban & Regional Research*, Vol. 26 Issue 4, pp799–814.

Linden, Greg, Kenneth L. Kraemer, and Jason Dedrick. [2007], *Who Captures Value in a Global Innovation System? The case of Apple's iPod.* Personal Computing Industry Center, UC Irvine,（http://escholarship.org/uc/item/1770046n）.

Maxcy, George [1981], *The Multinational Motor Industry*, London: Croom Helm.

Morgan, James C. and J. Jeffrey Morgan [1991], *Cracking The Japanese Market: Strategies for Success in the New Global Economy*, Free Press.（植山周一郎訳『ニッポン戦略』ダイヤモンド社、1991 年。）

Rieger, Hans Christoph compiled [1991], *ASEAN Economic Co-operation: Handbook*, Institute of Southeast Asian Studies.

Stiglitz, Joseph E. [2002], Globalization and Its Discontents, W.W. Norton & Company.(鈴木主税訳『世界を不幸にしたグローバリズムの正体』徳間書店、2002 年。)

Sturgeon, Timothy J. and Ji-Ren Lee [2005] "Industry Co-Evolution: A Comparison of Taiwan and North American Electronics Contract Manufacturing," in Suzanne Berger & Richard K. Lester ed. *Global Taiwan: Building Competitive Strengths in a New International Economy*, Armonk: M. E. Sharpe.

Vernon, Raymond [1966], "International Investment and International Trade in the Product Cycle," *Quarterly Journal of Economics*, Vol. 80, pp190–207.

Wad, Peter [2009], "The automobile industry of Southeast Asia: Malaysia and Thailand", *Journal of the Asia Pacific Economy*, Issue 2 May 2009 , pp 172–193.

3. 中国語文献

曹建海[2003]「経済全球化与中国汽車産業発展」『管理世界』2003 年 4 月。

曹建海・周可峰[2004]「発展我国汽車産業的外部条件分析」『汽車工業研究』2004 年 6 月。

陈建国・張宇贤[2004]「跨国汽車公司在華戦略調整対中国汽車産業的影響」『宏観経済研究』2004 年 3 月。

陈漓高・沈存[2005]「汽車业跨国公司在我国的拡張与我国発展汽車自主技術的対策」『南開経済研究』2005 年 2 月。

陳清泰・劉世錦・馮飛等[2004]『迎接中国汽車社会——前景・問題・政策』中国発展出版社。

陈清泰・鲁志強[2002]「我国汽車産業的発展模式」『中国機電工業』2002 年 3 月。

杜蕾[2006]『中国轎車工業発展研究』西南財経大学出版社。

程振彪[2004]「中国汽車如何実現自主開発和創建自主品牌」『汽車工業研究』2004 年 11 月。

豊志培・劉志迎[2005]「我国轎車供需影響因素分析」『汽車工業研究』2005 年 3 月。

郭克莎[2001]「加入 WTO 之後中国汽車工業面临的影響及応対思路」『中国工業経済』2001 年 10 月。

国務院発展研究中心産業経済研究部等編[2008]『中国汽車産業発展報告 2008』社会科学文献出版社。

賀継紅[2005]「中国汽車産業集中度現状及発展趨勢」『経済縦横』2005 年 6 月。

宦国渝[2000]「我国汽車工业的国際競争力分析及其影響因素」『経済研究参考』2000 年第 51 期。

賈可[2005]『中国汽車調査』上海交通大学出版社。

賈永軒[2006]『汽車企業競争地図』機械工業出版社。

江显芬[1994]「試論我国汽車工業幼稚保護及其作為支柱産業在経済増長中的作用」『汽車工業研究』1994 年 10 月。

李賓[2000]「我国汽車零部件工業的発展歴程及発展戦略」『汽車工業研究』

2000 年 4 月。

李国津[1994]「世界汽車産業的全球競争与我国汽車工業的発展之路」『南開経済研究』1994 年 2 月。

李輝・庄継徳[2003]「加入 WTO 後我国汽車零部件企業的発展模式」『吉林大学社会科学学報』2003 年 7 月。

李紀珍・賈永軒[2006]『汽車零部件整合』機械工業出版社。

李江涛・蒋年雲・朱名宏[2008]『中国広州汽車産業発展報告』社会科学文献出版社。

劉世錦[2002]「加入 WTO 後的中国汽車産業発展模式選択」『管理世界』2002 年 8 月。

劉志迎・豊志培・董暁燕[2005]『中国轎車産業発展——基於産業組織理論的研究』合肥工業大学出版社。

路風・封凱棟[2005]『発展我国自主知識産権汽車工業的政策選択』北京大学出版社。

卢青偉[1994]「我国汽車零部件工業発展初探」『汽車工業研究』1994 年 3 月。

馬亜軍・劉麗芹[2003]「従国民収入看経済型轿車発展前景」『汽車工業研究』2003 年 10 月。

孟嗣宗編[2007]『創新——中国汽車工業之魂』北京理工大学出版社。

慕容平[1997]「徳国向中国的技術転移——上海大衆汽車公司案例研究」『科研管理』1997 年 1 月。

彭征・袁麗麗[2009]『聯想教父柳伝志——創新年代』現代出版社。

銭平凡・趙耀[2002]「加入 WTO 后我国大型汽車集団競争力的現状与提昇」『管理世界』2002 年 10 月。

銭振為編[2004]『21 世紀中国汽車産業』北京理工大学出版社。

宋泓・柴瑜・張泰[2004]「市場開放、企業学習及適用能力和産業成長模式転型——中国汽車産業案例研究」『管理世界』2004 年 8 月号。

万君康・郭俊华[1998]「我国汽車工業利用外資政策研究」『汽車工業研究』1998 年 4 月。

王今・黄永和・時間・呉松泉[2005]「我国汽車産業国際競争力評価研究」『汽車工業研究』2005 年 2 月。

韦三水編[2007]『夏利中国』当代中国出版社。

呉慧宏「回眸在引進弁的日子」『上海大衆新聞報』

(URL：http://www.csvw.com/csvw/news/topic/report.jsp、2010 年 7 月 1 日アクセス)

呉文盛・曹建海[2006]「未来一段時期中国汽車価格変動的趨勢」『経済管理』2006 年 9 月。

夏大慰・史東輝・張磊[2002]『汽車工業：技術進歩と産業組織』上海財経大学出版社。

向寒松[2007]『中国汽車営銷風雲録』機械工業出版社。

蕭元忠[2004]「筆記型電脳産業」『産業調査與技術』第 148 期、2004 年 5 月。

謝伟・呉貴生[1997]「国産化作為技術学習過程：上海桑塔納案例分析」『科研管理』1997 年 1 月。

許秀惠[2004]「台湾電子業新入大調整時代——電子業Ni 的名字呼代工！」『財訊』273 期、2004 年 12 月。

薛求知・黄佩燕[2002]「跨国公司対我国汽車産業技術転移模式転変的探因」『経済縦横』2002 年 9 月。

姚斌華・韓建清[2008]『見証——広州汽車十年』広東人民出版社。

于春暉・戴榕・李素容[2002]「我国轎車工業的産業組織分析」『中国工業経済』2002 年 8 月。

趙英[2000]「外商直接投資対我国汽車工業的影響分析」『中国工業経済』2000 年 1 月。

鄭也夫[1996]『汽車大論戦』経済科学出版社。

鄭作時[2007]『汽車瘋子李書福』中信出版社。

庄継徳・葉福恒[2002]『WTO 与中国汽車工業』北京理工大学出版社。

樽糧[2007]『奇瑞創造』中信出版社。

4. 資料

『アジア自動車産業』FOURIN、各年版。

『アジア自動車部品産業』FOURIN、2005-2006 年。

『アジア半導体/液晶ハンドブック』産業タイムズ社、2009 年。

『IC ガイドブック 2003 年版』電子情報技術産業協会。

『IT市場ナビゲーター2009年版』NRI、東洋経済新報社、2008年。
『主要国自動車統計』日本自動車工業会、1994-2000年版。
『世界自動車統計年刊』FOURIN、2009年、2011年版。
『世界自動車メーカー年鑑2012』FOURIN、2011年版。
『世界自動車統計年報』日本自動車工業会、2002-2010年版。
『中国経済・産業データハンドブック』アジア産業研究所編、各年版。
『中国自動車産業』FOURIN、各年版。
『中国自動車調査月報』FOURIN、各月号。
『中国自動車産業と日本メーカーの事業戦略』アイアールシー、2002年
『通商白書』経済産業省、2009年。
『半導体製造装置・材料業界』プレスジャーナル、2009年。
『半導体年鑑』プレスジャーナル社、1994-2007年版。
『三菱自動車工業株式会社史』三菱自動車工業株式会社総務部社史編纂室、1993年
『World Fab Watch（WFW）』EDリサーチ社、2006年10月。
『ワールドワイドエレクトロニクス市場総調査』富士キメラ総研、2010年。
『長江三角洲城市年鑑』中国工商出版社、2007年。
『東莞年鑑』東莞年鑑編集委員会編、各年版。
『広東経済年鑑』広東経済年鑑編集委員会編、各年版。
『中国電子工業年鑑』中国電子工業年鑑編集委員会編、1993-2004年。
『中国電子情報産業統計年鑑』情報産業部経済体制改革与経済運行司編、2004-2009年。
『中国経済年鑑』中国経済年鑑編集委員会編、各年版。
『中国汽車工業年鑑』中国汽車技術研究中心・中国汽車工業協会編、各年版。
『中国汽車工業発展年度報告』中国汽車技術研究中心編、各年版。
『中国行業発展報告—汽車業2003』中国経済出版社。
『中国汽車産業地図2006～2007』社会科学文献出版社。
『中国IT産業地図2007～2008』社会科学文献出版社。
『台湾経済年鑑』経済日報社、各年版。
『半導体工業年鑑』（台湾）工業技術研究院産業経済與趨勢研究中心、各年版。

『한국의 자동차산업(韓国の自動車産業)』韓国自動車工業協会、各年版
JETRO 貿易統計
(http://www.jetro.go.jp/world/statistics)
社団法人電子情報技術産業協会(JEITA)
(http://www.jeita.or.jp/japanese/stat)
韓国貿易協会(http://stat.kita.net)
中国台湾国際貿易局　進出口貿易統計
(http://cus93.trade.gov.tw/FSCI)
IMF(Internaitonal Monetary Fund) Data and Statistics
(http://www.imf.org/external/data.htm)
iSuppli
(http://www.isuppli.com/Pages/Home.aspx)
Korea Automobile Manufacturers Association
(http://www.kama.or.kr)
OICA(International Organization of Motor Vehicle Manufacturers) Statistics
(http://oica.net/category/production-statistics)
United Nations Commodity Trade Statistics Database (UN comtrade)
(http://comtrade.un.org/db/default.aspx)
WSTS(World Semiconductor Trade Statistics)
(http://www.wsts.org)

Automotive Industry of Thailand, Office of Industrial Economics, Ministry of Indus-try, March 2002.

起亜自動車株式会社[1994]『起亜五十年史』同社(ソウル)

現代自動車株式会社[1992]『현대자동차사(現代自動車史)』同社(ソウル)

5. 新聞データベース

『日刊工業新聞』
『日刊自動車新聞』
『日経産業新聞』
『日本経済新聞』
『日経テレコン21・プレスリリースデータベース』

『毎日新聞』

『華尓街日報中文網』

『北京参考』

『華夏日報』

『21 世紀経済報道』

『経済観察報』

『解放日報』

『財経時報』

『新京報』

『中国汽車報』

『中国時報』

“THE WALL STREET JOURNAL”（中国語バージョン、http://cn.wsj.com）

“Silicon Strategies”（http://www.eetimes.com）

謝　辞

本書の出版にあたり、まず一番に博士後期課程の指導教官である橋谷弘先生に感謝を申し上げねばならない。筆者は 2006 年 10 月から 2011 年 3 月までの博士後期課程期間において、先生に経済学の研究方法を手取り足取りというほど、初歩から丁寧に教えていただいた。本書のテーマが莫大で自分の力ではうまくまとまらないと自信をなくして、途中で何度も投げ出そうとしたが、先生の辛抱強い助言と多大なご支持のもとで、最後までやり遂げたわけである。また、学問だけでなく、人生の生き方など多方面において、先生から勉強したことが多い。私も今中国の大学で教壇に立っているが、常に先生から教わったものを念頭において、少しでも学生を啓蒙できればと頑張っている。

また、博士論文を作成していた時、国際経済学の分野において、東京経済大学の加藤裕己先生、伊藤由希子先生にいろいろ教えていただいた。非常に残念なことに、加藤先生は 2012 年初頭において急に他界してしまった。ご冥福をお祈りする。

自動車分野において、東京経済大学の堺憲一先生、早稲田大学の小林秀夫先生および小林ゼミの方々にアドバイスをいただいた。ICT 機器の分野において、東京経済大学の周牧之先生にご指導をいただいた。

その他にも、日本留学中において、東京経済大学の村上勝彦先生、羅歓鎮先生、手塚真先生、磯野弥生先生、国際交流課の横江博史氏をはじめとする方々、研究課の関根真由美氏をはじめとする方々、図書館、学務課の方々に大変お世話になった。また、修士時代から現在まで、対外経済貿易大学の恩師である李愛文先生、森田六郎先生に大変お世話になった。東京経済大学大学院経済学研究科の羅曼麗、唐蕊に資料・データ収集に協力していただいた。ここに感謝を申し上げたい。

東アジアの自動車産業の部分は、『東京経大学会誌』267 号(2010 年 10 月号)に所載の「グローバル時代における東アジア自動車産業の再編―中国・東南アジア・韓国の事例」をベースに修正・加筆したものであり、野村学芸振興財団の研究助成(2007年度)を受けた。

本書の刊行にあたって、現在の職場である天津外国語大学日語学院の李運博先生のご推薦をいただき、朱鵬霄先生のご助言をいただいた。また南開大学出版社の張彤氏をはじめとする方々に感謝を申し上げたい。

最後に、私事で恐縮であるが、日本留学中、中国からずっと応援し、励ましてくれた祖父、祖母、母と叔父に感謝したい。また、岳寧、郭蒿、沈慧蓮、陳娜、趙日迪、韓娜など、ずっと温かく応援してくれた友人達にも感謝している。

2012年7月
天津にて